미래 유망직업을 위한 학생부 완성

화공·에너지·로봇계열 진로 로드맵_심화편

미래 유망직업을 위한 학생부 완성
화공·에너지·로봇계열 진로 로드맵_심화편

펴낸날 2021년 5월 15일 1판 1쇄

지은이 정유희·황현성·서영진
펴낸이 김영선
책임교정 이교숙
교정·교열 양다은
경영지원 최은정
디자인 박유진·현애정
마케팅 신용천

펴낸곳 (주)다빈치하우스-미디어숲
주소 경기도 고양시 일산서구 고양대로632번길 60, 207호
전화 (02) 323-7234
팩스 (02) 323-0253
홈페이지 www.mfbook.co.kr
이메일 dhhard@naver.com (원고투고)
출판등록번호 제 2-2767호

값 18,800원
ISBN 979-11-5874-115-0 (43370)

미래 유망직업을 위한 학생부 완성

화공·에너지·로봇계열

심화편

진로 로드맵

정유희
황현성
서영진

지음

미디어숲

추천사

　입학사정관 활동을 하면서 눈길이 가는 생활기록부와 자기소개서가 있는가 하면 활동이 부족한 경우도 많았습니다. 대학에서는 많은 것을 원하는 것이 아니라 학생들이 고등학교에서 학업 외에 열심히 노력한 열정을 보고 있습니다. 2~3개의 심화 활동에서 진로역량을 나타내어 지원대학의 관심을 사로잡을 필요가 있습니다. 이 책은 학생들이 관심 있게 읽을 최근 기사 및 도서를 활용하여 심화활동을 잘 제시하고 있어 적극 추천합니다.

국민대학교 입학사정관팀 조은진 사정관

　학력 수준이 비슷한 학생들이라도 대학입학 후 전공과목을 소화해내는 능력에서는 차이가 납니다. 고등학교 때 자신의 진로에 맞는 다양한 심화활동을 한 학생은 어려운 프로젝트가 주어져도 재미있어 하며 발전하는 모습을 보입니다. 학생들이 쉽게 접할 수 있는 시사나 도서, 학교활동 등에 '관심이 있다'에서 그치지 않고 심화 역량을 키운다면 자신의 꿈을 좀 더 쉽게 이룰 수 있습니다. 이 책에 실린 솔루션들이 그 꿈에 다가설 수 있도록 도와줄 것입니다.

경상대학교 물리학과 정완상 교수

　〈진로 로드맵 시리즈〉는 단순한 입시 서적이 아니다. 자신의 적성에 맞는 진로 로드맵을 체계적으로 그려가는 것이다. 이번에 출간되는 〈진로 로드맵_심화편 시리즈〉는 학생들의 지적 호기심을 충족시키는 데 있어서 한 걸음 더 나아가는 모습을 보인다. 학생들의 진로 도우미로서 이 책은 한층 더 많은 인사이트를 제공할 것으로 확신한다.

서정대학교 대외협력처장 조훈 교수

미래 비전과 함께 학생들이 선호하는 화공·에너지·로봇계열의 경쟁률은 치열할 것이라 예상합니다. 진로 로드맵을 짤 때, 다른 학생들과의 차별화된 학생부와 면접, 자기소개서 준비를 어떻게 구성할지 한번 정도 생각해볼 필요가 있습니다. 학교활동에 시사, 논문 그리고 노벨수상자까지 탐구하여 심화된 역량을 나타낼 수 있다면 보다 수월하게 자신을 표현할 수 있을 것입니다. 심화학습이 필요한 학생들은 꼭 참고해야 할 책입니다.

호서대학교 정남환 교수

자연계 학생들이 선호하는 학과로 화공·에너지·로봇계열에 대해 자세한 정보를 얻을 수 있다. 교과성적뿐만 아니라 교과활동 등을 통해 전공 적합성에 맞는 비교과 활동을 얼마만큼 수준 높게 갖췄는지가 결정적인 변수가 될 것이다. 학생부 기재글자수가 줄어들면서 다른 학생들과 차별화된 심화활동이 꼭 필요하다. 입시를 여러 해 동안 겪어본 교육컨설턴트로서 이 책은 정말 유용하게 활용할 가치가 높다고 평가한다.

종로하늘교육 임성호 대표

이번에 출간되는 〈진로 로드맵_심화편〉은 사회 이슈 기반의 탐구, 논문 기반의 탐구, 노벨상 수상자 탐구를 시작으로, 학생부와 독서, 마지막으로 자소서와 면접으로 마무리되는 학생부종합전형을 위한 종합서이다. 이 책은 공학계열 진로 로드맵의 심화버전으로 화공·에너지·로봇계열 전공에 대한 역량이 한 단계 높아질 것으로 기대한다.

오늘과 내일의 학교(봉사단체) 정동완 회장

대학입시에 큰 변화가 생기는 이 시점에서 학생들이 가장 집중해야 하는 부분은 바로 학생 개인의 특성과 탐구능력을 잘 나타내는 학생부를 만드는 것이다. 이러한 측면에서 〈진로 로드맵_심화편〉 책을 잘 활용한다면 차별적이면서도 심화된 전공적합성과 탐구능력을 나타낼 수 있는 유용한 활동을 진행할 수 있을 것이다. 또한 이를 잘 녹여내 학생부에 나타낸다면 최상의 학생부를 만들 수 있을 것이다.

대구 영남고 진로부장 김두용 교사

"꿈을 정하래서 정했는데, 그다음엔 어떻게 해야 할지 모르겠어요." 진로진학의 중요성은 계속해서 강조되고 있지만, 맞춤형 진로진학은 교사에게도 학생에게도 어려운 일이다. 잘 짜인 진로 로드맵은 이런 학생들에게 단비와 같은 책이 될 것이다. 아직도 진로에 대한 방향성이 불투명하다면 오아시스와 같은 이 책을 읽고 꼭 꿈을 이룰 수 있기를 바란다.

청주외고 김승호 교사

최근 인공지능과 로봇의 발전으로 화공·에너지·로봇계열 인기도 날로 높아지고 있다. 이런 움직임에 따라 인공지능을 활용하여 코로나 백신을 개발하고, 3분 진단키트를 개발하는 등 인공지능 활용능력이 더욱 중요해졌다. 이 책은 코로나로 인한 등교일 감소와 학생부 기재 축소로 어떤 부분의 역량을 채워야 할지 고민인 학생, 학부모, 교사들의 좋은 지표가 될 수 있을 것이라 기대가 되는 책이다.

거창고 진로진학부장 손평화 교사

학생부종합전형을 준비하면서 학부모, 학생이 겪는 가장 큰 어려움은 '어떻게 준비하지?'라는 것입니다. 누구도 자세히 알려주지 않기 때문입니다. '언제, 무엇을, 어떻게' 해야 하는지에 대한 명쾌한 매뉴얼인 이 책을 통하여 학종을 준비하기 바랍니다. 특히 학생들에게 선호도가 높은 화공·에너지·로봇계열에 대하여 탐구활동, 학생부관리, 독서, 자기소개서, 면접까지 완벽하게 안내해주는 이 책을 적극 추천합니다. 이 책은 제가 컨설팅을 맡은 학생들에게 처음 선물해 주고 싶은 책이 될 것 같습니다.

코스모스과학학원 원장, 위즈컨설팅 컨설턴트 이범석

학생들이 학생부의 중요성은 알지만, 실제 어떤 방식으로 자신의 탐구활동을 심화시켜나갈지 막막해 하는 경우들이 많습니다. 이 책은 화공·에너지·로봇계열의 주요 주제들과 학습법을 담고 있어, 학생들의 자기주도적 활동을 친절하게 가이드해 줄 수 있을 것이라 생각합니다. 나아가 학생들이 자신의 심화활동을 대학 입시와 연결시키는 전략적 사고를 형성하는 데도 도움이 될 수 있을 것입니다. 이 책은 화공·에너지·로봇 분야에 관심을 두고 있는 학생들의 지적 호기심을 충족시키고 동시에 맞춤형 진로 로드맵을 작성하는 데 훌륭한 길잡이가 되어 줄 것이라 기대합니다.

부산대학교·부산교대 이도영 교수

과학고등학교에서 근무하면서 가장 어려운 업무가 학생들의 입시지도였습니다. 대부분의 아이들이 학생부전형으로 가기 때문에 수업을 할 때에도 아이들에게 발표를 시킬 때 어디까지 심화한 내용을 제시해야 할지 몰라서 난감한 적이 많았습니다. 이 책이 조금만 더 빨리 나왔다면 조금 덜 고생했을 것 같고 아이들에게 좋은 정보를 줄 수 있었을 것이라는 생각이 듭니다. 특히 최신 뉴스와 논문 소재로 트렌드에 맞춘 면접문항을 제시한 것이 정말 좋았습니다.

대전동신과학고 전태환 교사

화공·에너지·로봇계열을 희망하는 학생들에게 직접 진로 관련 심화 내용을 찾아 탐구하는 것은 갈수록 어려워지고 있습니다. 이 책에서는 그런 학생들에게 필요한 자료를 바로 찾아 활용할 수 있도록 신문기사, 논문, 노벨상 수상자 탐구활동, 권장도서 등을 엄선하여 제시하고, 그에 따른 학생부 기록 사례, 자기소개서, 면접문항까지 학생들에게 필요한 모든 것을 담았습니다. 이 책은 진로 로드맵 심화편으로 학생들이 성장할 수 있도록 돕는 정말 좋은 길잡이가 될 것으로 기대합니다.

경북교육청 교육과정컨설턴트 노병태 교사

한국창의재단 교사 및 컨설턴트로 중·고등학교 인공지능을 활용한 화공·에너지·로봇 관련 강의 시 심화된 활동을 하고 싶다는 질문들이 쏟아졌지만 1:1로 솔루션을 주기에는 한계가 있었습니다. 이 책을 읽어보니 생명과학 교사로서도 흥미로운 부분들이 많았고, 학생들 스스로 심화된 내용을 찾아 수행평가나 과제탐구보고서를 쓸 수 있을 것 같습니다. 학생, 교사, 학부모님께 도움이 되는 책을 출간해 주셔서 감사합니다.

고성고 생명과학 정재훈 교사

이 책은 화공·에너지·로봇계열을 희망하는 학생들에게도 도움이 되겠지만 과학고를 진학하고자 하는 학생들이 진로를 탐색하고 면접을 대비하는 데도 도움이 되는 책입니다. 학교생활기록부의 중요성이 날로 커져가고 있는 이때 〈진로 로드맵_심화편〉 책은 교과별 특기사항을 메타인지 독서 및 시사와 연계하여 다양한 수행평가 보고서를 작성하는 데 크게 도움이 될 것입니다. 또한 특성화고등학교 학생들이 공사나 대기업 취업 면접 대비할 때에도 도움이 되는 매우 좋은 책이라 적극 추천합니다.

항동중 진로진학상담 노성빈 교사

미래정보사회에서는 학생 스스로 자아정체성과 자신감을 가지고 자신의 삶과 진로에 필요한 기초적 능력과 자질을 갖추어 자기 주도적으로 살아갈 수 있는 자기관리 역량이 필요하다. 화공·에너지·로봇계열에 적합한 진로 로드맵 안내서는 학생들의 교내외 활동을 통한 폭넓은 기초 지식을 바탕으로 다양한 전문 분야의 지식, 기술, 체험을 체계적으로 활용할 수 있도록 도와줄 것이다. 학생들의 장점을 잘 이끌어내는 기록이자, 학생의 꿈과 끼가 최대한 잘 드러나도록 성장을 담는 구체적이고 신뢰성 있는 이력서를 갖출 수 있도록 훌륭한 길잡이가 될 것이다.

익산 남성여고 진로부장 이용환 교사

2015개정 교육과정이 학교현장에 정착되고 실제 자신들이 진로에 맞는 과목을 선택하면서 느끼는 가장 큰 고민은 교과별 관심있는 학습단원을, 전공하고자 하는 학과와 관련하여 어떻게 참고문헌을 검색하고 활용할 것인지에 있다고 볼 수 있습니다. 이러한 현장의 목소리에 부응하여 이 책은 실제 학생부종합전형을 준비하는 많은 수험생들과 학부모님들에게 탐구활동을 하는 데 매우 유용하면서도 질적으로 높은 수준의 자료들을 가이드하고 있습니다. 또한 이러한 자료들을 활용하여 기재되는 학교생활기록부 예시와 자기소개서 작성까지 보여주어 진로선택에 따른 입시로드맵을 찾는 분들에게 필독을 권하고 싶습니다.

강대마이맥 입시전략연구소장 전용준

프롤로그

빠르게 변화하고 있는 시대,
진로를 정하기 막연하고 두려운 이 시기
어떤 교육이 필요한가

　인구수가 줄어들고 있다. 누구나 대학을 갈 수 있는 시대가 되었다. 이제는 대학을 가는 것이 중요한 것이 아니라 어떠한 역량을 갖추고, 인공지능을 활용하면서 비정형화되고 복잡한 문제를 해결할 수 있는 '창의융합형 인재'가 필요한 때다. 학교와 학원에서 정해진 내용을 배우고 외우는 기존 학습방식에서 궁금한 점을 스스로 찾아보면서 탐구한 내용으로 보고서 쓰기, 친구들과 스터디를 구성하여 팀 프로젝트 수업을 하면서 지적 능력을 심화, 확장시켜 나가는 시대로 변화하고 있다.

　인공지능이 발달하면서 스마트그리드 기술을 활용하고 에너지를 더 효율적으로 사용하며 이산화탄소의 배출을 대폭 줄일 수 있게 되었다. 고층빌딩 관리, 전기차 배터리 제조과정 등에서도 배터리 수명을 연장하는 동시에 더 멀리, 더 빠르게 충전할 수 있는 인공지능 기술을 활용하고 있다. 따라서 이제 인공지능에 자신의 전공을 접목한 '인공지능+X(자신의 전공)' 능력을 기르는 것이 중요해졌다. 친환경차의 시대로 변화하면서 새로운 기술과 일자리가 창출되고, 화석연료 사용으로 우리의 삶을 윤택하게 만들어주던 것들은 환경 정화를 위해 해결해야 하는 문제로 남았다.

이제는 편리함을 넘어서 친환경적인 제품들과 생활 방식이 주목받고 있다. 장애인들의 재활을 돕는 로봇이 큰 인기를 얻고 있으며, 웨어러블 로봇은 자체 지능으로 작동하여 우리가 더욱 편리한 삶을 살아갈 수 있도록 도와준다. 인공지능과 로봇의 발전 속에서 우리의 가치를 높일 수 있는 방법을 이 책을 통해 찾아가길 바란다.

학생들이 대학에서 원하는 역량들을 어느 정도나 준비할 수 있을까?
대학에서는 학업 역량도 중요하지만, 전공에 대한 이해도와 관심을 바탕으로 본인의 진로를 스스로 결정하기를 원한다. 이 책은 앞으로 유망한 계열별 진로를 더욱 심층적으로 살펴보고자 한다.

- 약대바이오계열 진로 로드맵
- 의·치·한의학계열 진로 로드맵
- 간호·보건계열 진로 로드맵
- AI·SW·반도체계열 진로 로드맵
- 화공·에너지·로봇계열 진로 로드맵

위 5가지 계열별 진로 로드맵은 진로·진학 설계를 위한 최근 시사 및 논문을 활용한 탐구, 노벨상 수상자의 탐구활동, 합격한 선배들의 창의적 체험활동과 교과 세부능력 및 특기사항 엿보기, 독서, 영상, 다양한 참고 사이트 등을 소개하여 진로를 결정하고, 선택된 진로를 구체화할 수 있도록 자세하게 안내하고 있다.

저자 정유희, 황현성, 서영진

일러두기

이 책에 실린 내용들을 다 공부해야 하는 것은 아닙니다. 관심 있는 분야 2~3개를 심화학습해 전공적합성을 드러내면 됩니다. 또한 이 책을 통해 추가적으로 관심을 가지고 있는 분야를 확장시킬 수 있는 여러 사이트를 살펴보고 이를 활용한다면 충분히 우수한 학생으로 평가받을 수 있을 것입니다.

신문을 활용한 탐구활동

관심 있는 기사는 읽어보고, 인터넷을 이용하여 추가된 기사를 더 찾아보고, 이 사건이 지금은 해결이 되었는지, 연구결과는 나왔는지 확인해보면서 더 심화된 학습을 할 수 있습니다.

논문을 활용한 탐구활동

아직도 논문을 이용한 활동은 어렵다고 생각하나요? 논문은 심화활동을 할 때 기초자료로 활용하면 좋습니다. 또한 가고 싶은 대학의 학과 실험실에서 본인이 하고 싶은 연구가 어느 정도 진행되고 있는지도 확인할 수 있습니다. 우선 이 책에서 관심 있는 논문을 읽어보고 궁금하거나 더 알고 싶은 내용은 논문을 더 찾아보는 것도 좋은 방법입니다.

노벨상 수상자 탐구활동

간호·보건학 계열의 친구들은 2011년부터 지금까지의 노벨상에 관심을 가져야 합니다. 학생부 연관 활동에도 많이 쓰이고, 노벨상 수상자의 강연을 직접 듣고 활용하는 학생들이 이미 많이 있습니다. 특히 면접에서도 그해 노벨상 수상자 질문은 많이 등장합니다. 수상한 연구의 논문이라면 원문 전체를 찾아보고 깊이 있는 학습을 하는 것도 추천합니다.

창의적 체험활동 기록

나의 생활기록부에 있는 활동을 확인하고, 이전 학년에 했던 활동을 심화활동으로 확장시킬 수 있습니다. 더 알아보고 싶은 점은 다음 학년 탐구활동의 주제로 활용합니다. 이 책에 그 질문하는 방법과 심화 내용들이 잘 구성되어 있으니 이를 활용한다면 자신이 전공하고 싶은 분야와 연계할 수 있을 것입니다.

교과 세특 기록 사례

대학에서 학업 역량을 확인할 때 교과 세특을 많이 반영합니다. 특히 교과별 위계성이 있는 과목들은 학년이 올라갈수록 심화 있는 활동이 필요합니다. 선배들의 학생부 기록을 참고해 본인의 학생부 세특을 확인하여 질문을 통한 심화학습으로 연계하여 탐구하면 좋습니다.

독서로 심화

독서활동은 학생들이 활용할 수 있는 가장 좋은 방법입니다. 교과와 진로에 관련된 독서를 하고, 발표나 토론, 프로젝트에 활용하면 좋습니다. 요즘은 독서 후, 심화활동으로 또 다른 독서를 하거나 논문, 대학강의를 시청하는 학생들도 많아졌습니다. 독서활동 후 반드시 궁금한 내용을 질문으로 만들어 스스로에게 물음을 던지는 과정이 필요합니다.

자소서를 통한 활동

선배들의 합격 자소서를 확인하여 본인의 활동을 점검하는 시간으로 활용할 수 있습니다. 그리고 학생들의 부족한 활동들을 보완하는 시간을 확보할 수 있습니다. 특히 대학에서 할 수 있는 활동을 확인하여 미래를 설계하는 것도 좋은 방법이 될 수 있습니다.

부록 활용법

실전 면접에서 활용할 수 있는 특급 노하우를 알려줍니다. 면접 때 급하게 준비하기보다는 평소에 심화내용들을 정리한다면 실전 면접에 잘 대비할 수 있으며 좋은 결과를 얻을 수 있을 것입니다.

*이 책의 링크주소들은 블로그에 바로가기 클릭으로 편리하게 이용할 수 있습니다.
자료 모음 블로그 : https://blog.naver.com/youhee77

차례

PART 1 사회 이슈 기반 탐구

학생부 기록 사례 엿보기

PART 3 독서 심화 탐구

자소서 엿보기

부록

PART
1

사회 이슈
기반 탐구

신문을 활용한
탐구활동

 저탄소 녹색성장

저탄소 녹색성장 개요

산업혁명 이후 화석연료 사용의 급격한 증가로 인한 온실가스 배출은 지구 평균 온도의 지속적 상승을 초래하였다. 지난 100년간(1906~2005) 전 세계 평균 기온은 0.74℃ 상승하였고, 한반도는 1.7℃ 상승(1912~2008)하였다. 이에 IPCC(Intergovernmental Panel on Climate Change)는 1990년 이래 5~6년 간격으로 기후변화 보고서를 발간하였다. 그리고 2,500명의 과학자가 참여한 제4차 평가보고서를 통해 온실가스의 인위적 배출이 지구온난화의 주요 원인이라는 최종 결론을 내렸다.

지구온난화 문제를 해결하기 위해 선진국을 중심으로 유지되던 1997년 교토의정서에 의한 하향식 기후변화 체제를 2015년 파리 협정을 통해 각국의 사정을 고려한 상향식 방향으로 전환하면서, 2023년부터 5년마다 국가별 기여 방안에 대해 국제사회의 이행 점검을 받게 되었다.

이에 우리 정부도 2016년 제1차 기후변화 대응 기본계획을 수립 이후 지속적으로 대응하고 있다.

관련 단원	보도자료
지구과학Ⅰ_3단원 위기의 지구_기후변화 화학Ⅰ_1단원 화학의 첫걸음_탄소 화합물 생명Ⅰ_5단원 생태계와 상호작용_생물의 다양성의 보전 지구과학Ⅰ_4단원 대기와 해양의 상호작용_기후변화 정치와 법_4단원 국제관계와 한반도_ 국제 문제와 국제기구	2050 탄소중립 추진전략_문화체육관광부 https://han.gl/ptpDJ 제3차 녹색성장 5개년 계획_문화체육관광부 https://www.korea.kr/news/pressReleaseView.do?newsId=156332503 탄소중립 사회를 향한 그린뉴딜_환경부 https://han.gl/AGg41

관련 영상	관련 영상
경제시리즈2-탄소시장_KDI 경제정보센터 https://www.youtube.com/ watch?v=cfwvDoqpJgI	'이산화탄소'가 정화되지 못한다면 우리는 어떻게 될까?_내셔널지오그래픽 https://www.youtube.com/ watch?v=TpjdMOXJt6c

▶ **이산화탄소가 지구온난화의 원인인지 어떻게 알 수 있나요?**

이산화탄소가 지구온난화의 원인인 이유는 화성과 금성의 비교를 통해 알 수 있습니다. 금성의 대기는 96%가 이산화탄소로 이루어져 있습니다. 이 이산화탄소로 인한 온실효과로 금성의 평균 온도는 420℃에 육박합니다. 이에 비해 화성은 이산화탄소가 고체상태인 드라이아이스로 존재하여 온실효과가 생기지 않습니다. 이를 통해 이산화탄소가 지구온난화의 원인임을 알 수 있습니다.

▶ **이산화탄소 외에 다른 온실가스들은 없나요?**

기체 중 온실효과를 발생시키는 기체를 온실가스라고 부릅니다. 온실가스 종류로는 프레온($CFCs$), 오존(O_3), 이산화탄소(CO_2), 수소불화탄소($HFCs$), 과불화탄소($PFCs$), 육불화황(SF_6), 아산화질소(N_2O), 메탄(CH_4) 등이 있습니다. 이 기체들 중 국제연합 기후변화협약(UNFCCC)에서 지정한 이산화탄소, 수소불화탄소, 과불화탄소, 아산화질소, 메탄, 육불화황을 6대 온실가스로 지정하여 관리하고 있습니다. 이를 바탕으로 '정부 간 기후변화위원회(IPCC)'에서 온실가스에 대한 지구온난화지수(GWPs)를 주기적으로 발표, 관리하고 있습니다.

▶ **여러 온실가스 중에 이산화탄소 관리에 집중하는 이유는 무엇인가요?**

　특정 기간 동안(주로 100년) 기체 1kg의 가열 효과를 이산화탄소 1kg의 가열 효과와 비교했을 때 온실가스가 지구온난화에 기여하는 정도를 지구온난화지수라고 합니다. 이산화탄소의 지구온난화지수를 1로 봤을 때 메탄은 21, 아산화질소는 310, 수소불화탄소·과불화탄소·육불화황은 1,300 ~ 23,900으로 큰 차이를 보이고 있습니다. 하지만 이산화탄소를 제외한 5개 가스의 배출량은 매우 적고 다른 물질로 전환·분해가 가능합니다. 반면, 이산화탄소는 전체 배출량의 약 80%를 차지하고 있어 지구온난화의 가장 큰 원인이기 때문에 이산화탄소 관리에 집중하고 있습니다.

📍 친환경 그린카 개발 전쟁

친환경 그린카 개발 전쟁 개요

기후변화에 따른 대기질 개선이 화두로 떠오르면서 전 세계적으로 친환경 그린카 개발에 열을 올리고 있다. 특히 2015년 디젤게이트 사건 이후로 많은 자동차 생산 업체들이 산화질소 배출량을 줄이기 위해 디젤엔진의 개발을 멈추고 친환경 그린카 개발에 박차를 가하기 시작했다. 특히 로마와 파리에서는 2024년부터 디젤차의 시내 진입을 금지하고 노르웨이와 네덜란드는 내연기관 자동차의 생산을 2025년에 중단하겠다고 발표하였다. 자동차 강국인 독일에서도 기준치 이상의 대기가스를 방출하는 디젤 차량의 시내 진입을 제한할 수 있다는 판결을 내렸다.
국내의 경우 서울시는 가솔린·디젤엔진으로 된 내연기관 자동차의 차량등록을 2035년부터 불허한다고 하였다. 게다가 테슬라와 같은 전기차 제조회사들의 약진으로 많은 내연기관차 제조회사들이 자·타의적으로 그린카 개발에 박차를 가하고 있다.

관련 단원	보도자료
통합과학_4단원 환경과 에너지_발전과 신재생 에너지	미래자동차 친화적 사회시스템 및 산업생태계 구축_산업통상자원부
통합사회_2단원 자연환경과 인간_환경 문제 해결을 위한 노력	https://han.gl/z0FUc
화학II_4단원 전기 화학과 이용	수소경제 추진 1년, 눈부신 초기 성과 달성_산업통상자원부
물리학I_2단원 열과 에너지_내부 에너지와 열기관, 열효율	https://www.korea.kr/news/pressReleaseView.do?newsId=156370786
기술·가정_5단원 첨단 기술_첨단 수송 기술	

KOCW	관련 영상
친환경 자동차 이해하기_동아대학교	4가지 종류로 분류하는 친환경 자동차_YTN 사이언스
http://www.kocw.net/home/search/kemView.do?kemId=1284683	https://www.youtube.com/watch?v=LTY4JndQQ4k

친환경 자동차 이해하기

동아대학교 이무연

주제분류	공학 〉기계 · 금속 〉자동차공학
강의학기	2017년 2학기
강의계획서	강의계획서 ▶

▶ 왜 디젤엔진 차량을 규제하나요?

디젤은 가솔린보다 비중이 높아 에너지는 더 많이 만들어내면서 이산화탄소는 덜 배출하는 장점을 가지고 있습니다. 이러한 이유로 클린디젤이라 명명하며 그동안 디젤엔진 차량의 이용을 권장하였습니다. 하지만 탄소가 불완전 연소되어 질소산화물, 일산화탄소, 이산화탄소, 황산화물, 미세먼지 등이 디젤엔진 차량의 배기가스에 포함되어 배출됩니다.

이 물질들이 대기 중의 탄화수소와 햇빛으로 인해 광화학 스모그를 형성, 폐기종이나 기관지염을 일으킵니다. 특히, 디젤엔진은 질소산화물을 많이 배출하기 때문에 전 세계적으로 디젤엔진의 배출가스에 대한 더 까다로운 규정을 세우고 점차적으로 디젤엔진 차량의 도심지 진입을 규제해가고 있습니다. 이처럼 환경오염의 이유가 가장 크게 작용하고 있어 타 내연기관엔진에 비해 규제를 더욱 강화하고 있습니다.

▶ 친환경 자동차의 기준은 어떻게 되나요?

환경친화적 자동차의 개발 및 보급 촉진에 관한 법률에 따르면 친환경차란 에너지 소비효율이 우수하고 무공해 또는 저공해 기준을 충족하는 자동차라고 정의하고 있습니다. 에너지 소비효율의 기준은 하이브리드자동차의 경우 휘발유 엔진 기반 차량의 경우 1000cc 미만 19.4km/L, 1000~1600cc 미만 15.8km/L, 1600~2000cc 미만 14.1km/L, 2000cc 이상 11.8km/L이며, 플러그인 하이브리드자동차의 경우 18.0km/L, 전기자동차는 승용차량 기준 3.5km/kWh 이상, 수소전기차는 승용차량 기준 75.0km/kg 이상입니다. 이를 충족하지 못할 경우 친환경자동차로 인정받지 못하고, 친환경 자동차 혜택을 받지 못합니다.

▶ 전기자동차는 왜 내연엔진기관 차량에 비해 가속력이 높나요?

가속력을 높이기 위해서는 엔진을 돌리는 힘인 토크가 필요합니다. 내연기관의 경우 엔진에서 생성되는 토크의 힘의 크기와 저속에서 차를 움직이는 데 필요한 토크의 크기가 일치하지 않습니다. 이를 해결하기 위해 변속기를 설치하여 토크의 크기를 일치시키는데 이때 변속기가 작용하는 과정에서 약간의 시간의 지연이 생깁니다. 전기자동차의 경우 일반 엔진이 아닌 전기모터를 사용하기 때문에 내연기관과 같은 변속기가 필요 없거나 2단변속기만 이용합니다. 따라서 배터리 출력만 높으면 처음부터 강한 토크를 생성할 수 있고 변속으로 인한 시간의 지연이 없기 때문에 가속력은 내연기관보다 우수합니다.

하지만 높은 가속력은 자랑하지만 이에 따른 단점으로 변속기가 존재하지 않아 전기모터의 RPM 부담률이 커서 내연엔진기관에 비해 최대속도에 도달하는데 어려움을 겪습니다. 그리고 급가속을 하면 배터리가 빠르게 방전되어 배터리 성능의 저하에 원인이 됩니다.

 나트륨 2차전지

나트륨 2차전지 개요

현대사회는 수많은 전자기기를 사용하고 있는데 전자기기의 전원으로는 리튬이온 배터리가 사용되고 있다. 스마트폰, 노트북 등의 소형기기뿐만 아니라 전기자동차 등에도 폭넓게 사용되고 있는 리튬이온 배터리의 장점은 가볍고 저장 에너지 밀도가 높고 고전압까지 가능하다는 것이다. 하지만 과충전과 충격으로 인한 폭발 위험, 리튬의 높은 가격이라는 단점이 있다. 이를 보완하기 위해 주목받는 것이 나트륨 전지이다. 매장량이 많아 리튬보다 훨씬 저렴하며 지구상 곳곳에 널리 퍼져 있어 리튬이온 배터리를 대체할 차세대 전지로 주목받고 있다. 이에 따라 국내 다수 기업들뿐만 아니라 여러 지자체에서도 나트륨 전지 산업 육성에 힘을 기울이고 있다.

관련 단원	관련 영상
통합과학_4단원 환경과 에너지_발전과 신재생에너지 화학I_2단원 원자의 세계_주기적 성질 화학I_3단원 화학 결합과 분자의 세계_화학 결합 화학II_4단원 전기 화학과 이용 물리II_2단원 전자기장_축전기	에너지 저장기술의 미래, 2차전지_YTN사이언스 https://www.youtube.com/watch?v=23KtnFdMf2U

에너지 저장기술의 미래, 2차 전지

▶ **앞으로도 리튬이온 전지가 계속 사용되나요?**

리튬이온 전지의 빠른 발전에도 용량이나 안전성 개선에는 한계가 있습니다. 에너지 밀도 향상 및 원가 절감 문제, 리튬이온 전지가 지닌 안전성 문제 등은 아직 완벽하게 해결되지 못하고 있습니다. 액체 또는 겔타입 전해질을 쓰는 리튬이온 전지는 특성상 발화 및 폭발의 위험성, 낮은 내충격성 등 안전성에 대한 태생적인 한계를 가지고 있습니다. 과충전, 과전압, 과전류 방지를 위한 보호회로 적용을 통해 안전성을 확보한 리튬-황 전지, 리튬-공기 전지, 나트륨/마그네슘 이온 전지, 전고체전지 등 현재 2차전지들의 연구가 지속되고 있어 세대교체가 이루어질 예정입니다.

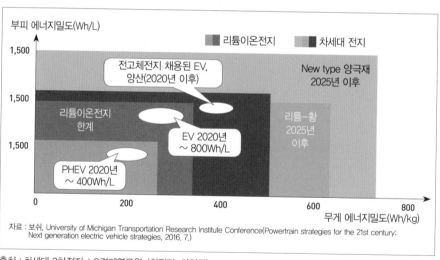

자료 : 보쉬, University of Michigan Transportation Research Institute Conference(Powertrain strategies for the 21st century: Next generation electric vehicle strategies, 2016. 7.)

출처 : 차세대 2차전지_LG경제연구원_(최정덕, 하일곤)

▶ **리튬이온 배터리가 폭발되는 이유가 궁금해요.**

2차전지는 양극재, 음극재, 전해액, 분리막의 핵심 소재로 이루어져 있습니다. 리튬이온전지의 경우 음극(anode)에서 리튬이온을 저장하고, 충전 시 양극

(Cathode)에서 리튬이온을 제공하여 배터리의 기본 성능을 결정합니다. 분리막은 양극과 음극이 서로 섞이지 않도록 물리적으로 막아주는 역할을 하고, 전해액은 전자가 직접 통하지 않고 이온만을 이동할 수 있게 해주어 안정성을 확보합니다. 만약 분리막이 존재하지 않은 채 전류가 흐르면 과전류가 되면서 배터리가 폭발하게 됩니다. 특히 리튬이온 배터리는 발열에 약한 소재를 많이 사용하고 있어서 분리막의 존재가 매우 중요합니다.

그렇지만 안정성을 위해 분리막을 두껍게 제작할 경우 배터리 효율이 떨어지고 크기도 커지므로 무조건 크게 제작할 수는 없습니다. 배터리의 효율을 위해서는 분리막을 얇게 만들어야 하기 때문입니다. 근래 휴대용 기기에 사용되는 리튬이온 전지는 분리막의 두께가 30μm(마이크로미터·1μm는 100만분의 1m) 이하로 제작되다 보니 얇은 분리막으로 인한 폭발의 위험이 존재합니다. 분리막의 두께 외에 또 다른 폭발 위험 가능성으로는 양극에 니켈, 코발트, 알루미늄이 사용되는데, 알루미늄 대비 니켈 양을 늘리면 충전 용량이 커지지만, 산화·환원 반응에 참여하지 않는 알루미늄 양이 부족해지면서 전극의 구조적 안정을 유지해주는 코발트가 산소와 직접 반응해 충전 과정에서 열 안정성이 떨어져서 폭발사고가 발생합니다.

▶ **리튬이온 전지 대체제로 나트륨 전지를 주목하는 이유가 궁금해요**

리튬이온 전지에 사용되는 리튬과 코발트는 매장량이 적어 가격도 비싸고, 고갈의 위험을 안고 있습니다. 나트륨은 리튬과 화학적 성질이 비슷하여 주목받고 있습니다. 게다가 나트륨은 리튬과 비교해 매장량이 풍부할 뿐만 아니라 해수에서도 구할 수 있어 경제적인 측면에서 이익을 제공합니다.

또한 나트륨 전지는 리튬이온 전지 대비 전력 보존 시간을 길게 해주어 전지 효율을 높여주는 장점이 있습니다. 하지만 나트륨은 리튬보다 3배 이상 무거워서 배터리 용량, 에너지변환 효율 등의 성능 저하, 배터리 수명 단축 등의 단점을 가지고 있습니다. 이를 해결하기 위해 국내외 많은 연구진은 그래핀과 흑린, 황화구리 등을 활용하여 현재 상용화되고 있는 리튬이온 전지와 비슷하거나 더 나은 수준의 성능을 보여주는 나트륨 전지를 개발하고 있습니다.

▶ **차세대 2차전지의 장·단점에 대해 알려주세요.**

리튬-황 전지 : 양극재와 음극재를 각각 황과 리튬을 사용해서 리튬이온 전지 대비 3배 이상의 높은 에너지 밀도를 구현할 수 있습니다. 또한 저가인 황을 사용하기 때문에 전지의 제조원가를 낮출 수 있는 장점을 가지고 있습니다.

리튬-공기 전지 : 양극재로 공기(산소), 음극재로 리튬을 이용하는 2차전지로서, 구조가 단순하며 이론적으로 리튬이온 전지의 5~10배 정도의 에너지 밀도를 구현할 수 있어 에너지 용량을 대폭 늘릴 수 있습니다. 또한 리튬이온 전지보다 저렴하고 가볍게 만들 수 있습니다.

나트륨/마그네슘 이온전지 : 리튬 대신 나트륨이나 마그네슘을 음극재로 사용함으로써 전지의 안전성을 확보하면서 값싼 원재료를 사용할 수 있다는 장점을 가지고 있습니다. 가격 변동성과 공급 안정성에 취약한 리튬이온 전지의 약점을 해결할 수 있습니다. 전고체전지는 액체 전해질을 고체 전해질로 대체한 것으로 기존 리튬이온 전지의 액체 전해질이 가지고 있는 발화, 폭발 등의 위험성을 상당히 낮출 수 있는 장점이 있습니다.

구분	구성요소	장점	단점
리튬-황 전지	• 양극 : 황 또는 황화합물 • 음극 : 리튬금속 • 전해질 : 유기계/고체 　전해질	• 고용량 및 낮은 제조원가 • 기존 공정의 활용가능	• 지속적인 충·방전 시 양극재(황)의 감소로 수명 저하 • 황에 의한 제조설비의 부식

리튬-공기 전지	• 양극 : 공기(산소)
	• 음극 : 리튬금속
	• 전해질 : 유기계/고체
	  전해질
		• 전지 셀 구조 단순
		• 고용량 및 경량화 가능
			• 고순도 산소 확보 어려움
			• 산소여과장치, Blower 등
			  추가장치로 인해 부피
			  증가

나트륨 전지
마그네슘 전지
	• 양극 : 금속화합물
	• 음극 : 나트륨/마그네슘
	  금속
	• 전해질 : 유기계/고체
	  전해질
		• 저가화 및 고용량 용이	• 양극제 후보물질 적음
			• 긴 충·방전시간

전고체 전지	• 양/음극 : 기존 양/음극
	  활용 가능
	• 전해질 : 세라믹(황화물/산
	  화물), 고분자, 복합재 등
		• 높은 안정성 및 고용량
		  가능
		• 다양한 어플리케이션(초
		  소형 전자기기~전기차)에
		  활용 가능
			• 높은 계면 저항
			• 유해가스인 황화수소 발생
			  (황화물계) 또는 낮은 저온
			  특성(고분자)

출처 : 차세대 2차전지_LG경제연구원_(최정덕, 하일곤)

 대체에너지(신재생에너지) 개발

대체에너지(신재생에너지) 개발 개요

산업혁명 이후 인류는 화석연료 에너지를 사용하여 발전해왔다. 기술이 발전해감에 따라 소비되는 에너지의 양도 많아지고 이산화탄소 배출량도 늘면서 기후 온난화 등 많은 문제들에 직면하게 되었다. 이러한 문제에 대한 대책으로 화석연료 에너지의 사용을 줄이고 그에 따른 대체에너지의 개발에 집중하게 되었다.

화석연료 에너지의 대체에너지로 가장 큰 비중을 차지하는 것은 핵연료 에너지이다. 그런데 극소량의 우라늄으로 엄청난 에너지를 얻을 수는 있지만, 체르노빌과 후쿠시마 원자력발전소 사고의 경우와 같은 안전성 문제와 그로 인한 환경오염 문제로 또 다른 대체에너지 개발에 집중하고 있다. 화석연료의 단순한 대체가 아닌 고효율, 저공해의 대체에너지 개발이 중요한 것이다. 대체에너지는 신재생에너지와 동일어로 표현되고 있다.

관련 단원	보도자료
통합과학_4단원 환경과 에너지_발전과 신재생에너지 통합사회_2단원 자연환경과 인간_환경 문제 해결을 위한 노력 통합사회_9단원 미래와 지속 가능한 삶_지속 가능한 발전을 위한 노력 지구과학I_4단원 대기와 해양의 상호작용_ 기후변화 화학II_4단원 전기 화학과 이용	제3차 에너지 기본계획_산업통상자원부 https://han.gl/wH1JX 5차 신재생에너지 기본계획_산업통상자원부 https://han.gl/6Wn7V 신재생에너지 기술개발 및 이용 보급 실행계획_산업통상자원부 https://han.gl/oj5n5
KOCW	관련 영상
신·재생에너지의 이해_영남대학교 http://www.kocw.or.kr/home/search/kemView.do?kemId=1316551	내일을 비추는 신재생에너지_YTN 사이언스 https://www.youtube.com/watch?v=ncB7xe4Ur2w

신·재생 에너지의 이해

영남대학교 강용호,이태진,정재학

주제분류	자연과학 >생물 · 화학 · 환경
강의학기	2018년 2학기
강의계획서	강의계획서 >

▶ 우리나라는 왜 수소에너지 개발에 집중하나요?

수소에너지는 물이나 유기물, 화석연료 등의 화합물에 존재하는 수소가 화학반응을 할 때 발생하는 에너지를 말합니다. 수소에너지를 주목하는 이유는 수소로 발전을 할 경우 물과 열, 전기만이 생성되기 때문입니다. 저탄소 정책을 추진해야 하는 입장에서 매우 매력적인 자원입니다. 현재는 천연가스나 석유 등 화석연료를 이용해 수소를 생산하는 방법을 활용하고 있지만, 태양광이나 풍력 등 재생에너지로 생산한 전기를 이용하여 물을 전기분해해 수소를 얻는 방법을 목표로 기술 개발이 진행 중입니다. 대부분의 화석연료를 수입에 의

존하는 우리나라로서는 수소에너지 개발은 가장 이상적인 신재생에너지라고 할 수 있습니다.

▶ **태양광, 풍력과 같은 신재생에너지가 널리 보급되는 데 한계가 있는 이유가 궁금해요.**

태양광 발전은 햇빛이 있으면 어디에나 설치할 수 있고, 설치 후 유지비용도 거의 들지 않는 장점이 있습니다. 그런데 태양광 전지의 대부분을 차지하는 실리콘 태양전지의 높은 가격으로 인하여 보급에 한계가 있으며, 생산효율은 일정하지만 원자재값이 상승하여 경제성이 좋지 않습니다.

풍력발전의 경우 바람은 어느 곳에서나 이용할 수 있고 낙후지역에 전력보급이 가능하다는 장점으로 전 세계적으로 가장 큰 비중을 차지하고 있습니다. 하지만 원자력과 같은 양의 에너지를 내기 위해서는 원전 부지와 비교해 60배 정도의 토지가 필요하고, 발전기 설치 시 대형장비의 설치 및 관리로 인하여 생태계 파괴 등의 환경 피해를 야기합니다. 게다가 에너지원인 바람이 일정하게 불지 않아 발전량이 일정하지 않습니다. 바람이 초속 4m 이하이면 발전을 할 수 없고, 반대로 초속 25m 이상이면 자동으로 발전기가 멈추게 되어 있어서 전력 생산량이 일정하지 않아 화석에너지에 대한 대체에너지로써 부족하다는 평가를 받고 있습니다.

▶ **폐기물을 활용하여 에너지를 활용하는 발전방식에 대해 소개해주세요.**

생활폐기물, 건설폐기물, 지정폐기물 등 가연성 폐기물에 열화학적 방법을 통해 폐기물에너지를 생산합니다. 폐기물을 에너지로 전환하는 기술 중 가장 많이 이용되고 있는 기술은 연소기술로 전체 폐기물에너지 시장의 약 98%를 차지하고 있습니다. 그 외에 가스화와 유화와 같은 열분해 방법이 있습니다. 폐기물에너지 기술 중 가장 많이 적용되고 있는 기술은 소각으로, 폐기물을 소각하는 과정에서 발생되는 폐열을 이용하여 증기를 생산한 후 이를 열수요처로 공급하거나 전기를 생산하는 데 이용하고 있습니다.

현재 전 세계적으로 약 2,000개의 설비가 건설되어 운전 중에 있는 것으로 알려져 있습니다. 하지만 폐기물의 낮은 발열량 그리고 폐기물의 소각 시 발생되는 부식성 가스로 인하여 낮은 압력 및 온도의 증기를 생산함에 따라 화력발전소에 비하여 발전효율이 낮습니다. 따라서 에너지 회수를 목적으로 하는 폐기물 소각시설의 경우보다 고온, 고압의 스팀을 생산하기 위한 보일러 효율 향상 그리고 스팀의 순환 개선 및 폐열의 이용을 위한 기술 개발이 필요합니다. 그럼에도 2016년 기준 국내 폐기물에너지의 1차 에너지 생산량은 폐가스를 포함하여 8,742,726TOE(석유 1톤을 연소시킬 때 발생하는 에너지로 환산하여 표준화한 단위)로 전체 신재생에너지의 61.7%를 차지하고 있으며, 발전량은 22,754,303MWh로 전체 신재생에너지의 56%를 차지하고 있습니다. 폐기물에너지의 경우 에너지 생산은 물론 발생하는 폐기물 관리와 밀접한 관계가 있어 이에 관한 인식 변화와 제도적 뒷받침이 필요합니다.

 꿈의 소재 그래핀

꿈의 소재 그래핀 개요

흑연은 탄소가 육각형 벌집 모양으로 배열되어 있는데 이를 탄소 원자 하나 정도의 두께로 한 겹을 떼어낸 2차원 탄소나노 구조체를 그래핀이라고 한다. 그래핀은 반도체 소재의 주원료인 실리콘보다 100배 이상의 높은 전자 이동도와 구리보다 100배 이상 높은 전기전도도를 갖는다. 인장 강도는 강철의 200배 이상이며, 신축성이 좋아 10% 이상 면적을 늘리거나 구부려도 전기전도도가 감소하지 않는다. 또한 가장 높은 열전도도를 가지는 다이아몬드보다 2배 이상 높은 열전도성을 지닌다. 이렇게 뛰어난 특성 때문에 그래핀은 다양한 기술에 활용될 꿈의 소재로 각광받고 있다.

관련 단원

통합과학_1단원 물질과 규칙성_자연의 구성
물질

통합과학_2단원 자연의 구성 물질_물질의 재발
견, 신소재

화학Ⅰ_1단원 화학의 첫걸음_탄소 화합물

물리Ⅰ_2단원 물질과 전자기장_반도체 소자

기술·가정_5단원 첨단 기술_첨단 기술의 미래

관련 영상

꿈의 물질 그래핀_YTN 사이언스

https://www.youtube.com/

watch?v=JL7VOe1KTn8

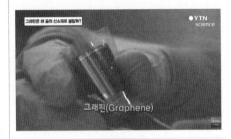

관련 영상

그래핀 장단점은 무엇이고 과연 어디에 쓰일 수
있을까_안 될 과학

https://www.youtube.com/

watch?v=LGr8gORCMGM

The Nobel Prize in Physics 2

© The Nobel Foundation. Photo: U.
Montan
Andre Geim
Prize share: 1/2

© The Nobel Foundation. Photo: U.
Montan
**Konstantin
Novoselov**
Prize share: 1/2

관련 영상

그래핀 재료의 특성_경상대학교

http://www.kocw.net/home/search/kemView.
do?kemId=143646

그래핀 재료의 특성

경상대학교   규슈왕

주제분류	공학 >기계 · 금속 >금속공학
등록일자	2009.10.27

본 강연은 에너지저장재료로서의 그래핀 나노재료

▶ **그래핀과 같은 성질을 가진 탄소구조물에 대해 소개해주세요.**

그래핀이 탄소원자들로 이루어진 한 겹의 층이라면 이를 돌돌 말아 이루어진
관의 형태를 띤 탄소구조물인 탄소나노튜브가 있습니다. 탄소나노튜브의 직경은
1nm(나노미터)로 매우 작습니다. 탄소나노튜브는 전기 전도도가 구리와 비슷하

고, 열전도율은 자연계에서 가장 뛰어난 다이아몬드와 같으며, 강도는 철강보다 100배나 뛰어납니다. 탄소섬유는 1%만 변형시켜도 끊어지는 반면, 탄소나노튜브는 15%가 변형되어도 견딜 수 있습니다.

탄소나노튜브의 우수한 특성들을 이용한 반도체와 평판 디스플레이, 배터리, 초강력 섬유, 생체 센서 등과 같은 장치가 수없이 개발되고 있으며, 나노 크기의 물질을 집어 옮길 수 있는 나노집게로도 활용되고 있습니다.

1991년 탄소나노튜브가 발견된 이후 다양한 연구를 통해 요즘 각광받고 있는 2차전지는 물론 반도체, 항공기, 자동차 등의 소재로도 널리 사용되고 있습니다.

▶ **그래핀의 독특한 전기적 특성과 그 활용은 어떻게 되나요?**

그래핀은 탄소원자들 간 결합으로 육각형 구조를 이룬 완벽한 2차원 구조물입니다. 완벽한 2차원전자계에서는 양자 홀 효과를 보이고, 결합에 참여하지 않는 전자로 인해 각 분해능 광전자 분광법(ARPES, angleresolved photoemission spectroscopy)에 따라 에너지는 운동량의 제곱에 비례합니다. 상대성 이론에서는 입자의 운동 속도가 빨라져 빛의 속도에 매우 근접하게 되고, 이로 인해 에너지와 운동량이 서로 비례하는 관계가 형성되어 우수한 전기적 특성을 가지게 된다고 보고 있습니다.

미국 보건과학 연구소에서 그래핀 필름을 덮은 경우, 모기로부터 사람을 보호하는 데 효과적임을 알게 되었습니다. 또한 높은 전기적 특성을 활용한 초고속 반도체, 투명 전극을 활용한 투명디스플레이, 고효율 태양전지 등이 있습니다. 지지세포 없이 그래핀을 이용한 세포 배양을 할 수 있으며, 정수필터로도 활용할 수 있습니다.

▶ 왜 그래핀의 상용화가 늦어지나요?

그래핀을 만드는 여러 가지 방법이 있지만, 현재 제일 많이 사용되는 방법은 화학적 방법입니다. 이 방법은 적용은 간편하지만, 흑연을 강산 처리하여 산화한 후 환원하는 과정에서 환원이 완전히 이루어지지 않아 불순물이 남게 되어 그래핀의 순도가 떨어지는 단점이 있습니다. 이로 인해 그래핀만의 특성이 줄어들게 되어 상용화가 이루어질 만큼의 정교한 대량생산이 어렵습니다.

화학기상증착법(CVD)을 이용해 그래핀을 양산하는 장비를 판매한 그래핀스퀘어 기업이 있습니다. CVD 방식은 구리 등 촉매 기판을 고온에서 탄소가스와 반응시켜 그래핀을 합성한 뒤 사용할 기판에 전사하는 방법을 사용합니다. 롤투롤(roll to roll) 방식의 그래핀 생산 장비를 이용해 대량으로 그래핀을 제조하는 길을 열어 머지않아 상용화가 될 것입니다. 자동차 앞 유리에 성에를 제거하는 용도로 사용하고, 이후 반도체 펠리클을 만들고, 2차전지 봉지막으로 활용될 예정입니다.

⊙ 실리콘 소재 자율주행차 장애물 감지 센서 개발

실리콘 소재 자율주행차 장애물 감지 센서 개발 개요

구글 웨이모(Waymo)의 자율주행차 등장 이후 많은 기업이 자율주행차 개발을 위한 경쟁을 벌이고 있다. 자율주행차 주행을 위한 인프라의 구축도 중요하지만, 주변 환경을 인식하는 센서의 성능은 자율주행차에 필수적인 역할을 한다. 모든 제조사들이 레이더와 카메라를 필수 센서로 사용하면서 라이다와 초음파 센서를 선택적으로 사용하고 있다. 그중 라이다는 자율주행시스템에서 리던던시(Redundancy) 확보와 높은 신뢰도를 위하여 필수적인 센서가 될 것이다. 현재 라이다는 InGaAs(인듐갈륨아세나이드) 계의 화합물 반도체를 사용하고 있는데, 이는 제작비용이 높아 자율주행차 대중화의 속도를 늦추고 있다. 실리콘 소재의 반도체를 활용하면 제작비용을 크게 낮출 수 있어 많은 연구진이 실리콘 소재로 만들어진 장애물 감지용 라이다 센서 기술 개발에 열을 올리고 있다.

관련 단원	보도자료
통합과학_1단원 물질과 규칙성_물질의 재발견, 신소재 통합사회_3단원 생활 공간과 사회_교통·통신의 발달과 정보화에 따른 변화 물리I_2단원 물질과 전자기장_반도체 소자 물리I_3단원 파동과 정보통신_전자기파의 종류와 이용 지구과학II_2단원 지구 구성 물질과 자원_우리 생활에 이용되는 광물과 암석 기술·가정_5단원 첨단 기술_첨단 수송 기술	국내 전자업계 최초… 실제 도로 주행하며 인공지능·딥 러닝 기술 등 개발_국토교통부 http://www.molit.go.kr/USR/NEWS/m_71/dtl.jsp?id=95079154 자율주행차의 눈(目), 차량충돌방지 레이다의 인지 능력을 높이다_과학기술정보통신부 https://www.korea.kr/news/pressReleaseView.do?newsId=156347864
K-MOOC	관련 영상
자율주행 인공지능 시스템_KAIST http://www.kmooc.kr/courses/course-v1:NGV+NGV01+2020_A1/about 	6억 연봉을 포기하고 만든 BMW가 쓰는 자율주행 기술_EO https://www.youtube.com/watch?v=boNBr3Yxb4g 

▶ **레이더와 라이다의 차이점은 무엇인가요?**

레이더 : RAdio Detecting And Ranging, 즉, 무선 탐지와 거리 측정의 줄임말로 마이크로파를 이용하여 주변 물체를 탐지하고 거리를 측정할 수 있는 센서를 말합니다. 레이더는 주로 차량 앞쪽이나 후측방에 장착되어 앞차와의 거리를 계산하거나 차량의 유무를 측정하는 용도로 사용됩니다. 최근 출시되는 차량에 주로 설치되어 있는 어댑티브 크루즈 컨트롤(ACC)과 긴급자동제동시스템

(AEB), 후측방 감지 시스템(BSD) 등에 주로 사용됩니다.

라이다 : Light Detection And Ranging의 줄임말로 광펄스를 이용하여 주변을 탐색하는 센서입니다. 라이다는 스캐닝 라이다와 플래시 라이다로 구분되는데, 자율주행차에서 사용하는 라이다는 스캐닝 라이다로 초당 수십 바퀴를 돌면서 차량의 360° 모든 곳에 빛을 쏘았다가 돌아오는 정보를 기반으로 이미지를 생성합니다. 이 이미지를 통해서 자동차와 사람을 구별하고 도로와 건물을 식별하는 등 사람의 시야보다 더 넓은 범위를 보고 파악할 수 있습니다.

플래시 라이다는 애플제품에서 사용하는 유형의 라이다로, 고정되어 움직이지 않고 전방 120도 정도의 반경을 파악하여 이미지화하는 장치입니다.

레이더의 경우 물체 유무와 거리는 측정할 수 있지만, 측정 대상이 사람인지 사물인지를 구분할 수 없어서 카메라와 함께 사용합니다. 이에 반해 라이다는 모든 반경의 환경을 이미지화하여 형체의 모습을 판단하고 장애물이 무엇인지 판단할 수 있습니다.

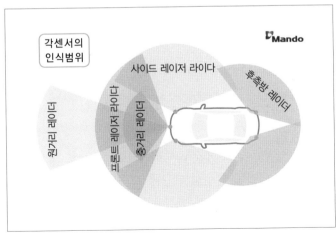

출처 : 한라그룹 공식 블로그

▶ **테슬라는 자율주행차에 왜 라이다가 필요 없다고 말하는지 궁금해요.**

테슬라는 라이다가 차량 한 대 정도의 가격으로 너무 비싸고 자율주행과 연관된 근본 문제를 해결할 수 없다고 주장하고 있습니다. 자율주행을 하기 위한 데이터는 카메라를 이용하여 판단할 수 있다고 합니다. 실제 테슬라 차량의 경우 12개의 초음파 센서와 8개의 카메라, 1개의 레이더를 사용하고 있습니다. 테슬라는 센서보다 AI신경망 기술을 강조하고 있습니다. 테슬라의 AI 수석 디렉터인 안드레 카타피는 '라이다는 플라스틱 가방과 고무타이어를 판독하는 데 어려움이 있다'고 말하면서 자율주행을 위해서는 AI 신경망 기술이 중요하다는 것을 강조하고 있습니다.

이에 따라 일론 머스크는 자율주행시스템을 위한 인터넷을 구축하고자 저궤도 군집위성인 스타링크를 진행하고 있습니다. 즉 테슬라는 카메라를 이용한 데이터의 분석에 중점을 두고 있기에 가격이 비싼 라이다의 활용에 적극적이지 않다는 것입니다. 하지만 자율주행전문가들은 라이다의 중요성을 강조하고 있습니다. 시가지에서는 많은 보행자와 차량들 간의 거리를 측정하면서 안전하게 주행해야 하는데 대상과의 거리를 cm단위로 측정할 수 있는 정밀도를 가진 센서는 현재 라이다뿐이기 때문입니다.

▶ **실리콘소재 센서와 InGaAs(인듐갈륨아세나이드)센서는 어떤 차이가 있나요?**

실리콘소재 센서와 InGaAs계 센서는 사용하는 빛의 파장이 다릅니다. 두 계열 센서 모두 단파 적외선을 사용하고 있습니다. 현재 출시되고 있는 실리콘 소재 센서는 905nm를 사용하고 InGaAs계 센서는 1550nm를 사용합니다.

InGaAs계 센서는 사용하는 빛의 강도를 높여 성능은 높일 수 있으나 빛의 파장이 대기 중의 수증기에 잘 흡수된다는 단점이 있습니다. 무엇보다 InGaAs 광다이오드의 가격은 비쌉니다. 이에 비해 실리콘소재 센서는 기존에 상용화된 실리콘 반도체를 사용하여 가격을 낮출 수 있습니다. 다만 기존 실리콘소재의 경우 905nm의 파장을 사용하기에 센서 범위 내의 사람들의 시신경 손상을 유발할 수 있어 강도를 일정 이상 높일 수 없습니다.

최근 국내 연구진에 의해 개발된 실리콘소재 센서의 경우 두께 10nm 이하의 초박막 실리콘을 만든 후 실리콘의 전자구조를 변화시켜 단파적외선을 감지할 수 있다고 합니다. 이와 같은 기술이 상용화되면 자율주행차의 대중화를 이끌어낼 수 있을 것입니다.

 로봇과 사람이 공존하는 협동로봇

로봇과 사람이 공존하는 협동로봇 개요
협동로봇은 사람의 관여를 배제한 자동화에 목적을 두고 만들어진 기존의 로봇과는 달리 사람과 한 공간에서 물리적으로 상호작용을 할 수 있도록 만들어진 로봇이다. 즉 사람이 하는 일을 보조하면서 반복적 작업을 수행해주는 것이다. 협동로봇은 작고 가벼워 이동이 쉽고 주로 반복 작업을 수행하기에 기존 산업용 로봇보다 프로그래밍도 간편하다. 협동로봇은 산업현장뿐만 아니라 의료, 요리, 배달 등 다양한 분야에서 활용되고 있다. 특히 코로나19로 인하여 비대면 서비스가 확대되면서 협동로봇의 가치는 더 높아지고 있다.

관련 단원	보도자료
통합사회_9단원 미래와 지속 가능한 삶_미래 지구촌의 모습과 우리의 삶 기술·가정_6단원 지속 가능한 기술과 안전_직업세계와 안전	배달로봇 테스트 및 표준화 협력_한국로봇산업진흥원 https://www.kiria.org/portal/info/portalInfoNewsClipSideWrite.do;jsessionid=3827F0268B32F0790F0E20577E3C37DE 협동로봇을 통한 중소 제조업 생산성 혁신 추진_산업통상자원부 http://m.site.naver.com/0LhVg

KOCW	관련 영상
인간의 팔처럼 움직이는 로봇 팔_숙명여대 http://www.kocw.net/home/search/kemView. do?kemId=1234671	로봇 탐구 생활, 협동로봇_현대로보틱스 https://www.youtube.com/ watch?v=klQfz06I_Z4

▶ **협동로봇과 산업용 로봇의 차이는 무엇인가요?**

산업용 로봇은 사람을 대신하여 빠르고 정밀한 작업을 수행하면서 24시간 가동이 가능하여 산업현장에서 높은 생산률을 이끌어내는 데 적합합니다. 다만 안전사고의 예방을 위해 산업용 로봇 주위에 안전 펜스 등의 안정장치의 설치가 필수적입니다. 자동화시스템이 적용된 공장에서의 안전사고들은 주로 작업 중인 산업용 로봇을 정지하지 않고 근처에 접근했을 때 일어납니다. 반면에 협동로봇은 사람의 일을 보완하여 주로 반복작업 등의 일을 보조하는 역할을 하도록 제작되어 있어 작업자의 보호를 위해 각종 카메라와 센서로 주변을 인식하도록 되어 있습니다. 따라서 별도의 안전장치 없이 사용할 수 있습니다.

산업용 로봇은 빠른 속도를 요하면서 위험하고 복잡한 작업에 적합하여 기계, 자동차, 전자 등의 분야에서 용접, 도장 등의 용도로 주로 사용되고 있습니다. 협동로봇은 설치가 용이하고 안전하여 전자, 식품, 의료, 서비스업 등의 분야에서 주로 사용되고 있습니다.

▶ **협동로봇이 적용된 구체적인 사례를 소개해주세요.**

협동로봇은 의료, 서비스, 식품 등 다양한 분야에서 적용되고 있습니다. 덴마크의 Life Science Robotics Aps사에서 재활치료 목적의 협동로봇을 개발했습니다. 글로벌 산업로봇 브랜드인 KUKA에서는 의료용 협동로봇 LBR Med를 판매하고 있는데, 이 로봇은 소프트웨어에 따라 내시경, 생체 조직검사 보조 등 다양하게 활용이 가능합니다.

의료분야 외에 식품, 서비스 분야에서도 활발히 적용되고 있습니다. LG전자는 국내 패밀리 레스토랑에 클로이 셰프봇이라는 로봇을 투입하였습니다. 이 로봇은 고객이 원하는 재료를 담으면 요리하여 그릇에 담는 과정까지 모두 로봇이 수행합니다. 또 강남에 위치한 한 치킨집은 로봇이 사람을 대신하여 치킨을 튀깁니다. 카페에서는 원두를 갈아 커피를 내려주는 로봇과 빵을 주문하면 고객의 자리로 가져다주는 로봇이 있습니다.

 플라스틱 분해 효소

플라스틱 분해 효소 개요

플라스틱은 인류의 삶의 발전에 지대한 영향을 미친 물질로 손꼽히고 있다. 그런데 쉽게 변형되지 않고 오랫동안 사용 가능한 플라스틱의 장점이 이제는 썩지 않고 자연을 파괴하면서 인류에게 위기를 안겨주면서 이로 인해 플라스틱 폐기물 처리로 어려움을 겪고 있다.

이에 미국, 유럽 등 다양한 국가에서는 플라스틱 문제해결을 위해 화이트바이오 산업에 주목하고 있다. 화이트바이오 산업이란 식물 등 재생 가능한 자원을 이용하거나 미생물이나 효소 등을 사용하여 화학소재를 바이오 기반으로 대체하는 산업이다. 플라스틱의 사용을 전면 금지할 수 없기에 대체 물질을 개발하면서 기존에 존재하고 있는 플라스틱의 분해를 위한 효소를 개발하고자 많은 연구진이 박차를 가하고 있다.

관련 단원	보도자료
통합과학_5단원 생명 시스템_생명의 기초, 세포 통합과학_8단원 생태계와 환경_생물과 환경의 관계 화학Ⅰ_1단원 화학의 첫걸음_ 우리 생활과 화학 화학Ⅱ_3단원 반응속도와 촉매_촉매와 효소의 활용 생명과학Ⅱ_2단원 세포의 특성_세포막과 효소	꿀벌 해충에서 플라스틱 분해 실마리 찾다_한국생명공학연구원 http://m.site.naver.com/0LhW3 바이오 플라스틱 분해를 더욱 촉진하는 곰팡이 균주발견_환경부 http://m.site.naver.com/0LhYI
관련 영상	관련 영상
생분해성 플라스틱은 어떻게 만들어질까? _YTN사이언스 https://www.youtube.com/ watch?v=3KM7tdYpAWc	생분해성 바이오 플라스틱, 지구를 살리는 기술 _YTN 사이언스 https://www.youtube.com/ watch?v=YwLv2Kzi83o

▶ 플라스틱은 왜 분해가 되지 않나요?

플라스틱에 가장 많이 사용되고 있는 것이 폴리에틸렌(PE)과 페트(PET)입니다. 이 두 가지를 만들기 위해서는 에틸렌이 필요한데 에틸렌은 석유를 정제할 때 나오는 나프타(Naphtha)에서 만들어냅니다. 즉, 플라스틱은 석유를 정제하여 만든 유기화합물이기 때문에 플라스틱에는 어떠한 영양분도 존재하지 않습니다. 영양분이 없기 때문에 자연에서 생분해가 어려운 것입니다.

▶ 플라스틱을 분해할 수 있는 효소가 있다고 들었는데 설명해주세요.

꿀벌부채명나방의 애벌레가 밀납을 분해하는 것을 확인하고, 이 애벌레의 소화과정에서 폴리에틸렌의 분자를 분해하는 능력이 있다는 것을 확인했습니다. 애벌레의 소화과정에서 발견된 페타제 효소가 플라스틱을 분해한다는 것입니다. 기존 페타제 효소에 두 번째 효소인 메타제를 결합하여 기존보다 6배 더 빨리 플라스틱을 분해하는 슈퍼효소를 만들어냈습니다.

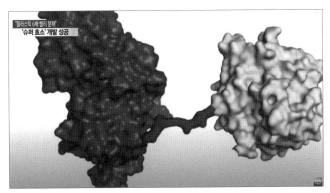

출처 : 플라스틱 6배 빨리 분해하는 '슈퍼 효소' 개발_YTN

▶ 분해될 수 있는 바이오 플라스틱에 대해 알려주세요.

바이오 플라스틱은 미생물에 있는 폴리에스터 성분을 합성하여 만든 것으로 흙이나 바닷물에서 분해되는 '생분해 플라스틱'과 옥수수나 사탕수수 등 자연소재로 만든 '바이오 베이스 플라스틱'을 예로 들 수 있습니다. 바이오 베이스 플라스틱은 기존 플라스틱과 동일하게 자연분해는 일어나지 않지만, 볏짚, 옥수수대 등 농업폐기물을 재료로 만들기 때문에 환경호르몬이 없습니다.

바이오 플라스틱은 내구성이 뛰어나서 주로 휴대용 통신기기와 같은 공산품에 사용됩니다. 생분해성 플라스틱은 미생물들의 대사작용을 통해 분해되는 것으로 빛과 산소가 있을 때 더 빠르게 부식됩니다. 생분해성 플라스틱은 주로 음식물의 포장재로 사용되는데 스타벅스에서 판매되는 바나나의 포장재가 생분해성 플라스틱 사용의 대표적인 예입니다.

	일반 플라스틱	바이오 베이스 플라스틱	생분해 플라스틱
원료	석유	석유, 농업폐기물	농작물, 미생물
자연분해	불가능	불가능	가능
생산단가(kg)	1.7~2달러	2~2.5달러	4~5달러
환경호르몬	있음	없음	없음
탄소저감효과	없음	있음	있음

〈국내 생분해성 플라스틱/고분자 산업 현황〉

회사명	상품	특징
SK Chemicals	SKY GREEN	Aliphatic polyester and / or its starch blend
새한 Industries	ESLON GREEN	Aliphatic polyester and / or its starch blend
SK	GREENPOL	Polycaprolactone / plasticized starch blend
대상	BIONYL	Modified starch containing aliphatic polyester
이레화학	EnPol	Aliphatic polyester

출처 : 한국과학기술한림원 한림연구보고서123

 미세플라스틱 문제

미세플라스틱 문제 개요

요즘 우리는 미세먼지로 많은 고통을 겪고 있으며, 어디를 가든 공기청정기를 쉽게 볼 수 있다. 또한 공기뿐만 아니라 마시는 물 등 여러 환경 문제에 직면해 있다.

많은 사람이 효과가 좋다는 이유로 작은 알갱이들이 포함된 치약 세안제, 스크럽제 등을 사용한다. 더 뛰어난 효능을 목적으로 제조된 작은 플라스틱과 플라스틱으로 제조된 제품들을 사용하면서 떨어져 나온 5mm 미만의 플라스틱 조각들을 미세플라스틱이라고 한다. 이 미세플라스틱들이 하수처리시설에서 걸러지지 않고 그대로 바다로 떠내려가 해양을 오염시키고 있다. 그뿐만 아니라 먹이사슬을 통해 다시 우리 몸에 축적되고 있다. 우리에게 편리함을 주는 플라스틱이 우리를 해치고 있는 것이다.

관련 단원

통합사회_2단원 자연환경과 인간_환경 문제 해결을 위한 노력

통합과학_8단원 생태계와 환경_지구 환경 변화와 인간 생활

생명I_3단원 항상성과 몸의 조절_내분비계와 호르몬

보도자료

플라스틱 없는 바다 만든다_해양수산부
https://han.gl/SHnrL

미세플라스틱 규제 관련 국내외 동향 분석_환경부
https://url.kr/enr6jh

플라스틱 문제, 과학적 해법 찾는다_한국생명공학연구원
https://url.kr/mi2gcd

KOCW

자연과 인간생활_고려대학교
http://www.kocw.net/home/search/kemView.do?kemId=1389144

자연과 인간생활
고려대학교 정아라

관련 영상

미세플라스틱 줄이기! 제대로 이해하고, 바르게 실천하기_KEI 지속가능TV
https://www.youtube.com/watch?v=RPt–Lf–lOAU

▶ 미세플라스틱이 해양식물은 물론, 인체 내에서 배출되지 않고 축적이 되는 이유는 무엇인가요?

생물체의 소화기관에 들어온 미세플라스틱이 무조건 축적되지는 않습니다. 미세플라스틱이 체내 세포막을 통과할 수 없을 정도의 크기라면 위나 내장 속에 머물다가 배설될 것입니다. 하지만 세포막을 통과할 정도로 작은 크기라면 체내에 흡수돼 축적될 수 있습니다. 해양생물에 축적된 미세플라스틱들이 먹이사슬을 통해 높은 단계의 우리 인간에게 높은 농도로 축적되어 장폐색, 생식기 장애 등 여러 질병을 야기시키는 것입니다.

▶ 그렇다면 해양생물의 섭취를 조심해야 하나요?

미세플라스틱은 해양뿐만 아니라 강, 토양에서도 발견되고 있습니다. 한국해양과학기술원의 조사 결과에 따르면 시판되는 생수 10개 중 4개의 생수에서 미세플라스틱이 발견되었습니다. 미세플라스틱을 주의하기 위해 해양생물만을 조심하는 것은 무의미하다고 여겨집니다. 플라스틱 사용을 최소화하고 친환경적인 옥수수, 사탕수수와 같은 원료를 기반으로 만든 생분해성 플라스틱을 사용하는 것이 중요할 것입니다.

▶ 미세플라스틱 문제는 우리나라와는 먼 장소들인 경우가 많은데 우리나라의 상황은 어떤가요?

2018년 네이처지오사이언스지에 실린 논문에 따르면 인천-경기해안과 낙동강하구의 미세플라스틱 오염농도가 영국 머지-어웰강에 이어 2, 3번째로 높다고 발표되었습니다. 눈에 보이지 않지만 국내 미세플라스틱 오염문제가 심각하다는 것을 알 수 있습니다. 게다가 2018년 유럽플라스틱제조자협회(EUROMAP)의 세계 63개국을 대상으로 실시한 조사 결과에 따르면, 2015년 기준 한국의 1

인당 연간 포장용 플라스틱 사용량은 61.97kg으로 88.2kg을 사용하는 벨기에에 이어 두 번째로 많습니다. 이 두 조사 결과를 보면 우리나라는 미세플라스틱 문제해결에 더 적극적으로 나서야 하지 않나 생각합니다.

〈세계에서 미세플라스틱으로 가장 오염된 지역〉

출처 : 네이처지오사이언스, 영국 일간 텔레그래프(1㎡당 미세플라스틱 개수)

▶ 우리나라는 플라스틱 재활용을 잘하는 것으로 알고 있는데, 상황은 왜 더 심각한 가요?

2017년 환경부의 전국폐기물 통계조사에 따르면 재활용이 가능한 자원 중 69% 이상이 분리배출되고 있습니다. 하지만 국내 재활용 현황은 분리수거 된 쓰레기가 재활용 업체(선별업체)로 들어가는 것만 통계 낸 자료일 뿐입니다. 분리수거 된 폐기물 중 선별업체가 재활용이 되는 것들을 골라 재생원료를 만드는 업체로 보내고 재활용이 어렵거나 수익이 나지 않는 나머지 폐기물은 매립장이나 소각장으로 보냅니다.

국내 재활용 관련 전문가와 업체들은 선별업체로 들어간 폐기물 중 30% 정도가 재활용되는 것으로 보고 있습니다. 게다가 국내 플라스틱 제품들의 다수가 다중 재질로 이루어져서 단일 재질로 이루어진 외국 플라스틱에 비해 재활용 비용이 높아 재활용이 가능하지만, 수익성이 나지 않는 경우 소각장으로 보내는 실정입니다. 이에 따라 2019년 환경부는 국가 폐기물 종합감시 시스템 등의 개편을 통해 폐기물의 무단 투기와 재활용 실적 조작을 막겠다고 발표한 후 재활용과 재사용이 가능하도록 플라스틱 제품 제조부터 철저하게 관리하고 있습니다.

 초미세먼지 문제와 정부 대응

초미세먼지 문제와 정부 대응 개요

미세먼지가 심한 날은 한강 건너편이 잘 보이지 않을 정도로 미세먼지 문제는 갈수록 심각해지고 있다. 미세먼지의 영향은 우리의 일상생활을 불편하게 만들고 있어 다른 환경문제와는 다르게 모든 사람이 염려를 표하고 있다. 이에 정부는 2017년 이후 미세먼지 해결을 위한 정책을 수립·추진하면서 미세먼지 문제를 해결하기 위해 많은 노력을 기울이고 있다. 하지만 정부가 진행하고 있는 미세먼지 대책에 대해 긍정적인 반응보다 부정적인 반응이 다수를 이루면서 이에 대한 우려가 높아지고 있다. 정부 시책에 따라 실시하고 있는 미세먼지 저감대책은 미세먼지 배출량을 감소시키는 데에 큰 영향을 주지 못하는 탁상행정 사례로 미세먼지에 대한 효과적인 대응책에 대한 요구가 높아지고 있다.

관련 단원	보도자료
통합과학_8단원 생태계와 환경_지구 환경 변화와 인간 생활 통합사회_2단원 자연환경과 인간_환경 문제 해결을 위한 노력 지구과학I_3단원 대기와 해양의 변화_우리나라의 주요 악기상 지구과학I_4단원 대기와 해양의 상호작용_ 인간 활동에 의한 기후 변화	과학기술정보통신부_미세먼지 R&D 추진 전략 (2020~2024) https://www.korea.kr/news/pressReleaseView.do?newsId=156395306 환경부_정부 미세먼지 선제적으로 총력 대응한다. https://han.gl/o1c1x

관련 영상	관련 영상
대체 미세먼지란 무엇일까?_과학쿠키 https://www.youtube.com/ watch?v=rpdr51esS1Q	미세먼지를 분석하라_YTN 사이언스 https://www.youtube.com/ watch?v=GodBF5W3wQ4

▶ **미세먼지가 눈으로 보이지도 않는데 미세먼지가 심한 날은 왜 시야가 가려질 정도로 뿌옇게 되나요?**

미세먼지는 눈에 보이지 않습니다. 미세먼지 농도가 높아지는 이유는 대기 정체 현상 때문입니다. 바람은 기압과 기온 차이가 클수록 세집니다. 하지만 지구온난화로 인해 고위도 지방과 저위도 지방 간의 온도 차가 줄어들면서 바람이 약해지고, 이로 인하여 대기 정체 현상이 생겨납니다. 대기 정체 현상으로 인해 빠져나가지 못하는 미세먼지들이 쌓여 미세먼지 농도가 높아지는 것입니다. 이 미세먼지들이 대기 중 습도가 높을 때 생기는 옅은 안개인 박무현상과 섞여 시야를 가릴 정도로 뿌옇게 되는 것입니다.

미세먼지는 대기환경기준에 포함된 직경 10㎛ 이하의 먼지인 PM10과 직경 2.5㎛ 이하의 초미세먼지인 PM2.5로 구분합니다. PM10의 경우 시간당 평균 농도가 150㎍/㎥ 이상이 2시간 이상 지속할 때 주의보, 300㎍/㎥ 이상이 2시간 이상 지속할 때 경보가 내려집니다.

▶ **미세먼지 주요 원인이 중국 영향이 클 것 같은데 왜 국내 배출량을 줄이는 데 더 집중하나요?**

대기오염 기여도는 3단계로 구분됩니다.

1단계 : 배출량 기여도로 어떤 배출원에서 얼마나 많은 대기오염물질이 배출되는지를 확인하는 것입니다.

2단계 : 농도 기여도로 배출기여도를 기초로 우리가 마시는 오염물질이 어디에서 오는지를 추정 설명하는 것입니다.

3단계 : 위해성 기여도로 같은 미세먼지여도 흙먼지인지 디젤매연 미세먼지인지에 따라 인체 위해성이 달라지는데 이를 확인하는 것입니다.

일반적으로 언론에서 사용하는 기여도의 전제조건이 무엇인지 설명하지 않고 이야기하다 보니 더 많은 혼란을 야기하고 있습니다. 한반도의 지리적 특성상 중국의 영향을 많이 받는 불리한 외부 조건이기에 내부에서의 대기오염원만큼이라도 줄이고자 노력하는 것입니다.

▶ **미세먼지는 신체에 어떤 영향을 미치나요?**

미세먼지가 체내에 들어와 폐포에 쌓이면 염증반응을 일으키고, 활성산소를 만들어 세포의 노화를 일으킵니다. 그리고 염증반응을 촉진하여 조직의 손상을 유발합니다. 혈류를 따라 이러한 작용이 전신에서 작용하여 호흡기뿐만 아니라 다양한 장기에까지 영향을 미칠 수 있습니다. 미세먼지가 일으킬 수 있는 문제들은 다음 그림에서 확인할 수 있습니다.

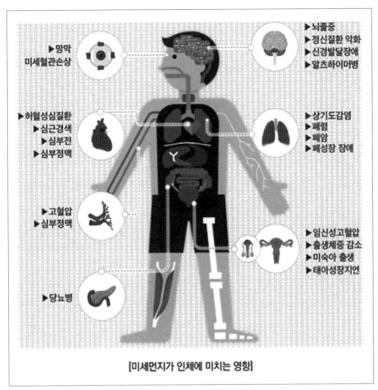

▶망막
미세혈관손상

▶뇌졸중
▶정신질환 악화
▶신경발달장애
▶알츠하이머병

▶허혈성심질환
　▶심근경색
　▶심부전
　▶심부정맥

▶상기도감염
▶폐렴
▶폐암
▶폐성장 장애

▶고혈압
▶심부정맥

▶임신성고혈압
▶출생체중 감소
▶미숙아 출생
▶태아성장지연

▶당뇨병

[미세먼지가 인체에 미치는 영향]

출처 : 미세먼지가 인체에 미치는 영향_질병관리청

논문을 통한
심층 탐구활동

 수소연료전지 산업의 발전 방향 및 전망(한국신재생에너지학회, 임희천)

수소연료전지의 발전 방향 및 전망 개요

현재 인류의 당면 문제는 에너지 자원의 한계성과 화석에너지 사용에 의한 기후변화의 문제이다. 수소는 지구에서 가장 많이 존재하는 물로부터 얻을 수 있고, 수소를 연료로 사용하면 다시 물로 되돌아가기 때문에 생태학적으로 가장 안정적인 에너지원이 된다. 수소는 또한 연료전지를 이용하여 전기에너지로 쉽게 전환해 사용할 수 있고 가스나 액체로 만들어 쉽게 수송하며 저장할 수 있다.

국내는 부생수소를 생산할 수 있는 설비가 전국적으로 산재되어 있어 마음만 먹는다면 인프라 구축이 타 선진국에 비해 아주 쉽다는 장점이 있다. 이러한 면에서 향후 수소 및 연료전지를 기반으로 하는 에너지 시스템으로 전환된다면 보다 빠른 산업화를 구축할 수 있다.

최근 수소경제 구현 가능성에 대한 회의론이 제기되었지만 향후 화석연료 중심에너지 시대에서 재생에너지 시대로 넘어가게 되면 수소에너지 시스템으로의 에너지 패러다임의 변환은 필연적이다. 수소연료전지 기술은 사회 전반에 보편화되어 에너지 확보 및 환경문제 등으로 인한 에너지 문제 해결과 더불어 새로운 에너지 보급에 있어서도 크게 기여할 것이다.

KOCW	관련 영상
연료전지용 수소이온 교환막_영남대 http://www.kocw.net/home/search/kemView.do?kemId=164208	수소 혁명: 미래 에너지의 열쇠, 수소_YTN 사이언스 https://www.youtube.com/watch?v=sA2jdf3M-wc

연료전지용 수소이온 교환막

영남대학교 이승우

주제분류	공학 > 기타공학 > 기타
등록일자	2010.10.07

연료전지 시스템 (Fuel Cell System)

연료전지 (Fuel Cell)

화학 전지 (Voltaic Cell)

알칼리형 연료전지 (Alkaline Fuel Cell, AFC)

관련 영상	자료
수소가 바꾸는 세상 3부 – 그린 수소가 만드는 미래_SBS https://www.youtube.com/ watch?v=AKvsCygn_mw	연료전지 시장의 현재와 미래_삼정KPMG https://assets.kpmg/content/dam/kpmg/kr/ pdf/2019/kr_issuemonitor-112-20190802. pdf

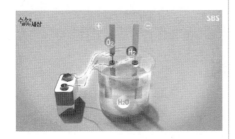

▶ **수소경제가 활성화되어 연료전지의 활용성이 증대될 것인데 그 예를 알려주세요.**

수소경제가 활성화될 경우, 전기를 생산하거나 동력기관을 기동하는 데 필요한 석유 또는 가스 생산지인 중동 중심 에너지 구조에서 재생에너지 잠재력이 높은 지역을 중심으로 전환될 것입니다. 에너지 빈국이 상황에 따라 에너지 수출국이 될 수도 있고, 궁극적으로는 우리나라와 같은 에너지 빈국도 에너지 자급이 가능해질 수 있습니다.

현재 수소경제를 강하게 추진하고 있는 일본, 독일, 한국 등이 모두 에너지 자급률이 낮은 국가입니다. 이렇게 수소경제가 활성화되면 대규모 발전소에서 소규모 분산형 에너지 수급이 가능하며 온실가스를 배출하지 않고 친환경적이면서 지구를 건강하게 만드는 데 도움을 줄 수 있습니다. 따라서 이런 수소연료전지는 기존 신재생에너지와의 융복합, 전기/수소차 충전장치, 농촌지역 분산전원장치, 메트로용 전력공급장치 등 무한한 활용이 가능합니다.

구분	탄소경제	수소경제
에너지 패러다임	탄소자원(석유, 석탄, 가스 등) 중심 수입 의존도(99%)	탈탄소화 수소 중심 국내 생산으로 에너지 자립 기여
에너지 공급	대규모 투자 필요한 중앙집중형 에너지 수급	소규모 투자로 가능한 분산형 에너지 수급
	입지적 제약이 크고 주민 수용성이 낮음	입지적 제약이 적고 주민 수용성이 높음
경쟁 양상	자원개발 및 에너지 확보 경쟁	기술경쟁력 확보 및 규모의 경제 경쟁
환경성	온실가스, 대기오염물질 배출 (CO_2, NO_x, SO_x 등)	온실가스 배출이 적어 친환경적 (부산물 물)

출처 : 산업통산자원부, 현대차증권

▶ **수소와 에너지를 동시에 생산하는 발전시스템이 있나요?**

네, 수소 동시 생산시스템(MCFC-H)이 있습니다. 연료전지를 활용하여 전기, 열, 수소를 동시에 생산하는 시스템으로 수소차량 또는 산업체 등 다양하게 활용할 수 있습니다.

출처 : 연료전지_포스코에너지

전고체 리튬 2차전지 개발 동향 및 전망(KDB미래전략연구소, 이영진)

전고체 리튬 2차전지 개발 동향 및 전망 개요

휴대용 IT기기의 사용이 늘면서 충전을 통해 반복 재사용할 수 있는 2차전지(echargeable Battery)는 이제 일상의 필수 부품이 되었다. 전고체 전지는 고체 전해질을 사용함에 따라 화재 및 폭발 위험이 현저히 줄어들어 배터리의 활용 범위가 넓어졌다. 성능이 월등히 우수함에도 화재·폭발 위험 때문에 사용하지 못했던 리튬금속을 음극재로 사용할 수 있어 에너지 밀도를 비약적으로 높일 수 있다.
전고체 전지는 고체 전해질의 이온 이동성 저하, 충·방전 효율을 떨어뜨리는 덴드라이트 생성 문제 등 아직 해결해야 할 기술적인 문제가 많다.

관련 단원	보도자료

공통과학_4단원 환경과 에너지_전기에너지의 생산과 수송물리I_4단원 에너지_전기에너지의 발생과 수송
화학I_4단원 닮은꼴 화학반응_산화-환원반응
물리II_2단원 전기와 자기

꿈의 배터리 '전고체전지' 저비용 대량생산 길 열다!_KERI
https://han.gl/slIUB

구겨도, 잘라도 작동하는 전고체 2차전지 개발_KBSI
https://www.kbsi.re.kr/pro01/articles/view/tableid/press/id/8568

관련 영상	대학강의

미래를 저장하는 기술-선양국 배터리공학자_YTN 사이언스
https://www.youtube.com/watch?v=4Gzcvar6vek

리튬 배터리의 고체 및 액상 음극_경상대학교
http://www.kocw.net/home/search/kemView.do?kemId=425048

리튬 배터리의 고체 및 액상 음극
경상대학교 김영식

주제분류	공학 >정밀 · 에너지 >신소재공학
강의학기	2012년 1학기

리튬 배터리의 고체 및 액상 음극의 개요와 원리

▶ 고체 전해질의 특징과 종류는 무엇인가요?

　　고체 전해질은 액체 전해질에 비해 리튬이온의 이동 속도가 낮아 전지의 출력이 낮으며, 전해질과 양극·음극이 맞닿아 계면저항이 높아 수명도 기존 전지에 비해 낮습니다. 이런 문제를 개선하기 위해 황화물계, 산화물계 및 폴리머계 등 다양한 고체 전해질이 있습니다. 황화물(LGPS)은 습도에 취약하여 H_2S(황화수소) 등 가스를 발생시키나, 이온전도도·온도 안정성 등 고른 장점이 있어 고체 전해질 중 가장 활발하게 개발되고 있습니다. 산화물(LL7)은 강도가 우수하여 안정성이 높으나, 이온전도도가 낮으며 고온 열처리 공정이 요구되어 생산 용이성이 떨어집니다. 폴리머(Polymer)는 생산이 용이하지만, 이온전도도가 낮아 전지 출력이 낮습니다.

〈고체 전해질 종류별 특성〉

구분	이온전도도	온도 안전성	생산 용이성	습도 안정성
황화물계	우수(10-3S/cm)	우수	우수	낮음
산화물계	보통(10-4S/cm)	우수	낮음	보통
폴리머계	낮음(10-5S/cm)	보통	우수	보통

출처 : 전고체 리튬 2차전지 현황 및 국내외 개발 동향(조윤상)

▶ 덴드라이트가 무엇인지 궁금해요.

　　차세대 리튬 2차전지는 에너지 밀도 향상을 위해 기존의 흑연 음극재를 리튬 금속 음극재로 사용합니다. 덴드라이트는 리튬금속 표면에 나뭇가지 모양으로 쌓이는 결정체로 리튬이온의 이동을 방해하여 충·방전 효율을 떨어뜨리고, 수명 단축을 초래합니다. 음극재 표면에 나노 코팅을 하거나 새로운 소재를 사용하여 덴드라이트 생성을 방지할 수 있습니다.

전고체 전지의 덴드라이트 현상

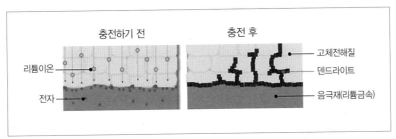

출처 : 고효율 전고체 전지 개발을 위한 전극 설계 및 소재기술 개발_(오필건)

▶ **덴드라이트를 억제할 수 있는 방법에 대해 알려주세요.**

리튬 덴드라이트는 원리적으로 리튬금속전극 표면의 리튬이온 농도가 감소하기 때문에 발생하므로, 계면에서의 리튬이온 농도를 일정하게 유지시켜주는 경우 덴드라이트 생성을 근원적으로 억제시킬 수 있습니다.

고분자 소재 기반 보호막은 리튬 이온전도성을 가지는 고분자 전해질을 리튬금속 표면에 도입하여 전해액과 리튬금속의 직접적인 접촉을 감소시킴으로써 전해액 분야를 저하시키고, 덴드라이트의 성장을 물리적으로 억제할 수 있습니다. 보호막의 전단 탄성계수(shear modulus)를 증가시키거나 보호막의 강도(toughness)를 증가시켜 리튬 덴드라이트 성장을 억제하거나 보다 간결한 성장을 유도시키는 방향으로 소재 설계가 진행되고 있습니다. 음이온이 고정된 이오노머(ionomer)인 나피온(Nafion)을 보호막으로 도입함으로써 고전류밀도에서의 리튬 가역성을 향상시킬 수 있습니다.

고효율 고안정 페로브스카이트 태양전지 연구개발 개요

페로브스카이트 반도체 박막을 이용한 태양전지는 저비용, 고효율 태양전지로 제작할 수 있어 매우 매력적이다. 이러한 높은 효율과 가능성에도 불구하고, 태양전지는 그 자체로 성능을 약 25년 이상을 유지하는 수명이 필요하기 때문에 페로브스카이트 태양전지의 안정성은 상업화를 위한 중대한 과제로 인식되고 있다.

유무기 하이브리드 페로브스카이트는 ABX_3 화학식을 가지며, X는 할로이드계 음이온으로 구성된다. 이들 원소들의 조성과 비율을 조절하여 밴드갭, 결정질, 결정화 및 심지어 페로브스카이트의 안정성을 제어할 수 있다. 게다가 페로브스카이트 태양전지는 다양한 선택적 접촉층(Electron transport layer, ETL, hole transport layer, HTL) 등을 사용하여 다양한 구조로 제작이 가능하며, 이들의 공정을 통해 열화기전을 지연시키거나 혹은 발생시키기도 한다.

유무기 하이브리드 페로브스카이트의 열화는 수분, 산소, 열, 빛 등 다양한 원인에 의해 진행된다. 하이브리드 페로브스카이트의 낮은 결합에너지(산화물계 페로브스카이트 대비 10분의 1)로 인해 결정 구조가 쉽게 열화가 진행된다. 페로브스카이트와의 접촉을 차단할 수 있는 Al_2O_3와 같은 절연체 막을 페로브스카이트와 전하수송층 사이에 삽입함으로써 안정성을 향상시킨 사례가 있다. 또한 페로브스카이트 상부에 코팅되는 전하수송층을 소수성 특성을 가진 소재로 적용하여 수분의 접촉을 지연시킴으로써 안정성을 향상시킨 사례가 있다.

관련 단원	보도자료
공통과학_4단원 환경과 에너지_발전과 신재생에너지 물리I_2단원 물질과 전자기장_물질의 구조와 성질 물리I_4단원 에너지_전기에너지의 발생과 수송 화학I_4단원 닮은꼴 화학반응_산화−환원반응 물리II_2단원 전기와 자기	성능과 안정성 동시에 잡은 신개념 페로브스카이트 양자점 태양전지 개발_DGIST https://han.gl/LmlAf 세계 최고 효율 페로브스카이트 평판형 태양전지 개발_한국전력 https://han.gl/k42fu
관련 영상	대학강의
전 세계가 한국 소식에 놀라 대서특필한 페로브스카이트_에스오디SOD https://www.youtube.com/watch?v=m8RxSFOK_k8	유무기 광전소자 특론_충남대학교 http://www.kocw.net/home/search/kemView.do?kemId=1337756

Volume 590 Issue 7847, 25 February 2021

Solar flair

Thanks to their potential high efficiency, solar cells based on metal halide perovskites are strong candidates to replace today's silicon-based cells, but the light-harvesting ability of perovskites remains limited owing to excessive charge-carrier recombination. In this week's issue, Jangwon Seo and his colleagues report a holistic approach to making perovskite solar cells that improves the management of charge carriers. The researchers have developed a...
show more

Cover image: Younghee Lee.

nature
SOLAR FLAIR

Subscribe

유무기 광전소자 특론

충남대학교 홍기현

주제분류	공학 〉기계 · 금속 〉금속공학
강의학기	2019년 2학기
강의계획서	강의계획서 〉

▶ 페로브스카이트 태양전지의 단점인 열화현상을 보완하기 위한 방법이 있나요?

페로브스카이트 태양전지는 다양한 열화인자(수분, 산소, 열)로부터 박막을 보호하기 위해 원자층 증착법(Atomic layer deposition, ALD)을 사용하여 이런 단점을 보완하고 있습니다. 열화박막의 핀홀이 없으며 균일하게 기판에 증착되어 고밀도, 고품질의 막을 형성하여 전하수송층으로 기능할 수 있는 다양한 산화물 반도체(TiO_2, ZnO 등)를 증착합니다. 이렇게 TiO_2를 증착하면 염료가 빛을 흡수하여 전기를 생산할 수 있는 이점이 있어 보호하는 효과와 추가적인 전기를 생산할 수 있는 이점이 있습니다.

〈태양전지 종류 및 특징〉

종류	이온전도도	특징	변화효율
실리콘계	결정계	– 단결정 Si 기판 이용 • 장점 : 성능, 신뢰성 • 과제 : 저가격화	~ 20%(단결정) ~ 15%(다결정)
	박막계	– a–Si이나 미세결성 박막을 기판 위에 형성 • 장점 : 대면적으로 양산 가능 • 과제 : 효율 낮음	~ 9%(비정질)

화합물계	CIGS계	− Cu, In, Se 등을 원료로 하는 박막형 • 장점 : 자원절약, 양산 가능, 저가격 • 과제 : In의 자원량	∼ 14%
	CdTe계	− Cd, Te을 원료로 하는 박막형 • 장점 : 자원절약, 양산 가능, 저가격 • 과제 : Cd의 독성	∼ 13%
	집광계	− 3족과 5족 원소로 된 화합물 다접합 집광기술 적용 • 장점 : 초고성능 • 과제 : 저가격화	셀효율 ∼ 38%
유기계	염료감응	− TiO2에 흡착된 염료가 광을 흡수하 여 발전하는 새로운 타입 • 장점 : 저가격화 가능성 • 과제 : 고효율화, 내구성	셀효율 ∼ 14%
	유기박막	− 유기반도체를 이용하는 박막형 • 장점 : 저가격화 가능성 • 과제 : 고효율화, 내구성	셀효율 ∼ 12%
	페로브스카이트	− Pb, I가 유기물에 결합된 유무기 하이브리드 박막형 • 장점 : 고효율화 • 과제 : Pb의 독성, 내구성	셀효율 ∼ 23%

출처 : 염료감응 태양전지의 연구 동향_DGIST(조효정)

▶ **그래핀이 전류가 잘 통한다고 들었는데 이를 전극으로 사용할 수 있을까요?**

좋은 질문입니다. 그래핀은 유연기판과 롤투롤(role-to-role) 공정을 이용하면 좋습니다. 플렉시블 유기 태양전지는 매우 가볍고 얇게 제작이 가능하기 때문에 포터블 전력 발전기(portable power generators)로 사용이 가능하고 장비 일체형 태양전지(device integrated photovoltaics, DIPV)의 개념으로 개발하여 의류, 스마트 기기 등의 다양한 응용 분야를 개척함으로써 고부가가치 시장 창출에 기여할 수 있습니다. 그래핀은 일반적으로 가스배리어(gas barrier)의 역할이 가능하므로 소자의 안정성과 수명 향상에도 기여할 수 있습니다.

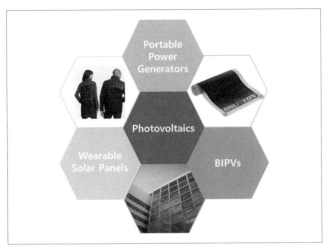

출처 : 그래핀의 차세대 태양에너지 소자로의 응용(정승온)

미세조류 해양 바이오매스를 이용한 바이오디젤 생산기술

미세조류를 이용한 바이오디젤 개요

화석연료 기반 산업이 현재 큰 위기를 맞고 있다. 앞으로 화석연료는 결국 고갈된다는 사실과 이에 따른 공급 불안정, 그리고 대기 중 이산화탄소 농도 증가 등의 문제로 신재생에너지에 대한 관심이 높아지고 있다. 신재생에너지 중 바이오디젤(biodiesel)은 운송연료로서 커다란 주목을 받고 있다. 또한 해양바이오매스 (marine biomass)인 미세조류 (microalgae)를 바이오디젤의 원료로 사용하는 대안에 최근 많은 관심을 보이고 있다.

미세조류는 태양에너지로부터 광합성을 하여 이산화탄소를 고정하는 해양 생명체로 고정된 이산화탄소로부터 바이오연료, 음식물 등 다양한 유용 물질을 만들어낼 수 있다. 바이오디젤의 원료인 미세조류는 식물과 비교했을 때 상대적으로 높은 광전환 효율을 가지고 거의 연중 내내 생산이 가능하여 지속적인 원료 공급이 가능하다.

바이오에너지

동국대학교   강규영

주제분류	자연과학 >생물 · 화학 · 환경 >환경과학
강의학기	2012년 2학기

▶ 옥수수나 콩으로 생산되는 바이오디젤보다 미세조류를 활용하는 장점이 궁금해요.

식용작물을 원료로 생산할 경우에는 식량난 문제를 일으킬 수 있으며, 미세
조류는 콩이나 옥수수 등의 육지 농작물보다 바이오디젤을 최대 250배까지 생
산할 수 있는 장점이 있습니다. 또한 삼면이 바다로 둘러싸인 우리나라로서는
해양 미세조류를 대량 배양할 수 있습니다.

▶ **미세조류를 생산하는 공정에 대해 알려주세요.**

미세조류 바이오디젤 생산기술은 크게 고효율 미세조류 개발, 미세조류 대량 배양, 수확, 오일 추출, 바이오디젤 전환, 부산물 활용 등으로 구성됩니다. 미세조류 오일로부터 바이오디젤 전환공정은 크게 지질 내 엽록소와 같은 불순물 제거, 전이에스테르화 반응을 통한 바이오디젤 전환, 바이오디젤과 글리세롤 분리, 증류 등으로 구성됩니다.

바이오연료용 균주의 조건으로, 첫째 태양의 높은 빛 세기 조건에서 효율적으로 빛 에너지를 바이오매스로 전환할 수 있어야 합니다. 미세조류의 빛 전환효율은 보통 5% 이하로 알려져 있으며, 과도한 빛 조건에서는 광저해(Photoinhibition) 효과에 의해 오히려 성장이 저해됩니다. 둘째 높은 산소 분압에 민감하지 않은 균주여야 합니다. 그래야 산소가 원활히 배출되지 않을 경우 미생물 성장에 대한 산소 저해 효과가 발생하지 않을 수 있습니다. 셋째 외부 생물의 오염에도 안정적인 균주여야 합니다. 대량생산 시 단일 종 또는 멸균 상태

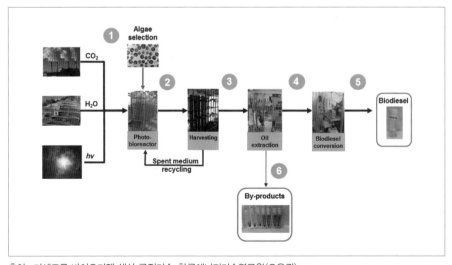

출처 : 미세조류 바이오디젤 생산 공정기술_한국에너지기술연구원(오유관)

로 미세조류 배양시스템을 유지하기 힘들기 때문입니다. 넷째로 균체 성장과 동시에 오일을 많이 축적할 수 있는 균주여야 합니다. 이러한 균주가 개발된다면 오일 생산성을 상당히 높일 수 있습니다. 다섯 번째로 후처리 공정(수확, 오일 추출 등)을 고려한 균주여야 합니다. 일반적으로 대규모 배양 후 많은 회수비용이 요구되기에 이러한 특성을 가져야 군집을 형성 시 수확비용을 상당히 줄일 수 있습니다.

▶ 바이오디젤과 그린디젤의 차이점은 무엇인가요?

바이오디젤은 저온유동성과 산화안정성이 낮다는 점에서 연료 물성 측면에서 어려움이 있습니다. 그리고 지방산의 메틸 에스테르 화합물로 분자구조 내에 산소를 포함하고 있습니다. 이 산소가 반응성을 나타내어 장기간 사용이 힘들고, 저장용기나 이송관 부식과 같은 문제를 일으킬 수 있으므로 기존 원유 기반의 인프라 사용 및 화석연료 기반 디젤과의 혼합비율도 제한적입니다. 또한 지질에 포함된 지방산의 조성에 따라 저온에서 유동성이 저하되므로 겨울철에 사용이 제한될 수 있습니다. 반면에 그린디젤(green diesel)은 탈산소 디젤로 보관, 취급도 기존 디젤과 동일하므로 기존 정유/석유화학 인프라에 곧바로 적용할 수 있는 장점이 있습니다.

〈수송용 바이오연료 특성 비교〉

특성	바이오디젤	그린디젤
주요 구성원소	탄소, 수소, 산소	탄소, 수소
반응조건	중온(~150℃) 상압	고온(300~400℃) 고압(50~150bar)
연료 품질	낮은 세탄가(~50)	높은 세탄가(~100) 항공유 전환 가능

저장성	저온유동성 부족으로 불안정	기존 경유와 동일
생산공정	액-액 분리(글리세롤 제거)	기-액 분리(프로판, CO, CO2)
기존 인프라 구조 적합도	낮음(혼합사용 필요)	기존 인프라 구조 사용

출처 : 미세조류 바이오디젤 생산 공정기술_한국에너지기술연구원(오유관)

 대면적 그래핀 제조와 응용(성균관대, 안종현)

대면적 그래핀 제조와 응용 개요

실리콘 반도체는 고주파 영역에서 상당한 열이 발생하여 안정적으로 작동할 수 있는 속도 범위가 제한되는 반면, 그래핀은 전하인 정공과 전자의 이동 시 산란이 거의 발생하지 않아 전하 이동 속도가 빠르며 우수한 열전도로 발열 문제를 해결할 수 있다. 성균관대에서 플렉서블, 신축성 전자소자 분야에 응용할 수 있는 20% 변형률(strain)에서도 전기적·기계적 성질을 잃지 않는 그래핀 투명전극을 개발하였다.

이러한 그래핀의 다양한 응용 분야를 실현하기 위해서는 균일한 특성의 대면적 그래핀 필름을 합성하는 기술이 필요하다. 대면적 그래핀 제조 방법은 크게 흑연의 층 분리를 활용한 Top Down 합성 방법과 Ni, Cu 등의 금속 촉매를 이용한 화학기상증착법 두 가지로 분류할 수 있다. 성균관대에서 고품질 그래핀을 대량으로 제조할 수 있는 대면적 롤투롤(Roll-to-roll) 전사 기술을 활용하여 대면적 그래핀을 합성할 수 있게 되었다.

관련 단원	보도자료
공통과학_1단원 물질과 규칙성_신소재의 개발과 이용 화학I_3단원 생명의 진화_화학결합, 탄소화합물 화학II_1단원 다양한 모습의 물질물리II_4단원 미시 세계와 양자현상	4층짜리 단결정 그래핀 대면적 합성한다_IBS https://han.gl/PiJeR 1만 배 커진 2차원 '화이트 그래핀(h-BN)' 합성 성공_과학기술정보통신부 https://www.korea.kr/news/pressReleaseView.do?newsId=156332776

관련 영상	대학강의
미래를 바꿀 꿈의 신소재, 그래핀_YTN 사이언스 https://www.youtube.com/ watch?v=Z4ztvmD3T00 	그래핀 재료의 특성_경상대학교 http://www.kocw.net/home/search/kemView. do?kemId=143646

그래핀 재료의 특성
경상대학교 규슈왕

주제분류	공학 〉기계 · 금속 〉금속공학
등록일자	2009.10.27

본 강연은 에너지저장재료로서의 그래핀 나노재토

▶ **롤투롤 제작공정에 대해서 자세히 설명해주세요.**

롤투롤 공정은 박막물질을 연속적으로 합성, 전사할 수 있기 때문에 산업적 인 측면에서 주목받는 기술입니다. 롤투롤 방식은 화학기상증착법(CVD)방식으

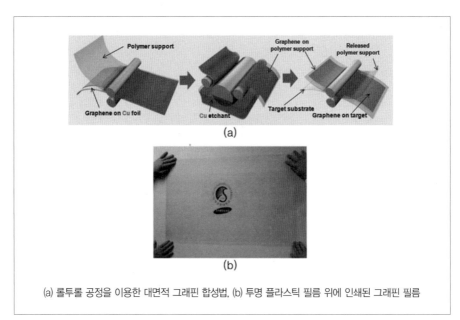

(a) 롤투롤 공정을 이용한 대면적 그래핀 합성법, (b) 투명 플라스틱 필름 위에 인쇄된 그래핀 필름

출처 : 대면적 그래핀 제조와 응용_성균관대학교(안종현)

로 100℃ 이상에서 구리박 표면에 메탄가스와 수소기체를 반응시켜 고품질 그래핀을 합성할 수 있습니다. 연속적인 그래핀을 생산하기 위해서는 구리박막(11㎛)을 고속으로 롤링하여 동박에 합성된 그래핀을 분리해 PET와 같은 필름으로 전사하여 대면적 그래핀을 얻을 수 있습니다.

▶ 대면적 그래핀의 활용 사례에 대해 알려주세요.

우수한 광학, 전기, 화학적 특성을 소유한 그래핀은 향후 투명전극, 초고주파 소자용 반도체, 방열소재 등으로 활용될 가능성이 높습니다. 특히 그래핀이 갖고 있는 우수한 기계적 물성은 OLED 디스플레이 등 플렉서블 전자소자에 활용될 수 있기에 대면적 그래핀이 필요합니다. 그래핀 투명필름을 전극으로 응용하여 에너지 소자인 2차전지나 슈퍼커패시터 분야에 사용됩니다. 초경량 소재, 차세대 투명반도체를 체액으로 작동하는 생체 삽입형 전지 및 디스플레이에 사용할 수 있습니다.

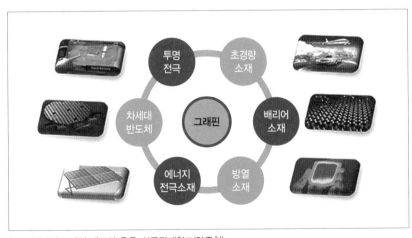

출처 : 대면적 그래핀 제조와 응용_성균관대학교(안종현)

해수담수화 역삼투막 고급세정기술 개발

해수담수화 역삼투막 개요

전 세계적으로 기존의 자연계 수자원(지표수) 활용의 한계를 극복하기 위한 방안으로 해수의 활용이 증가하는 추세이다. 이에 해수담수화 관련된 연구 및 산업 또한 활발히 진행되고 있으며, 국내에서도 가뭄, 홍수 등 물 재해에 대응하기 위한 물 안보 대책으로 해수담수화 사업에 집중할 예정이다. 또한 UAE와의 공동 연구 등 해외 진출을 위한 다양한 방안이 모색되고 있다.

국내 해수담수화 연구는 국가 R&D를 중심으로 핵심 부품 및 단위 공정 설계기술 확보 위주로 진행되어 선도국의 90%까지 기술력을 확보할 수 있었으며, 이를 바탕으로 한 실규모 해수담수화 플랜트 건설 실적도 확보할 수 있었다.

종래의 해수담수화 플랜트의 한계를 극복하고, 세계 선도형 역삼투식 해수담수화 플랜트 운영관리기술을 확보하여 역삼투막과 공정 전력소비량 3.3 kWh/㎥ 이하, 운영비 30% 저감, 농축수로 인한 환경 영향 30% 저감이 가능한 중대규모 역삼투식 해수담수화 플랜트 설계 및 운영관리기술을 확보하였다. 또한 오랫동안 해수담수화 시설을 운영하기 위해서는 해양 조류를 효과적으로 대응할 수 있는 기술로 유기·무기 막여과 기술을 적용하여 단점을 보완하였다.

관련 단원	보도자료
공통과학_4단원 환경과 에너지 지구과학 I _1단원 소중한 지구_지구의 선물 화학 II _1단원 다양한 모습의 물질_물질의 상태 화학 II _5단원 인류복지와 화학_녹색화학	세계 최초 차세대 해수담수화 기술 개발_한국건설기술연구원 https://han.gl/KkRhb 태양광을 이용한 초고효율 해수담수화 기술 개발_한국연구재단 https://han.gl/bZ3Hl
관련 영상	대학강의
태양열을 이용해서 물을 정화한다_YTN 사이언스 https://www.youtube.com/watch?v=AFTvnIlAI70	해수담수화 공정의 미래_고려대학교 http://www.kocw.net/home/search/kemView.do?kemId=312986

해수담수화 공정의 미래

고려대학교 Menachem Elimelech

주제분류	공학 〉토목 · 도시 〉토목공학
강의학기	2011년 1학기

에너지 관점에서 해수담수화 공정의 연구 방향 제시

(Menachem Elimelech 예일 대학교)

▶ 조류 대응 전처리 유기·무기 막여과 기술은 무엇인가요?

역삼투식 해수담수화 공정의 성능은 해양 조류 유입 시, 역삼투 분리막으로 유입되는 유기물과 직접적으로 연관되므로, 안정적인 역삼투 막여과 공정 운영이 가능한 수준의 유입수 조건을 갖기 위해 적정한 전처리 기술을 적용하는 것이 중요합니다. 일반적으로 해양 조류가 과다하게 유입될 경우, 용존공기부상(dissolved air flotation, DAF)을 이용해 사전에 조류를 제거한 후 전처리 공정에 유입하지만, 조류가 급격히 증가할 경우에는 안정적인 운영이 어렵습니다. 따라서 능동형 역삼투 막여과 공정을 위한 알고리즘을 개발하여 최상의 상태로 여과될 수 있도록 실시간 모니터링을 합니다. 또한 오염된 막을 화학약품을 활용, 세척해 최상의 막 상태를 유지하고 있습니다.

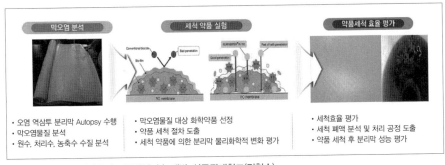

출처 : 해수담수화 역삼투막 고급세정기술 개발_성균관대학교(김형수)

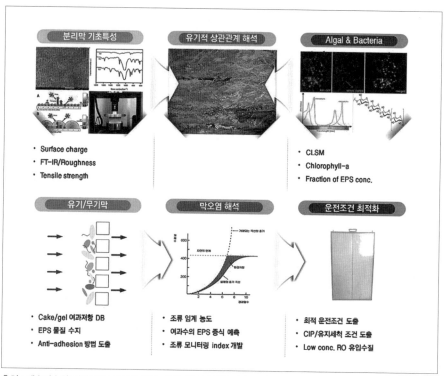

출처 : 해수담수화 역삼투막 고급세정기술 개발_성균관대학교(김형수)

▶ 역삼투막의 기준과 특징은 무엇인가요?

분리막 기술은 미세 기공이 뚫려 있는 막을 통해 분리 및 정제하는 기술로서 기공의 크기에 따라 UF(Ultrafiltration), MF(Microfiltration), NF(Nanofiltration), 그리고 역삼투방식인 RO(Reverse osmosis)로 나뉘어집니다. 그중 RO분리막은 1nm 이하의 초미세입자를 제거할 수 있는 작은 기공을 지니고 있습니다. RO 분리막은 부직포와 UF 지지층과 함께 계층적으로 디자인하여 기계적 강도가 향상된 복합 분리막의 형태로 사용할 수 있습니다. 또한 분리막을 나선 상이 (spiral-wound) 방법으로 모듈화하여 더욱 집적된 수처리 시스템을 구축할 수 있습니다.

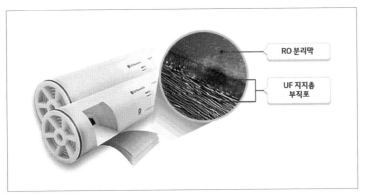

출처 : LG화학의 RO필터 기술_LG화학기술연구원(강혜림)

🔍 헛개나무 열매 추출물의 벤조피렌 유발 간 독성에 대한 보호효과(영남대, 박선희)

헛개나무 열매 추출물 간 독성에 대한 보호효과 개요

헛개나무는 민간요법으로 잎, 줄기 및 열매로 만든 차가 주독제거와 과음 시 부작용으로 나타나는 황달, 지방간, 간경화증, 위장병 및 대장염 등의 간 기능 보호에 효능이 뛰어난 것으로 전해지는데 이는 헛개나무 열매의 알코올 분해능과 간 해독작용에 대한 연구가 그 효능을 뒷받침하고 있다.

헛개나무 잎 추출물의 간 손상 억제 작용을 확인하고자, B(α)P 투여로 간 독성이 유발된 마우스에서 과산화지질의 생성 및 관련 효소의 활성 변화를 살펴본 결과, B(α)P 투여로 인해 혈청 ALT와 AST의 활성, 간 조직 중의 과산화지질 함량, cytochrome P450 함량, SOD, catalase 그리고 GSH-Px의 활성이 유의적으로 증가하였고(p<0.05), GSH 함량과 GST 활성은 감소하였다.

반면 헛개나무 잎 메탄올 추출물의 전 처리로 인해 ALT와 AST의 활성, 과산화지질 함량, cytochrome P450 함량 그리고 항산화 효소인 SOD, catalase 및 GSH-Px의 활성이 유의적으로 감소하였으며(p<0.05), GSH 함량과 GST 활성은 증가하였다.

이상의 결과로 헛개나무 잎 메탄올 추출물은 생체 내에서 자유기로 인해 야기되는 간장의 산화적 손상을 효과적으로 억제할 수 있을 것으로 사료된다.

▶ 헛개나무의 알코올 해독, 간 보호 기능 외에도 어떤 작용들이 있나요?

　헛개나무의 효능으로는 급성, 만성 알코올로 인한 간손상 회복, 항당뇨, 항기

생충, 항미생물 골다공증예방, 피로회복 및 항산화 효과, 신경세포 보호 기능이 있습니다. 허혈성 뇌졸중 동물모델에서 경색의 크기 및 부종의 감소와 더불어 염증, 통증과 관련된 신호전달 단백질인 p38 MAPK의 감소로 인해 신경 보호 효과를 보이고 있습니다.

▶ **염증과 통증조절인자인 p38 MAPK에 대해 더 자세한 내용을 소개해주세요.**

p38 MAPK는 외부적인 스트레스나 proinflammatory cytokines(IL-1, TNF- and IL-6)에 의해 활성화되어 염증조절, 세포자멸사 및 세포분화에 관여하는 신호전달 단백질 중의 하나입니다. p38 MAPK는 염증조절뿐만 아니라 통증 완화에도 효과가 있습니다. 항산화에 관여하는 신호전달단백질 iNOS는 염증 및 면역반응에 기여하고 있으며 항산화 효소를 억제합니다.

Nrf2는 항산화, 해독 효소를 발현하여 세포보호 및 세포 생존에 기여하게 됩니다. 이처럼 헛개나무의 항산화 작용이 안면염증 통증조절 및 완화에 효과가 있어 통증조절 대안물질로 사용이 가능합니다.

📍 의료용 소재를 위한 고분자-무기 하이브리드(연세대, 곽경현)

의료용 소재를 위한 고분자 개요

21세기를 살아가는 인류는 소재 개발에 있어서 또 한 번의 전환점을 맞이하게 되는데, 이른바 나노기술의 발전으로 인한 분자수준의 하이브리드화 기술이다. 나노기술의 발전에 따라 기존의 3대 소재로 여겨지는 무기물, 금속, 고분자 물질들의 크기와 성능을 미세한 나노 수준에서 제어할 수 있게 되었고, 이렇게 크기가 조절된 나노물질들은 벌크 상태에서는 발견할 수 없었던 다양한 물리화학적 성질들을 지니게 되었다. 즉, 나노 크기로 조절된 소재들은 기존에 제시되었던 것 이상의 활용도를 보이게 된 것이다.

소재에서의 하이브리드란 무기, 금속, 고분자 등 서로 이질적이라고 여겨지는 2가지 이상의 소재가 하나의 시스템 내에서 구현되어 각자의 성능을 유지하면서 새로운 성능을 갖기 위한 시너지 효과를 나타내게 되는 것을 의미한다.

자연계에서 존재하는 고분자-무기 하이브리드 소재를 비슷하게 형상화하여 응용하려는 연구를 생체모방(biomimetic)기술이라고 하는데, 소재의 개발에 있어서 모방을 뛰어넘어 새로운 소재를 개발하는 데 있어서 생체의 형상과 기능성에서 영감을 얻어 새로운 소재를 개발하는 것을 생체모방 기술 중에서도 특히 bio-inspired 기술이라고 분류한다. 고분자-층상형 무기물 하이브리드는 조직공학, 재생의학적 응용을 위한 생체적합 물질들의 계층 구조 제작에 활용될 수도 있다.

▶ 자연계에서 발견되는 고분자와 무기물의 하이브리드 소재가 궁금해요.

인체의 골격을 유지하고 있는 뼈대는 하이드록시 아파타이트(hydroxyapatite, HAP)의 무기 소재로서 인체는 유기물과 무기물의 거대한 하이브리드입니다. 조류의 알껍데기를 형성하고 있는 물질은 대부분 탄산칼슘(calcium carbonate, calcite)으로 내부의 표면에 고분자 막이 부착되어 있는 하이브리드 소재입니다. 이외에도 전복과 같은 단단한 패류의 껍질에는 층상형 무기물과 유기물 고분자가 층층이 쌓여 있어서 경도와 강도가 모두 높은 하이브리드 소재입니다. 자동차 산업에서는 범퍼 소재에 이러한 자연계의 형상을 모방하여 사용하려는 시도가 이루어지고 있습니다.

▶ 의료용 소재로 사용되는 고분자-무기물 하이브리드 소재는 무엇인가요?

고분자와 무기물 모두 생체 안전성과 적합성을 지닌 생인성(生因性) 고분자가 있습니다. 무기물질 역시 생인성 무기물이나 생체 내에서 쉽게 분해되고 분해산물이 생체에 독성을 지니지 않는 것이 좋습니다. 하이드록시 아파타이트는 인체의 골격을 이루는 중요한 성분으로서 조직공학, 인공 생체재료 등의 연구에 있어서 중요하게 다뤄지는 물질이며, 점토나 층상형 금속 수산화물은 최근 약물전달체에 대한 연구가 활발히 진행되는 물질입니다. 아가로스, 펙틴, 카라기난,

키토산, 알지네이트, 젤라틴, 유드라짓 등이 있으며, 구조와 특징은 다음의 표를 참조바랍니다.

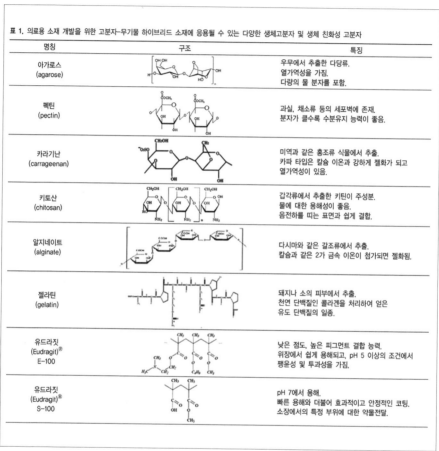

표 1. 의료용 소재 개발을 위한 고분자-무기물 하이브리드 소재에 응용될 수 있는 다양한 생체고분자 및 생체 친화성 고분자

명칭	구조	특징
아가로스 (agarose)		우무에서 추출한 다당류. 열가역성을 가짐. 다량의 물 분자를 포함.
펙틴 (pectin)		과실, 채소류 등의 세포벽에 존재. 분자가 클수록 수분유지 능력이 좋음.
카라기난 (carrageenan)		미역과 같은 홍조류 식물에서 추출. 카파 타입은 칼슘 이온과 강하게 젤화가 되고 열가역성이 있음.
키토산 (chitosan)		갑각류에서 추출한 키틴이 주성분. 물에 대한 용해성이 좋음. 음전하를 띠는 표면과 쉽게 결합.
알지네이트 (alginate)		다시마와 같은 갈조류에서 추출. 칼슘과 같은 2가 금속 이온이 첨가되면 젤화됨.
젤라틴 (gelatin)		돼지나 소의 피부에서 추출. 천연 단백질인 콜라겐을 처리하여 얻은 유도 단백질의 일종.
유드라짓 (Eudragit)® E-100		낮은 점도, 높은 피그먼트 결합 능력. 위장에서 쉽게 용해되고, pH 5 이상의 조건에서 팽윤성 및 투과성을 가짐.
유드라짓 (Eudragit)® S-100		pH 7에서 용해. 빠른 용해와 더불어 효과적이고 안정적인 코팅. 소장에서의 특정 부위에 대한 약물전달.

출처 : 의료용 소재를 위한 고분자-무기 하이브리드_연세대(곽경현)

▶ **소수성 하이브리드 물질을 의료용 소재로 사용할 수 있는 방법이 있나요?**

친수성의 표면 특성을 갖는 층상형 금속 수산화물은 친수성을 갖는 바이오 폴리머들과의 친화성은 높지만, 폴리스티렌(polystyrene, PS), 폴리메틸메타크릴레이트(polymethylmethacrylate, PMMA) 등과 같은 소수성의 표면 특성을 갖는 고분자와는 친화성을 지니기 어렵습니다. 따라서 이러한 특성을 극복하기 위해서 지방산, 유기 황산염, 유기 인산염과 같은 이온성 유기물질을 이용하여 층상형 물질의 표면을 개질하여, 고분자와의 친화성을 극대화시키고 있습니다.

이렇게 합성하는 방법으로 (1)고분자 층간 삽입법, (2)단량체 층간 삽입 및 자가 중합법, (3)융해혼합법, (4)표면 개질된 층상형 물질의 혼합법, (5)표면 개질된 층상형 물질 수용액의 혼합법, 그리고 (6)표면 개질된 층상형 물질 수산화물 수용액과 고분자의 자가 중합법 등으로서 구체적인 합성법이 있습니다.

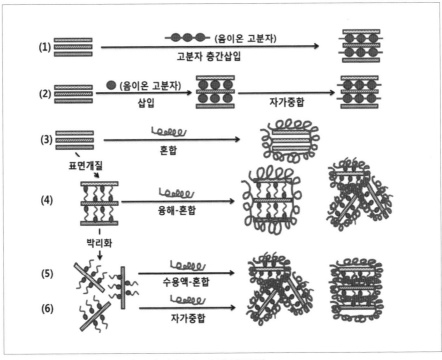

출처 : 의료용 소재를 위한 고분자-무기 하이브리드_연세대(곽경현)

바이오 플라스틱 개요

환경문제가 대두되면서 이미 선진국의 바이오 플라스틱 공급업체들은 소비자의 관심과 재활용 규제가 친환경 포장재 등의 수요를 불러일으킬 것으로 전망하였다. 이러한 수요에 대응하기 위해 옥수수와 같은 식물체를 활용해 만든 여러 형태의 바이오 플라스틱을 출시했다. 바이오 플라스틱은 소비자들의 친환경 제품에 대한 관심과 연결되어 국내 플라스틱 산업의 새로운 활로가 될 것으로 기대한다. 기존 생분해 플라스틱 이외에 바이오 베이스 및 산화 생분해 플라스틱을 주원료로 한 식품용기 및 포장재, 산업용품, 농업용품, 일회용품, 산업용 랩, 스트래치 필름 및 각종 상품용 제품이 실용화되고, 장기적으로는 생체 의료용제 등과 같은 첨단의 고부가 생명공학기술을 응용한 다양한 종류의 환경 친화적인 제품이 출시되었다.

관련 단원

공통과학_4단원 환경과 에너지
화학Ⅰ_3단원 생명의 진화_탄소화합물
화학Ⅰ_4단원 닮은꼴 화학반응_생명 속의 화학
지구과학Ⅰ_1단원 소중한 지구
화학Ⅱ_5단원 인류복지와 화학_녹색화학

보도자료

바이오 플라스틱 개발·보급에 박차를 가한다_산업통상자원부
https://www.korea.kr/news/pressReleaseView.do?newsId=156424772

바이오 플라스틱 분해를 더욱 촉진하는 곰팡이 균주 발견_환경부
https://han.gl/JbIqa

관련 영상

생분해성 바이오 플라스틱, 지구를 살리는 기술_YTN 사이언스
https://www.youtube.com/watch?v=YwLv2Kzi83o

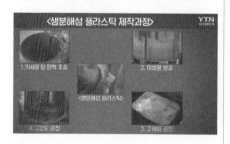

대학강의

BIN융합개론 및 세미나3_전북대학교
http://www.kocw.net/home/search/kemView.do?kemId=438396

BIN융합개론및세미나 3
전북대학교 강길선

주제분류	공학 >정밀 · 에너지 >재료공학
강의학기	2012년 2학기

본 과정은 BIN융합이라는 측면에서 교내 및 연구소/산업 반도체소자재료/금속재료/요업재료/복합재료/전기재료 동향에 대한 강의임.

▶ 바이오 플라스틱이 환경보호에 큰 영향을 미치나요?

다양한 열화학적 전환 기술을 통해 플라스틱 소재와 제품으로 만들어지는 과정에서 많은 이산화탄소가 발생합니다. 에폭시 1kg을 만드는 데 발생하는 이산화탄소의 양은 25kg, 엔지니어링 플라스틱인 폴리카보네이트는 4kg, 범용 올레핀의 수지인 폴리프로필렌과 폴리에틸렌은 에폭시 수지의 10분의 1인 2~3kg의 이산화탄소가 발생합니다. 그러나 바이오 고분자의 경우는 이산화탄소 발생량을 석유 기반의 고분자에 비해 50% 이하로 감축할 수 있습니다.

▶ 바이오 PET병을 만드는 방법이 궁금해요.

바이오매스 유래 Bio-PET의 경우는 terephthalic acid와 ethylene glycol(EG)을 에스테르화와 축중합을 거쳐 제조할 수 있습니다. EG는 이미 사탕수수로부터 제조되어 Bio-EG가 생산되고 있으며, terephthalic acid를 재생자원으로부터 합성하는 기술입니다. PET는 보통 음료·생수·샴푸 등 생활 용기에 널리 사용되어 환경에 큰 도움을 줄 수 있습니다.

▶ 바이오 플라스틱으로 고내열성 플라스틱도 제조 가능한가요?

고내열 나일론은 diamine과 diacid의 축합중합에 의해 만들어지며, diamine 또는 diacid의 탄소수가 작아지거나 고분자 사슬 내 벤젠링을 함유할수록 높은 녹는점을 갖습니다. 고내열 나일론의 소비시장은 자동차산업(70%)과 전자기기산업(30%)으로 형성되어 있고 제품의 경량화, 내구성 향상 및 고성능화 등을 위해 점차적으로 수요량이 증가하고 있으며, 초기 상용화된 고내열 나일론은 석유 기반의 고분자 소재였으나 고유가 시대로 접어들면서 원료 가격의 상승에 대한 문제해결과 친환경적인 공정 및 최종 생산 제품의 이미지 향상을 위한 소비기업들의 요구에 의해 점차적으로 바이오 기반의 고분자 소재로 바뀌어가는 추세입니다.

diamine과 diacid의 saltification을 통해 단분자량의 고내열 나일론 솔트를 합성한 후 물을 첨가하여 녹는점보다 낮은 220℃ 이하의 온도에서 축합중합을 이용해 저분자량의 고내열 나일론 예비중합물을 획득한 후 고상중합법을 이용하여 제조할 수 있습니다.

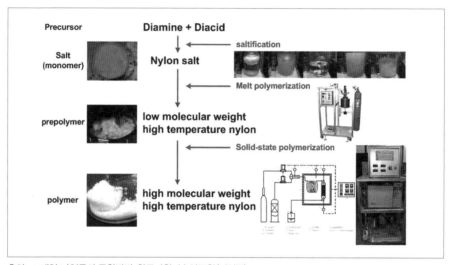

출처 : 고내열 나일론의 중합방법_한국과학기술연구원(김영준)

🔍 나노섬유를 이용한 약물전달시스템의 발전 방향(강원대, 손영주)

나노섬유를 이용한 약물전달시스템 개요

효과적인 국소적 약물 전달 시스템 개발의 일환으로 의공학 분야에서 나노섬유를 이용한 전달체 개발이 활발히 이루어졌다. 특히 전기방사를 이용하여 제작한 나노섬유는 부피 대비 표면적이 넓어 약물 포접율이 우수하고, 포접 방법에 따라 서방형 약물 방출 구현이 가능하여 성장인자, 유전자, 항균제제, 항염증제, 항체, 무기 나노파티클 등 다양한 종류의 약물을 이용한 전달시스템이 개발되었다.

또한 조직의 세포외기질(extracellular matrix)과 유사한 구조를 지니고 있어 주로 조직공학 쪽에서 손상 조직의 재생 촉진 시트 개발, 인공 조직용 지지체, 항균시트 등의 개발에 응용한다.

나노섬유는 약물전달 생체적합성 고분자를 이용하여 나노섬유를 제작 시 전기방사법을 이용하여 편하고 손쉽게 섬유를 뽑아낼 수 있다. 생성된 섬유는 고분자의 종류, 고분자 용액의 점도, 전압, 습도, 온도 등에 따라 섬유 가닥의 직경이 마이크로 사이즈에서 나노 사이즈까지 다양하게 조절이 가능하다. 의료용 목적의 나노섬유는 주로 생체적합성 또는 생분해성 합성고분자, 천연고분자 등을 재료로 사용한다.

▶ **약물 포접방법에 대해 소개해주세요.**

나노섬유를 이용한 약물전달 방법은 포접방식에 따라 크게 두 가지로 내부에 포접하는 방법과 표면에 고정하는 방법으로 나눌 수 있습니다. 약물을 나노섬유 내부에 포접시키기 위해서는 약물을 고분자와 함께 섞어서 전기방사할 수 있으며, 단순 확산에 의해 방출되고, 장기적으로는 나노섬유의 분해 속도에 의해 약물방출 속도가 결정됩니다. 나노섬유를 이용한 약물전달체는 주로 장기간 약물전달 시스템 구현을 목표로 합니다. 이는 나노섬유를 구성하는 고분자의 재료에 따라 결정할 수 있는데, 다양한 분자량의 생분해성 고분자를 이용하여 섬유를 제작하면 섬유가 천천히 분해됨에 따라 묶여있던 약물이 방출됩니다.

두 번째는 화학적으로도 약물을 나노섬유 표면에 고정하는 방식입니다. 약물을 나노섬유 표면에 노출시킨 기능기에 화학적으로 결합시킬 수도 있는데, 이때 노출된 기능기는 고분자의 종류에 따라 다양하게 사용됩니다. 표면에 약물을 고정시키는 경우, 방출을 위해 나노섬유와 약물 중간에 링커(linker)를 삽입하여 고정한 약물 방출을 제어할 수 있습니다.

펩타이드, pH 민감성 링커, 온도민감성 고분자 등을 사용하여 약물을 방출하는 시스템뿐만 아니라 단백질이나 항체 등을 나노섬유 표면에 고정하면, 조직 공학용 지지체로 사용 시 세포막 수용체를 자극하거나, 특정 세포를 선별할 수 있는 목적으로도 응용할 수 있습니다.

▶ **주사제로 약물을 주입하는 방법보다 좋은 점은 무엇인가요?**

　　주사를 통한 약물투여방법은 혈중 약물 농도(drug concentration in blood)가 급격히 증가하여 독성수치(toxic level) 이상으로 올라갔다가 얼마 이후에 그 농도가 급격히 감소하여 실제 최소 치료수치(minimum therapeutic level) 이하로 떨어져서 약물에 의한 독성 반응이 오거나 실제 치료효과가 없게 되는 문제점을 가질 수 있습니다. 따라서 효과적인 약물 치료를 위해서는 혈중 약물 농도가 치료 기간 동안에 최소 치료수치 이상 그리고 독성수치 이하로 일정한 농도로 유지되는 것이 가장 바람직하기에 나노섬유를 통해 지속적으로 약물을 방출하는 것이 더 효과적입니다.

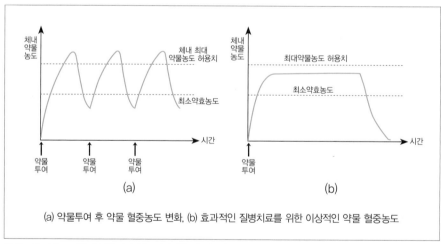

(a) 약물투여 후 약물 혈중농도 변화, (b) 효과적인 질병치료를 위한 이상적인 약물 혈중농도

출처 : 나노 구조 기반의 약물전달기술_연세대학교(류원형)

▶ **다양한 약물전달 시스템이 연구되고 있는데 자세히 알려주세요.**

　입자 형태의 약물전달체는 생체적합성 고분자를 사용하여 제작되었으나 최근 생체적합성과 생체분해성을 갖는 다공성 실리콘 재질을 이용하여 나노 입자를 만드는 연구가 활발히 진행되고 있습니다. 실리콘의 일반적인 마이크로 팹(micro fabrication) 공정과 전기화학적인 에칭(etching)을 조합하여 적혈구와 유사한 크기, 모양의 다공성 실리콘 입자를 만들어 기공에 약물을 저장한 후 세포 내부로 전달한 후 약물을 방출하고 전달체인 실리콘 다공체는 서서히 생분해되어 체내에서 흡수되는 기술이 개발되고 있습니다. 여기에 나노 마이크로 기술은 주사 방식으로 체내에 전달이 가능한데, 약물전달의 서방형 전달이나 표적지향적 약물전달을 가능하게 하는 입자 형태의 약물 전달 시스템 효과를 극대화하고 있습니다.

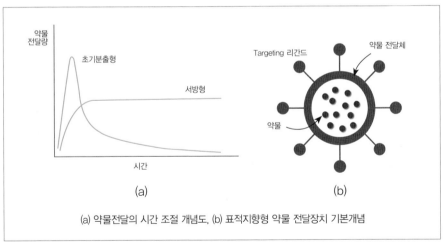

(a) 약물전달의 시간 조절 개념도, (b) 표적지향형 약물 전달장치 기본개념

출처 : 나노 구조 기반의 약물전달기술_연세대학교(류원형)

노벨상 수상자
탐구활동

 리튬-이온 배터리(2019년 노벨 화학상)

리튬-이온 배터리 개요

리튬이온 배터리는 2차전지로 스마트폰과 노트북 등 휴대용기기는 물론 전기차의 대중화를 이끌어 냈다. 게다가 태양광과 풍력 등 재생에너지의 저장을 가능하게 하였다. 스탠리 위팅엄 교수와 존 구디너프 교수는 리튬이온전지의 구조를 만들고, 아키라 요시노 교수는 리튬이온전지의 상용화에 기여한 공로로 노벨화학상을 수상하였다.

리튬이온 배터리의 개발은 1970년대 석유 파동이 일어났을 때 화석연료가 없는 에너지 기술을 만들기 위한 방법으로 개발되었다. 리튬이온 배터리 이전에는 금속 중 가장 가볍고 전도율이 높아 리튬을 에너지 저장장치로 이용하는 리튬 배터리를 사용하였다. 위팅엄 교수는 여러 겹으로 나누어진 이황화티타늄을 사용해 전해질을 통해 전류가 흐르게 하는 전지구조를 만들었다. 이후 구디너프 교수는 양극을 이황화티타늄 대신 금속산화물인 코발트 산화물로 바꿔 기존 2V에서 4V까지 낼 수 있는 리튬이온 배터리를 개발하였다. 이후 요시노 교수는 탄소 소재를 음극에 사용하여 안정적인 산화환원반응을 가능하게 하여 폭발 위험성을 없애는 데 기여하였다.

리튬이온 배터리도 반복 충전사용 시 성능이 저하되거나 과열로 폭발하는 문제점을 안고 있다. 하지만 리튬이온 배터리는 타 재료들을 기반으로 한 배터리들보다 더 높은 에너지 밀도에 도달할 수 있기 때문에 리튬이온 배터리의 한계를 극복하기 위한 다양한 연구개발이 진행 중이다.

관련 단원	보도자료 / 관련 논문
공통과학_6단원 화학변화_산화 환원 반응 화학I_4단원 역동적인 화학반응_산화 환원 반응 화학II_4단원 전기 화학과 이용_화학 전지 물리II_2단원 전자기장_축전기	급속충전에도 배터리 성능 및 안전성 보장하는 음극 촉매 소재 개발_한국전기연구원 http://m.site.naver.com/0Li7R

	리튬 2차전지 시장 및 기술동향 분석과 대응 방향_KDB산업은행 http://m.site.naver.com/0Li8j
KOCW	**관련 영상**
재생에너지소재_한양대학교 http://www.kocw.net/home/search/kemView.do?kemId=298409	리튬이온전지와 전기차 배터리_LG Chem https://www.youtube.com/watch?v=GNR-7pNv1Zk

▶ **리튬이온전지의 기본 원리는 무엇이며 전지로 많이 사용되는 이유가 궁금해요.**

2차전지의 기본 원리는 전기 화학적 산화−환원 반응에 의해 생기는 이온의 이동으로 전기를 발생시키고, 반대과정으로 충전을 하는 원리입니다. 리튬이온전지의 경우 양극에 있던 리튬이온이 전해질을 통해 음극으로 가면 충전이 되고, 음극에서 양극으로 리튬이온이 이동하면 방전이 됩니다. 리튬전지가 많이 사용되는 이유는 다른 금속보다 에너지 밀도가 높아 소형화하는 데 도움을 줄 수 있기 때문입니다. 에너지 밀도가 높다는 것은 단위 부피당 더 많은 에너지양을 가지고 있어 그만큼 소형화할 수 있으며, 같은 부피에 더 많은 전기를 저장할 수 있기에 휴대용 가전제품의 사용시간을 늘려줄 수 있다는 것을 의미합니다.

〈리튬이온배터리의 충전, 방전 개념도〉

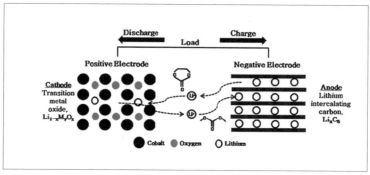

출처 : 리튬이온2차전지 기술 동향과 미래전망_KIST 2차전지센터

▶ **리튬이온전지가 다른 2차전지보다 오래 사용할 수 있는 이유는 무엇 때문인가요?**

　과거 사용되던 니켈–카드륨전지는 완전 방전하지 않은 채 충전을 하면 메모리 효과로 충전시점부터 용량을 기억하여 용량이 줄어드는 단점이 있었습니다. 또한 방전 상태가 지속되면 배터리 내부 셀을 부식시켜 배터리 수명을 줄이는 악영향을 끼칩니다. 따라서 리튬이온전지를 오랫동안 사용하기 위해선 충전을 자주하면서 충전량을 50% 이상 유지하는 것이 좋습니다. 또한 메모리 효과가 없어 자주 충전해도 됩니다.

▶ **리튬이온전지의 에너지 밀도를 더 높일 수 있는 방법이 있나요?**

　현재 상용화 중인 리튬이온전지는 최대 387Wh/kg로 에너지 밀도를 높여 더 오래 사용할 수 있는 방법에 대한 연구가 지속되었습니다. 두께 75nm, 길이 15㎛의 황 나노와이어를 수직으로 정렬해 전극 재료를 제작한 결과 전자 이동이 매우 빨라 전극의 전도도를 극대화시킬 수 있었습니다. 더불어 황 나노와이어 표면에 탄소를 균일하게 코팅, 황과 전해액의 직접적인 접촉을 막아 충·방전 중에 황이 녹아내리는 것을 방지함으로써 리튬황 전지가 갖는 수명 저하 문제를 해결하고 단위 무게당 에너지 밀도를 최대 2,100Wh/kg로 향상시킬 수 있었습니다. 또한 리튬공기전지는 최대 11,000Wh/kg로 큰 에너지 밀도를 가지고 있어 관련 연구를 하고 있습니다. 가솔린은 13,000Wh/kg과 유사한 특성을 가질 정도로 우수합니다.

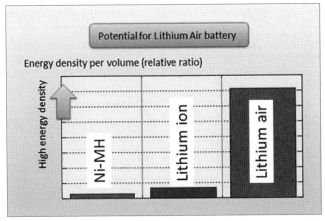

출처 : http://www.ntt.co.jp/inlab/kankyo/eng/research/1_lithium-air/index.html

📍 분자모터(2016년 노벨 화학상)

분자모터 개요

장 피에르 소바주 교수, 프레이저 스토더트 교수, 베르나르트 페링하 교수는 이 세상에서 가장 작은 기계로 불리는 분자기계(molecular machines)를 설계하고, 합성한 공로로 노벨화학상을 수상하였다. 분자기계는 에너지만 가하면 미세하게 분자의 움직임을 조정해 일을 할 수 있는 분자집합체이다.

장 피에르 소바주 교수는 2개의 고리형 분자를 공유결합이 아닌 기계적 결합으로 서로 연결해 하나의 체인인 '캐터네인(catenane)'으로 불리는 체인을 만들었다. 이후 프레이저 스토더트 교수가 얇은 실 모양의 분자에 고리형 분자를 꿰맨 '로탁세인(rotaxane)'을 개발하였다.

스토더트 교수는 이 로탁세인을 기반으로 분자리프트, 분자 근육, 분자 기반의 컴퓨터 칩도 개발하였다. 베르나르트 페링하 교수는 같은 방향으로 계속해서 회전할 수 있는 분자 날개를 만들어 분자모터를 개발하였다. 그는 분자모터를 활용해 분자모터보다 1만 배 큰 유리 실린더를 회전시키는 데 성공하였고, 이후 분자로 이루어진 '나노 자동차'를 만드는 데 성공하였다.

세 교수의 연구를 통해 인공적으로 정지된 평형 상태의 분자 시스템을 에너지를 가진 상태로 만들고, 마음대로 움직임을 조정할 수 있도록 했다. 분자기계는 신소재와 센서, 에너지 저장시스템 등을 개발하는 데 활용될 것이라는 기대를 받고 있다.

관련 단원	보도자료
통합과학_2단원 자연의 구성 물질_결합으로 이루어진 세상 화학I_3단원 화학 결합과 분자의 세계_분자의 구조	분자기계는 어떻게 진화했나_UNIST https://news.unist.ac.kr/kor/20180529-1/ 손님을 제대로 모실 줄 아는 분자가 있다?_IBS http://m.site.naver.com/0LiaC
관련 영상	관련 영상
첨단 나노 기술이 올라탄 거인(남기태 교수)_세바시 https://www.youtube.com/ watch?v=sGr4gPqmzqg	노벨화학상 해설 강연(POSTECH 김기문 교수)_csc ibs https://www.youtube.com/ watch?v=evdCCmPk4Is

▶ **분자기계에 대해 자세히 알고 싶은데, 어느 분야에서 공부해야 하나요?**

분자기계의 바탕이 되는 학문은 초분자 화학(supramolecular chemistry)입니다. 두 개 이상의 분자를 약한 힘으로 결합하여 만든 분자를 초분자라고 부릅니다. 약한 힘의 결합에는 반데르발스 결합, 수소결합, 소수성 결합 등이 있습니다. 이러한 결합들을 이용해 분자들을 서로 끼우고 쌓아 만드는 것이 초분자이고, 이러한 분자들의 구조와 원리를 공부하는 것이 초분자 화학입니다. 국내 많은 화학 관련 학과들에서 초분자 화학을 가르치고 있습니다.

▶ **분자기계의 개발 현황과 활용 분야에 대해 알려주세요.**

1999년 페링하 교수는 세포막에 구멍을 뚫어 약물의 침투로 세포를 죽게 할 수 있는 분자모터를 개발했습니다. 그리고 2017년 프랑스에서 나노카 레이스가 열렸고, 미국 라이스대와 오스트리아 그래즈대 연합팀인 나노프릭스 팀과 스위스 바젤대 스위스 팀이 공동 우승을 하였습니다. 그리고 프랑스 연구진은 한 방향으로 움직이던 분자모터를 원하는 방향으로 움직일 수 있게 하는 시스템을 개발했습니다.

초분자는 특정물질을 운반하는 기능과 결합체 특성을 이용한 감지능력 등을 센서 개발에 활용하고 있습니다. 또한 효소, 엽록체 등 기능성 생체분자도 초분자이고, 비공유 결합은 생명체에 존재하는 많은 대사과정에 관여하고 있습니다. 초분자에 관한 연구는 생물학적 체계를 이해하는 데 활용되며, 나노기계를 몸 속에 넣어 암세포를 치료하거나 바이러스를 없애는 등 의료용으로도 활용될 것입니다.

📍 초고해상도 현미경 등 광학적 이미징 툴 개발(2014년 노벨 화학상)

초고해상도 현미경 등 광학적 이미징 툴 개발 개요

형광분자를 이용해 광학현미경의 한계를 넘어 나노미터(nm=10억분의 1m)단위까지 측정 가능한 초고해상도 형광 현미경 기술을 개발한 공로로 에릭 베치그 박사와 윌리엄 E. 머너 교수, 슈테판 W. 헬 박사는 노벨화학상을 수상하였다.

이들이 개발한 기술을 통해 과학자들은 살아있는 생물 내 개별 세포의 움직임까지 볼 수 있게 됐다는 평가를 받았다. 또한 레이저 빔을 사용한 STED현미경을 개발, 광학현미경을 뛰어넘는 해상도를 얻는 데 성공하였다. 에릭 베치그 박사와 윌리엄 머너 교수는 각자 분자 하나하나의 형광물질을 켜고 끌 수 있는 원리를 이용하여 새로운 단분자 현미경 기술을 제시하였다. 나노 스코피로 불리는 이 기술을 이용해 시냅스의 형성은 물론 수정란이 배아로 발달하는 과정의 단백질도 관찰할 수 있게 됐다.

관련 단원	보도자료 / 관련 논문
물리I_3단원 파동과 정보통신_빛과 물질의 이중성 물리II_3단원 파동과 물질의 성질_현대 물리 생명II_6단원 생명 공학 기술과 인간 생활_다양한 생명 공학 기술의 원리와 활용	신호처리를 이용한 초고해상도 형광 현미경_SCIENCE ON http://m.site.naver.com/0LjuU 초고해상도 가시영역 광활성 원자간력 현미경 개발_POSTEC http://m.site.naver.com/0LjvK
관련 영상	관련 영상
고해상도의 선명한 이미지를 획득하기 위한 최신 공초점 현미경 기술_BRIC https://www.youtube.com/watch?v=h-Dh1OfAPL8 	4차원 전자현미경으로 원자의 움직임을 촬영하다 권오훈 유니스트 화학과 교수_YTN사이언스 https://www.youtube.com/watch?v=wNmKFi936vc 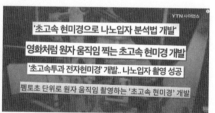

▶ **STED 현미경의 원리를 설명해주세요.**

STED는 STimulated Emission Depletion의 약자로, STED 현미경은 빛의 회절 한계를 넘어서 극도로 작은 영역을 관찰, 측정하여 이미지를 얻는 현미경입니다.

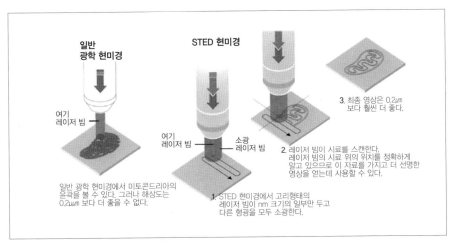

일반 광학 현미경에서 미토콘드리아의 윤곽을 볼 수 있다. 그러나 해상도는 0.2㎛ 보다 더 좋을 수 없다.

1. STED 현미경에서 고리형태의 레이저 빔이 nm 크기의 일부만 두고 다른 형광을 모두 소광한다.

2. 레이저 빔이 시료를 스캔한다. 레이저 빔의 시료 위의 위치를 정확하게 알고 있으므로 이 자료를 가지고 더 선명한 영상을 얻는데 사용할 수 있다.

3. 최종 영상은 0.2㎛ 보다 훨씬 더 좋다.

출처 : 고분자 과학과 기술 제 25권 6호(도춘호)

▶ 회절한계란 무엇인가요?

19세기 독일의 물리학자 에른스트 아베가 현미경의 최대 해상도를 구할 수 있는 사인조건과 함께 회절한계를 밝혔습니다. 빛은 입자와 같은 성질과 소리처럼 파동의 성질도 가지고 있습니다. 파동이 주위로 퍼져나갈 때 아주 좁은 틈을 지나면 그 틈을 기준으로 다시 옆으로 퍼져나가는데 이를 회절현상이라고 합니다. 두 물체를 확인하고자 할 때, 두 물체가 너무 근접해있으면 퍼진 빛이 서로 겹쳐 보여서 구분이 불가능합니다. 회절 현상이 중요한 것은 근접한 두 물체를 구분할 수 있는 능력을 결정 짓는 요소이기 때문입니다.

힉스입자 존재 발견(2013년 노벨 물리학상)

힉스입자 존재 발견 개요

우주의 탄생이라고 보는 빅뱅 이후 다른 입자에 질량을 전달하고 사라지는 입자를 힉스입자라고 한다. 힉스입자는 우주탄생 원리를 규명하는 열쇠로 6개의 쿼크(소립자), 6개의 렙톤(소립자), 4개의 힘매개입자(전자기력, 약한 핵력, 강한 핵력, 만유인력)에 질량을 부여하는 힉스입자 1개로 이루어졌다. 힉스입자의 존재가 밝혀지면서 전자와 쿼크 등 모든 물질이 어떻게 질량을 얻게 되는지 알 수 있어 힉스입자를 신의 입자라고도 불렀다.

프랑수아 엥글레로와 로베르 브라우 교수는 특정 입자가 존재해야만 자연계를 이루는 기본입자에 질량이 생길 수 있다는 논문을 발표했다. 그 후 피터 힉스 교수는 그 과정을 구체화하여 특수한 입자와 기본입자의 상호작용을 통해 질량이 생긴다는 내용의 논문을 발표했다. 이후 2012년 유럽입자물리연구소에서 힉스 교수의 발표와 일치하는 새 입자를 발견하였고, 이듬해인 2013년 유럽원자핵공동연구소가 힉스입자라고 공식 확인하였다. 같은 해 10월 4일 도쿄대학과 타 국제연구팀이 힉스 입자의 질량과 스핀 값 분석을 통하여 힉스의 발견을 확정지었고, 4일 후인 10월 8일 피터힉스와 프랑수아 엥글레르는 노벨 물리학상을 수상하였다.

관련 단원	KOCW
공통과학_1단원 물질의 규칙성_물질의 생성 화학I_2단원 원자의 세계_원자의 구성입자 물리II_3단원 파동과 물질의 성질_현대 물리	융복합 인문학 특강 7강–힉스입자의 발견은 인류에게 어떤 의미인가?_성균관대 http://www.kocw.net/home/search/kemView.do?kemId=1144767 강의분류　　공지사항　　KOCW란? **융복합/인문학 특강 2014** 성균관대학교　최무영 외 8명
관련 영상	**관련 영상**
힉스 입자 발견은 인류에게 어떤 의미인가_성균관대학교 학술정보관 https://www.youtube.com/watch?v=eYsTGmii2cQ	신이라 불리우는 입자, 힉스_과학기술정보통신부 https://www.youtube.com/watch?v=ChAmxmi–OEc

▶ 힉스입자의 발견이 어려웠던 점과 이 입자가 중요한 이유가 궁금해요.

빅뱅이 일어날 때 생성되는 힉스입자는 다른 입자에 질량을 부여하고 바로 사라지기 때문입니다. 힉스입자의 존재를 확인하기 위하여 빅뱅과 같은 조건을 만들어 실험해야 했습니다. 이를 위해 유럽입자물리연구소에서 역사상 가장 큰 실험장치로 불리는 거대 강입자가속기를 만들었습니다. 이 장치는 프랑스와 스위스 국경의 지하 175m 아래에 설치되어 있는데 그 길이는 27km에 달할 정도로 거대합니다.

힉스입자가 중요한 이유는 물질을 구성하는 입자와 입자 간의 상호작용을 밝힐 수 있기 때문입니다. 피터 힉스 교수는 게이지 대칭성(게이지 대칭성이란 위상각이 변하여도 물리량이 변하지 않는 것을 말한다)을 도입하여 표준모형에서 대칭성을 따로 설명할 입자의 존재로 힉스입자라고 명명하였습니다. 즉, 현대물리학에서 거의 모든 물질의 성질과 상호작용을 설명해주는 표준모형을 완성하기에 절대적인 존재가 힉스입자였던 것입니다.

▶ 중력, 전자기력, 강력, 약력의 힘은 어느 정도의 힘을 가지고 있나요?

지구 중력의 힘을 1이라고 가정할 때 원자핵과 전자 사이에서 밀어내고 당기는 힘인 전자기력은 그 100배의 힘을, 방사성 원자가 붕괴하면서 그 원자의 중성자가 양성자로 될 때의 힘인 약력은 중력의 1천만 배의 힘을, 원자핵 내부의 중성자와 양성자를 서로 밀고 당기는 힘인 강력은 중력의 10의 38제곱 배의 힘을 가지게 됩니다. 가장 강한 힘의 결합으로 구성된 것은 다른 입자보다 무거운(重) 입자인 양성자, 중성자 등으로서 강력 매개입자인 파이온 입자에 의해 1억 분의 1초 동안 쉴 새 없이 생성되거나 소멸되면서 이 무거운 입자들을 결합시켜 핵을 형성합니다. 강력에 의해 결합된 입자라는 의미에서 이들 무거운 입자(중입자)를 강입자라고 합니다.

▶ 강입자가속기(LHC)가 작동하면 얼마만큼의 에너지가 발생하나요?

LHC가 가동되는 동안 전자석들은 70톤에 달하는 1.9K 온도의 액체헬륨 안에 담겨 작동하게 됩니다. 이처럼 냉각된 초전도자석은 전기저항이 0인 상태에서 쌍극자 전자석에 흐르는 전류는 1만 7천 암페어(A)로 8.3테슬라(T)의 자기장이 생깁니다. 일반가정의 전류 최대치가 100암페어임에 비하면 그 힘이 얼마나 큰지를 알 수 있을 것입니다. 초전도 상태가 아니라면 가속기에 사용되는 전자석의 코일이 녹아버리거나 파괴돼 버리게 됩니다. LHC에 들어온 빔은 20분간 회전하면서 가속되어 최고 7테라볼트의 에너지를 갖게 됩니다. 이는 TNT 폭탄 약 100kg과 맞먹는 에너지로 매우 빠르게 달리는 KTX의 에너지와 비슷한 힘을 발생시킵니다. 이런 LHC 가동을 위해 필요한 에너지의 대부분은 초전도 전자석에 사용되는데 전기사용량은 약 120메가와트로 예상됩니다.

2차원 그래핀(2010년 노벨 물리학상)

2차원 그래핀 개요

탄소는 우리 주변의 거의 모든 물질에 존재한다. 이 탄소원자가 벌집 모양의 육각형 구조를 만들면서 한 층으로 펼쳐져 있는 것이 그래핀이다. 그래핀은 상온에서 실리콘보다 100배 이상 빠르게 전류를 흘려보낸다. 그리고 구리보다 100배 이상의 열을 전달한다. 강도는 강철의 200배 이상이면서 신축성도 좋다. 이러한 특성으로 그래핀은 반도체부터 전지까지 각종 전자장치에 적용될 것으로 예상된다. 이러한 그래핀을 얻기 위해 나노기술까지 활용하였지만 그래핀을 얻지 못했다.

2004년 안드레 가임 교수와 콘스탄틴 노보셀로프 교수는 흑연에 스카치테이프를 붙였다 뗐다를 반복하는 단순한 방법으로 그래핀을 얻었다. 이렇게 얻어낸 그래핀을 많은 과학자들이 연구하여 그래핀의 우수한 특성들이 더욱 자세히 밝혀지게 되었다. 활용 가치가 뛰어난 그래핀을 발견한 공로로 안드레 가임 교수와 콘스탄틴 노보셀로프 교수는 노벨 물리학상을 수상하였다.

관련 단원	보도자료
공통과학_1단원 물질의 규칙성_물질의 생성 화학I_3단원 화학 결합과 분자의 세계_분자의 구조 물리I_2단원 물질과전자기장_고체의 에너지띠와 전기 전도성 화학II_4 전기 화학과 이용_화학 전지 지구과학II_2 지구 구성 물질과 자원_ 우리 생활에 이용되는 광물과 암석	그래핀 전극 및 트랜지스터 연구_세종대 https://han.gl/nnS3Q 그래핀 소자 기술_광주과학기술원 https://www.dbpia.co.kr/Journal/articleDetail?nodeId=NODE06390328
관련 영상	관련 영상
10년 뒤에 이 신소재가 세상을 바꿀 겁니다_SOD https://www.youtube.com/watch?v=ac_2j2WhbEo	꿈의 소재 '그래핀' 상용화의 핵, 홍병희 교수_문화저널21 https://www.youtube.com/watch?v=wqQiS6KyNCg

당신의 하루를 흥미롭게
에스오디

자막 · 공감 · 소통형 미디어
문화저널21

▶ 그래핀을 합성하는 방법이 궁금해요.

그래핀의 대표적 합성 방법으로는 물리적·화학적 방법, 화학기상증착법, 에피택셜 성장법이 있습니다. 물리적 박리법은 테이프나 Shear Stress 등을 가하여 물리적으로 그래핀을 박리하는 방법입니다. 이 방법으로 대량생산은 어려우나, 그래핀의 특성 연구를 위해서는 충분한 양을 얻을 수 있습니다. 화학적 박리법은 강산과 산화제를 사용하여 산화흑연의 제조 및 박리 후 환원 공정을 거쳐 그래핀을 얻는 방법입니다. 대량생산에 유리하나 많은 결함으로 인해 물성이 좋지 않습니다. 화학기상증착법은 고온에서 탄소에 쉽게 흡착되는 금속을 SiO_2 기판 위에 촉매층으로 증착 후, 1,000℃ 이상의 고온에서 메탄·수소 등을 포함한 혼합가스로 존재하는 상태에서 탄소가 촉매층과 반응을 한 후 냉각시키면 촉매층에 녹아있던 탄소원자들이 표면에서 결정화되어 그래핀을 형성하여 얻는 방법입니다.

에피택셜 성장법은 실리콘 카바이드 등의 탄소가 결정 구조에 흡착 또는 포함되어 있는 재료를 1,500℃의 고온에서 열처리하면 실리콘 카바이드 중의 탄소가 결정 표면을 따라 그래핀을 형성하는 방법입니다.

〈그래핀 합성 방법에 따른 특성 비교〉

	물리적 박리법	화학적 박리법	화학기상증착법	에피택셜 성장법
특성	매우 우수	나쁨	우수	우수
전도도	매우 우수	낮음	우수	우수
난이도	쉬움	쉬움	복잡	보통
대량생산	어려움	가능	가능	어려움

▶ 수처리 산업에서도 그래핀을 활용한다는데 어떻게 가능한가요?

수처리 산업은 1990년부터 대두되던 오폐수 처리시설 문제에 대한 관심으로 많은 발전을 이루어 왔습니다. 기존 수처리 방식으로는 미생물에 의한 방식, 활성탄 등을 사용한 필터방식, 전기분해 및 역삼투압방식 등 다양한 방식을 적용해오고 있습니다. 전기분해나 역삼투압방식들은 비용이 높고 정수생산비율이 낮다는 단점이 있습니다. 활성탄 등을 사용한 필터방식은 정화능력과 함께 지속성 측면에서 단점을 보입니다. 이러한 상황에서 그래핀을 활용한 수처리 실험 결과 뛰어난 수질개선 효과와 안정적인 정수 생산을 할 수 있다는 점에서 주목하고 있습니다.

그래핀을 활용한 수처리 실험 결과 박테리아와 유기화합물은 물론 중금속, 농약류를 100%에 근접한 수치로 제거할 수 있다고 합니다. 게다가 방사능물질 제거 효과도 입증되어 식수뿐만 아니라 다양한 산업에서의 사용 가능성을 보여주고 있습니다.

 양자계의 측정과 조작(2012년 노벨 물리학상)

양자계의 측정과 조작 개요

데이비드 제프리 와인랜드 교수와 서지 아로슈 교수는 개별 양자계의 측정 및 조작을 가능하게 하는 획기적인 실험 방법으로 노벨 물리학상을 수상하였다.
양자물리학은 현대과학에서 가장 주목받고 있는 분야지만, 이를 측정하려면 양자의 속성이 사라지기 때문에 양자 수준에서 물질을 관찰하는 것은 양자물리학자들의 숙원이었다. 그들의 실험법을 통해 양자의 속성이 파괴되지 않으면서 단일 개별 양자계를 세어하고 측정하는 것이 가능해졌다. 이 실험법을 통해 초정밀 광학 시계의 개발과 양자 물리학에 기반한 양자컴퓨터의 개발에 대한 희망을 갖게 되었다.

관련 단원	보도 자료 / 관련 논문
물리I_1단원 역학적 상호 작용_일반 상대성 이론 화학I_2단원 원자의 세계_ 원자의 구조 물리II_1단원 역학과 에너지_특수 상대성 이론 물리II_3단원 파동과 정보 통신_파동	양자역학에 대한 아인슈타인과 보어의 논쟁_서울대학교 철학과 https://s-space.snu.ac.kr/handle/10371/73022 간단한 양자계와 빛의 상호작용_UNIST http://www.koreascience.or.kr/article/CFKO201728433151394.pdf
KOCW	관련 영상
양자역학I_고려대학교 http://www.kocw.net/home/search/kemView.do?kemId=960866	양자 세계를 조종하여 할 수 있는 경이로운 것들_과학쿠키 https://www.youtube.com/watch?v=0SUgsu6DgDs

▶ 양자 붕괴를 하지 않고 측정할 수 있는 방법이 있나요?

네, 있습니다. 약한 양자 측정기법으로 양자컴퓨터의 연산과정을 효율적으로 검증할 수 있다는 것을 단일광자 큐비트(qubit)를 이용해 실험적으로 확인했습니다. 기존에 양자물리학의 '불확정성 원리'에 따르면 양립할 수 없는 두 관측량을 동시에 측정하는 것은 불가능했습니다. 이는 양자를 측정하는 행동이 양자상태를 붕괴시키기 때문입니다. 하지만 약한 양자 측정기법을 통해 양자상태를 완전히 붕괴시키지 않으면서 동시에 양자의 위치를 측정할 수 있게 되었습니다. 이 기술을 바탕으로 양자컴퓨팅 연구에도 도움을 주게 되었습니다.

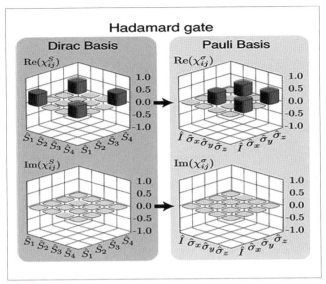

출처 : KIST 양자컴퓨팅 개방형 융합연구사업(ORP)

▶ **불확정성의 원리에 대해 설명해주세요.**

하이젠베르크는 측정 가능한 대상만 이론으로 삼는 당대 물리학의 신념을 무너뜨렸습니다. 불확정성의 원리는 위치와 속도를 둘 다 명확하게 측정할 수 없다는 것을 알려주었습니다. 당대 물리학은 세상은 's=v×t'라는 법칙에 따라 움직인다고 주장하였습니다. 하지만 소립자를 관찰하고자 할 때 위치를 측정하면 속도가 불확실해지고, 속도를 측정하면 위치가 불확실해지는 현상을 발견하였습니다. 즉, 계속 움직이는 전자를 관찰하기 위해 특수 현미경으로 전자기파를 전자에 충돌시켜서 감지하면 전자의 위치는 알 수 있으나, 전자는 그 충돌로 인해 속도가 변하면서 위치를 측정할 수 없게 된다는 것입니다. 속도를 측정하기 위해 아주 미세한 전자기파를 쏘면 전자와 충돌한 전자기파가 너무 약하여 이를 다시 측정할 수 없고 이 때문에 전자의 위치를 확인할 수 없게 됩니다. 이 것이 하이젠베르크가 주장한 불확정성의 원리입니다.

▶ 양자 순간이동이란 무엇인가요?

양자 순간이동은 양자역학의 원리를 이용하여 양자상태가 한 곳에서 사라지고, 다른 곳에서 나타나게 하는 전송 방법입니다. 광자를 이용할 경우 먼 거리의 양자 순간이동이 가능하다는 것이 알려져 있으며, 이는 실험적으로도 입증되었습니다. 양자 순간이동은 양자회로의 구현을 용이하게 하여 양자컴퓨터의 구현에도 매우 중요한 역할을 합니다. 하나의 광자를 순간이동 시키기 위해서는 먼저 얽힌 광자 쌍을 만들어낸 후에 양자 얽힘을 구별해내는 특별한 양자측정 (벨 측정)을 수행해야 합니다.

그러나 이러한 방법으로 하나의 광자를 순간이동 시키는 것은 양자역학에서 측정의 불확실성으로 인해 성공확률이 일반적으로 50%를 넘을 수 없다는 문제가 있습니다. 벨 측정은 4개의 얽힌 상태를 구별해내는 측정인데, 이 중 2개는 현재 구현이 가능한 선형광학 장치로는 구별이 되지 않습니다. 새로운 벨 측정 및 양자 순간이동 방법이 양자컴퓨터의 효율적 구현에 열쇠가 될 수 있음을 보여주었습니다. 기존의 방법과 같이 하나의 광자로 하나의 양자 비트를 구성하는 것이 아니라 여러 개의 광자로 하나의 양자 비트를 구성하여 양자 비트의 전송 및 연산 확률을 획기적으로 높일 수 있으며, 양자전산의 확장성을 개선할 수 있었습니다.

[면접문제]

▶ 양자란 무엇인가요?

양자(quanta)란 어떤 물리량이 연속값을 취하지 않고, 특정 최소 단위의 정수 배로 표현이 가능할 때, 그 최소 단위의 양을 가리키는 말입니다. 양자역학에서 양자는 임의의 입자가 공간에서 하나 이상의 영역에 존재하여 파동의 특징을 갖습니다. 하지만 입자이면서 동시에 파동일 수는 없습니다. 그리고 양자의 위치를 정확히 알 수 있어야 하지만 관찰하는 순간 파동성이 사라지고 입자만으로 존재하기에 입자의 위치와 운동을 동시에 알 수 없게 됩니다. 이를 양자역학의 특징인 불확정성의 원리라고 합니다. 위와 같은 특징을 만족하는 입자를 양자라고 합니다.

▶ **플랑크 상수란 무엇인가요?**

플랑크 상수는 막스 플랑크가 흑체복사의 파장에 따른 세기 분포를 설명하기 위해 도입하였습니다. 막스 플랑크는 실험값으로 얻은 흑체복사에너지를 데이터 회귀분석을 통하여 관계식을 도출하였는데, 이때 새로운 보편 상수를 발견하였고 이를 플랑크 상수라고 합니다. 이 플랑크 상수를 기반으로 아인슈타인의 광양자설과 보어의 원자모형이 만들어진 것입니다. 플랑크 상수는 기호 h를 사용하며, 그 값은 6.63×10^{-34} J·s입니다. 에너지의 불연속성을 설명하기 위해 만들어진 플랑크 상수는 2018년부터 질량의 기준으로 사용되고 있습니다.

 물질의 표면에서 일어나는 화학 반응에 대한 연구(2007년 노벨 화학상)

물질의 표면에서 일어나는 화학 반응에 대한 연구 개요

게르하르트 에르틀 교수는 기체가 고체 표면과 부딪힐 때 어떻게 화학반응이 일어나는지를 밝힌 공로로 노벨상을 수상하였다. 고체 표면은 분자를 구성하는 원자들이 새로운 조합을 만들 수 있게 도와주는데 이를 표면촉매라고 부른다. 에르틀 교수는 표면촉매를 사용하여 공기 중 질소가 수소와 반응하여 암모니아를 만드는 모든 단계를 밝혀냈다. 또한 자동차 배기시스템 내 촉매변환기에서 일어나는 메커니즘을 분명하게 밝혀내 표면촉매를 사용한 자신의 연구방법의 범용성을 증명했다. 이와 같은 연구를 통해 연료전지의 기능방식, 자동차 촉매제 작용원리 이해에 큰 기여를 하였다.

관련 단원	보도 자료 / 관련 논문
물리I_1단원 역학적 상호 작용_일반 상대성 이론 화학I_4단원 역동적인 화학 반응_산화 환원반응 화학II_3단원 반응 속도와 촉매_촉매와 반응 속도	나노촉매 표면의 화학전류 측정 성공_미래창조과학부 http://m.site.naver.com/0LjOH 연료전지용 질소 도핑 탄소촉매의 표면 반응에 관한 이론적 연구와 실험적 입증_한국표면과학회 https://han.gl/UXt8K
KOCW	관련 영상
표면 물리 및 화학_한국과학기술원 http://www.kocw.net/home/cview.do?cid=fb9ec7b3abdbf414	작지만 무한한 세계, 나노 표면_KBSI 사이언스 스토리 https://www.youtube.com/watch?v=aFH1vBB2VsQ

표면물리 및 화학

한국과학기술원　박정영

주제분류	공학 >기타공학 >시스템공학
등록일자	2010.02.08

본 교과과정은 물질의 표면에서 일어나는 물리 화학의 크기가 작아질 수록 표면의 역할은 커지게 되므

▶ **표면화학이란 무엇이며, 어떤 분야에 응용이 되나요?**

　표면화학이란 표면 위에 존재하는 기체나 액체에 따라 일어나는 흡착, 전이 등의 물성 변화를 측정하고 분석하는 것입니다. 표면화학 연구는 초고진공상태에서 진행되는데, 표면처리기술, 바이오 나노센서 개발, 각종 촉매 개발 분야에서 응용될 수 있습니다.

▶ **촉매를 기반으로 대기오염물질을 어떻게 제거하는지 궁금해요.**

　촉매는 다공성 담체에 활성금속(백금, 팔라듐, 로듐, 루테늄 등)을 넣어 불완전

연소물질을 이산화탄소로 바꾸어주며, 휘발성유기화학물(VOCs) 및 악취 등과 같은 대기오염물질을 제거합니다. 이런 반응을 유도하기 위해 산화촉매, 환원촉매, 삼원촉매가 있습니다. 산화촉매는 일산화탄소와 탄화수소의 산화반응을 촉진시켜, 일산화탄소를 이산화탄소로, 탄화수소를 이산화탄소와 물로 전환시켜줍니다. 환원촉매는 NOx를 N_2로 환원시켜줍니다. 삼원촉매는 탄화수소, 일산화탄소, NOx와 반응하여 H_2O, CO_2, N_2, O_2가 생성되어 대기오염을 저감시켜줍니다.

▶ 금속촉매를 나노 사이즈로 만들면 효과가 더 좋은 이유는 무엇인가요?

벌크한 사이즈보다 나노 사이즈로 촉매를 사용할 경우 지지체 표면에 안정적으로 고립된 반응성이 높고 배위수가 불포화된 양이온이 군에 속하는 촉매들에서는 촉매 활성점들이 안정적으로 고립되고, 반응물과의 접근성이 좋습니다. 또한 비활성화를 일으킬 수 있는 다른 반응물과의 반응을 막아, 높은 활성과 선택도를 얻을 수 있습니다. 그로 인해 원하지 않는 생성물을 최소화하면서 선택성과 생산성을 높일 수 있습니다. 하나가 탄소나노튜브를 형성하기 위해 철/실리카 나노입자를 사용하여 아세틸렌(acetylene)을 촉매적으로 전환시키면 직선 형태의 탄소나노튜브가 얻어집니다.

그러나 촉매로 철/인듐의 나노입자를 사용하여 아세틸렌을 전환시킨 경우에는 코일 형태의 탄소나노튜브가 형성됩니다. 또한 금(gold) 나노입자들은 propylene을 선택적으로 산화시켜 propylene oxide를 생성하고, 일산화탄소를 산화시킬 수 있으며, 나노입자의 철 산화물은 NO를 선택적으로 환원시킬 수 있습니다. 이처럼 나노 스케일 촉매를 사용할 경우 안정적이면서도 활성이 높으며 선택적으로 생성물을 얻을 수 있는 장점이 있습니다.

📍 유기화합물을 합성하는 복분해 방법 개발(2005년 노벨 화학상)

유기화합물을 합성하는 복분해 방법 개발 개요

로버트 그럽스, 리처드 슈록, 이브 쇼뱅 교수는 유기합성의 복분해 방법을 개발하여 암·간염·에이즈 등의 치료를 위한 의약품과 생체 적합 플라스틱 등 다양한 분야에서 활용할 수 있게 하였다. 이를 인정받아 노벨화학상을 수상하였다. 이브 쇼뱅 교수는 금속착물 촉매에 의해 복분해가 일어나는 매커니즘을 제시하였고, 리처드 슈록 교수는 이브 쇼뱅 교수의 연구를 바탕으로 텅스텐(W)과 몰리브덴(Mo)을 이용한 금속착물 촉매를 개발하였다. 리처드 슈록 교수는 루테늄(Ru)계 촉매를 개발하여 슈록 교수가 개발한 촉매의 단점을 해결하였다.

관련 단원	관련 논문
물리Ⅰ_1단원 역학적 상호 작용_일반 상대성 이론 화학Ⅰ_4단원 역동적인 화학 반응_산화 환원반응 화학Ⅱ_3단원 반응 속도와 촉매_촉매와 반응속도	촉매 Z 선택성 교차 복분해_nature https://www.natureasia.com/ko-kr/nature/highlights/59628 복분해반응을 통한 다양한 유기화합물 및 고분자의 합성_한국고분자학회 https://www.dbpia.co.kr/Journal/articleDetail?nodeId=NODE06121734

▶ **화학반응마다 다른 촉매를 사용하는 이유가 궁금해요.**

촉매는 화학반응의 속도를 높이기 위해 대체 반응과정을 생성하는 것입니다. 흔히 촉매는 화학반응에 관여하지 않는다고 생각하는데 촉매는 반응과정에서 중간 생성물을 생성합니다. 따라서 화학반응에 사용되는 촉매와 화학반응물과의 상호작용에 중요한 역할을 합니다. 즉, 어떤 촉매를 사용하는지에 따라 중간 생성물과 최종 결과물에 영향을 주게 됩니다. 더욱 안전한 화학반응과 더 좋은 결과를 얻기 위해 다양한 촉매들을 가지고 실험하며 더 좋은 결과를 가지고 오는 촉매를 찾는 것입니다.

▶ 복분해 방법이란 무엇인가요?

복분해(Metathesis)란 두 화합물 내 작용기가 서로 교환되는 반응을 의미합니다. 복분해 반응은 올레핀 복분해(Olefin metathesis)로 탄소 이중결합을 띠고 있는 올레핀끼리 이중결합을 끊고 새로운 결합을 형성하여 서로 교환되는 반응입니다. 올레핀 복분해는 기존 복분해 방법보다 더 적은 단계로 유기물을 합성할 수 있습니다. 또한 촉매반응을 위한 특정 온도와 압력이 필요하지 않아 쉽게 반응을 일으킬 수 있으며, 환경적으로 위험성이 없는 용매를 사용하기에 친환경적인 합성이 가능합니다.

▶ 몰리브덴과 루테늄 금속은 잘 들어보지 못했는데 어떤 특징이 있나요?

몰리브덴은 원자번호 42번의 원소로 텅스텐과 함께 6족에 속하는 은백색의 전이금속입니다. 녹는점이 2,617℃로 전체 원소 중 6번째로 높습니다. 몰리브덴은 화합물로만 존재하고 있어 주로 구리와 텅스텐 광석 생산의 부산물로 얻어집니다. 몰리브덴은 녹는점이 높아서 내열성이 요구되는 전기 접점, 우주선, 항공기의 제조에 많이 사용되고 있습니다.

루테늄은 원자번호 44번으로 철과 함께 8족에 속하는 백금족 금속입니다. 루테늄의 녹는점은 2,334℃이며, 실온에서는 산소와 반응하지 않습니다. 루테늄은 백금과 팔라듐의 경도를 높이는 경화제로 많이 사용되고 있습니다. 루테늄은 하드디스크 제작에 주로 사용되고 있습니다. 루테늄 화합물들은 올레핀 복분해 반응에 이용되는 그럽스 촉매로 주로 사용됩니다. 그 외에 루테늄 화합물들은 여러 화학반응에서 촉매뿐만 아니라 항암제로도 연구 중에 있습니다.

준결정 상태의 발견 개요

일반적으로 결정을 이루는 원자들은 격자모양과 같은 일정한 형태를 가지면서, 이 형태가 반복적으로 이루어진 물체이다. 하지만 다니엘 셰흐트만 교수는 1982년 규칙적인 형태를 가지고 있지 않는 알루미늄(Al)과 망간(Mn)의 합금을 발견하였다. 그가 발견한 형태는 수직방향으로는 결정의 구조를 가지고 있지만, 수평방향은 기존의 이론에서 생겨날 수 없는 구조이다. 이러한 발견은 일반적인 고체는 반복적인 형태의 결정으로 이루어졌다는 정의를 반대한다. 이를 반대하는 사람은 학계에서 이단아로 취급될 정도로 배척당했다. 이후 그의 주장을 뒷받침하는 다른 연구진들의 연구 결과들이 발표되면서 준결정 상태를 인정받게 되었다.

▶ **준결정 상태는 어떠한 특징을 가지고 있나요?**

준결정은 수직방향으로는 규칙적이고 수평면으로는 불규칙적이어서 결정과 비정질 사이의 중간물질입니다. 비정질적 특성으로 인해 마찰계수가 작아 준결정 상태의 소재는 마모가 적고 내구성이 강합니다. 또 수직적으로는 규칙적인 특성을 나타내서 높은 강도를 나타냅니다. 이러한 특징을 활용하여 골프채는 물론 후라이팬 표면 코팅제, 발광다이오드 열 절연체 등의 소재로 사용되고 있습니다.

▶ **준결정의 발견으로 결정의 정의가 바뀌었나요?**

준결정의 발견 전 결정은 원자가 규칙적으로 배열된 물질이라는 정의를 사용하였습니다. 하지만 다니엘 셰흐트만 교수의 발견 이후 결정에 대한 정의는 명확한 회절 패턴이 있는 물질로 바뀌었습니다. 그리고 그가 발견한 구조를 준결정이라는 용어로 부르게 되었습니다.

▶ **자연 상태에서 발견된 준결정 상태의 암석이 있나요?**

네, 있습니다. 러시아에서 준결정 상태의 암석을 채취하여 셰흐트만 교수의 발견이 인정받게 되었습니다. 하지만 이 준결정 상태의 암석이 자연적으로 생성된 것인지에 대해서는 아직 많은 이견이 있습니다. 이후 러시아 북동부 지역에서 준결정물질을 발견했는데, 운석에서 서로 다른 3가지 형태의 준결정 구조를 가지고 있는 것이었습니다. 이러한 준결정은 자연 상태가 아닌 운석 간 충돌로 인하여 미세한 준결정이 만들어졌을 가능성이 높다는 의견이 지배적입니다.

 키랄 촉매에 의한 수소화반응(2001년 노벨 화학상)

키랄 촉매에 의한 수소화반응 개요

1968년에 최초로 키랄 촉매에 의한 수소화반응이 가능하다는 것을 보였으며, 이를 파킨스씨 병의 치료제 엘-도파의 대량 생산으로 연결시켰다. 산화반응의 키랄 촉매를 개발함으로써 궤양과 고혈압 약의 생산에 기여하여 2001년 노벨 화학상을 수상하였다.

우리의 두 손은 생명과 관련된 대부분의 분자들처럼 키랄성을 가진다. 즉 오른손은 왼손의 거울상이다. 우리 몸의 세포에서는 거울상 형태 중 오로지 한 가지만 관찰된다. 효소, 항체, 호르몬, 그리고 DNA 등이 그 예에 해당된다. 따라서 세포기작에서 중요한 역할을 하는 다른 수용체와 마찬가지로 우리 몸의 세포에 있는 효소는 키랄이다. 이것은 효소가 거울상 형태 중의 하나에 선택적으로 결합한다는 것을 의미한다.

키랄분자의 두 가지 형태는 종종 세포에 전혀 다른 효과를 준다. 예를 들면 우리 코에 있는 수용체는 거울상 대칭성에 민감하다. 리모넨 물질의 한 가지 형태는 레몬 냄새가 나는 반면 그 거울상 물질은 오렌지 냄새가 난다. 대부분의 약물들은 키랄분자들로 구성되어 있고, 종종 거울상 형태 중에서 한 가지 형태만 효험이 있다. 예를 들면 탈리도미드(thalidomide)라는 약이 이 경우에 해당되는데, 한 가지 형태는 메스꺼움을 없애주는 데 반해 다른 한 가지는 치명적인 기형아가 출산되는 문제가 있다.

▶ **키랄성 물질이 많이 만들어지나요?**

네, 많이 만들어집니다. 화학적으로 광학 활성물질을 합성하면 항상 L-체와 D-체가 반반씩 생성됩니다. 이러한 혼합물을 라세미체라 합니다. 라세미체의 특징은 한쪽의 물질은 좋은 효능(약효)이 있지만, 다른 쪽 물질은 효능이 없거나 독성을 가지고 있다는 점입니다. 예컨대, 살리도마이드(N-phthaloglutamide)의 D 체는 약리 기능이 있지만, L체는 최기형 성능(催奇形成能)이 있으므로 라세미체를 잘못 사용하면 큰 위험이 따르게 됩니다.

▶ 라세미체의 화학 합성이 궁금해요.

화학 합성법으로 스트렉커법(Strecker Process)과 부케러법(Bucherer Process)이 있는데, 스트렉커법이 일반화되었습니다. 아미노산을 화학적으로 합성하면 항상 라세미체만 생성되므로, 이 중 광학 활성을 가진 이성질체만을 분할하거나 변선광하는 공정이 필수적입니다. 변선광은 주로 효소법이나 크로마토그래피법에 의해 합성할 수 있습니다. 이러한 라세미체의 합성과 변선광으로 이어지는 공정의 번잡성을 줄이기 위해, 부제합성법이 개발되어 DOPA(3,4-Dihydroxy phenyl alanine)의 합성에 이용된 적이 있으나, 반복 사용 시 촉매의 대사회전수가 하락하여 중단되고 말았습니다.

▶ 키랄성 물질을 분리할 수 있는 방법은 무엇인가요?

키랄 화합물의 각 이성질체와 친화성을 달리하는 화합물, 주로 분리대상 물질과 유사 혹은 동일한 구조를 지닌 키랄 화합물을 실리카 젤에 고정시켜 이를 크로마토그래피의 고정상으로 사용하여 D-와 L-이성질체를 분리할 수 있습니다. HPLC를 이용한 분리는 높은 분리 성능을 나타내는 반면, 한 번에 처리할 수 있는 처리 용량이 작다는 단점을 지니고 있습니다. 또한 셀룰로오스와 DNA의 화합물인 DNA고정막을 이용하여 광학이성체를 분리할 수 있습니다. DNA는 유전정보를 가지고 있을 뿐만 아니라, 뛰어난 전하이동체로 전도성을 가지고 있습니다. 의약품의 광학인식 부위로 이러한 DNA를 이용하여 페닐알라닌(6M)을 혼합하여 polyacrylonitrile(분획분자량 13,000)의 한외 여과막(hollow fiber)에

통과시켰습니다. 저농도(0.5ppm)에서는 삼투액의 분리계수(D, L체의 농도비)는 일시적으로 0.3-3.0을 나타냈으나, 고농도(>5ppm)의 경우 분리계수가 경시적(시간을 두고서)으로 상승하였습니다. 이는 DNA가 고농도일 때는 L-아미노산을 방출하지 않고, 계속 결합하고 있음을 보여주는 것입니다. 이러한 DNA막은 셀룰로오스를 CNBr 처리와 가수분해 및 염화백금으로 처리하여 백금착염을 만들고, 여기에 DNA를 고정화하여 만든 것입니다.

PART
2

학생부 기록 사례 엿보기

창의적 체험활동
기록 사례

 자율활동

'4차 미래혁명과 에너지' 원자력공학과 강의를 듣고, 영광 원자력발전소, 부안 신재생에너지 테마파크, 새만금 방조제를 방문하여 에너지의 장단점을 파악해 봄. 이후 '원자력발전소는 유지되어야 한다.'를 논제로 한 에너지 토론에서 반대 측 최종변론자로 참여하여 원자력발전을 대체할 수소 연료전지 등의 신재생에너지로 대체가 가능하기에 위험한 원자력발전소를 폐지하는 것이 바람직하다고 의견을 피력함. 수소 기체를 효율적으로 생산할 수 있는 백금촉매의 비용이 비싸 이를 대체할 수 있는 방법에 대해 조사하면서 코발트, 철, 극소량의 루테늄(Ru) 위에 산소 원자를 부착해 촉매를 개발한 사례를 소개하면서 수소 생산 방법을 조사해 비교 분석하여 발표함.

▶ 수소연료전지가 왜 인기를 얻고 있나요?

수소연료전지는 수소를 연료로 하여 전기에너지로 전환하는 기술로써 물의 전기분해반응의 역반응을 이용해 수소와 산소로부터 전기와 물을 만들어내는 전기화학 기술입니다. 연료전지는 연료의 연소과정과 열에너지를 기계적 에너지로 변환시키는 과정이 없기 때문에 연료전지 발전소 건설기간이 화석연료 발전소보다 현저히 짧고 환경에 해로운 가스를 발생시키지 않습니다. 그래서 도심지역에서도 발전시설 건설이 가능하며 에너지 효율이 높습니다.

〈전해질 종류에 따른 연료전지〉

종류	알카리 (AFC)	인산형 (PAFC)	용융탄산염형 (MCFC)	고체산화물형 (SOFC)	고분자전해질형 (PEMFC)	직접메탄올 (DMFC)
전해질	알카리	인산염	탄산염	세라믹	이온교환막	이온교환막
동작온도 (℃)	120 이하	250 이하	700 이하	1,200 이하	100 이하	100 이하
효율(%)	85	70	80	85	75	40
용도	우주발사체 전원	중형건물	중·대형건물	소·중·대용량 발전	가정·상업용	소형 이동
특징	–	CO내구성 큼, 열병합대응 가능	내부개질 가능, 열병합대응 가능	내부개질 가능, 복합발전 가능	저온작동, 고출력 밀도	저온 작동, 고출력 밀도

출처 : 녹색에너지연구원

▶ 백금촉매보다 효능이 더 좋은 촉매에는 무엇이 있나요?

수소를 생산하기 위해 물에서 저렴한 전이금속인 코발트, 철, 극소량의 루테늄(Ru) 위에 산소원자를 부착해 촉매를 개발합니다. 이는 기존 촉매보다 20배 저렴하면서 성능이 뛰어나고 최소 100시간 이상 지속될 정도로 우수합니다. 촉매 표면에 산소를 미리 흡착하면 OOH*를 안정화시켜 반응 속도를 단축시킬 수 있습니다. 표면 산소량을 조절하기 쉬운 코발트−철 합금을 만들어 촉매 결정에 산소원자 8개를 붙였을 때 산소 발생량이 가장 많았습니다. 여기에 루테늄 원자를 더해 속도 결정단계에서 에너지 장벽을 줄이고, 전기 전도도가 높은 다공성 탄소층 위에 붙여 생산량을 6배 정도 높였습니다.

'탈핵이 필요한가'라는 주제의 토론에 반대 측 입장으로 참여하여 핵이 필요하다는 내용을 에너지 발전과 치료, 질병의 원인을 규명하는 등 다양한 분야에 방사능이 필요하다는 이유를 근거로 들어 견해를 밝힘. 다른 조원들의 발표를 끝까지 듣고 원만한 토론이 이루어지도록 노력하고 존중하는 모습을 보임. 토론회를 통해 공동체 활동에서 팀원 간의 단결이 무엇보다도 중요하다는 것을 깨닫는 계기가 되었다고 함.

▶ **자연에서도 방사능이 발생되는데 원전에서 발생하는 방사능이 더 위험한가요?**

자연방사선량은 자연환경에 따라 변화하기 때문에 지역에 따라 차이가 있습니다. 연간 자연방사선량 값의 전 세계 평균은 2.4밀리시버트인데, 우리나라의 경우 연간 평균 자연방사선량은 그보다 높은 4.2밀리시버트입니다. 인간의 여러 활동에 의해 인공적으로 만들어지는 인공방사선은 의료용 엑스선, 원자력 발전소, 방사성폐기물, 핵무기 실험 등에서 발생합니다.

우리나라는 법적으로 인공방사선에 의해 일반인이 1년간 받는 방사선량을 1밀리시버트로 제한하고 있습니다. 방사선이 인체에 미칠 수 있는 건강상의 영향은 자연이냐, 인공이냐보다는 전달받은 에너지의 총량이 얼마냐에 달려 있습니다. 따라서 인공방사선이라고 해서 특별히 자연방사선보다 위험하다고는 할 수 없고, 자연방사선이라 해도 방사선량이 크면 인체에 해로울 수 있습니다.

▶ **원자력 발전소 주변 방사선 오염량은 실제로 어떠한가요?**

'원자력 발전소 주변 환경방사선조사 보고서 연보' 내 자료에 따르면 각 핵발전소에서는 암 발생의 원인이 되는 아이오딘, 세슘, 스트론튬 등 10~20여 종의 방사성핵종이 꾸준히 방출되고 있었음을 확인할 수 있었습니다. 월성원전에서도 방사성 아이오딘의 방출량은 최대 8천 1백 5십만 베크렐이 방출되었습니다. 방사능의 세기는 약하지만 물의 구성 성분으로 흡수되어 광범위한 인체 피해를 유발할 수 있는 삼중수소는 월성원전에서 다른 원전보다 10배가량 많이 방출되고 있었는데 액체와 기체를 합쳐서 최대 473조 베크렐이 방출되었습니다.

▶ 원전 내 삼중수소를 측정하는 기준이 없는 이유가 궁금해요.

월성 주변 지역 주민의 삼중수소로 인한 1년간 피폭량은 바나나 6개 또는 멸치 1g 섭취, 흉부 X레이 1회 촬영의 100분의 1 정도와 동일한 수준으로 안전하다고 말합니다. 그런데 원전에서 계획된 배기구와 배수구를 통하지 않은 '비계획적 방출'은 농도와 무관하게 원자력법에 따른 운영기술지침 위반인데도 지하로 누출된 삼중수소에 적용할 기준치가 없는 상태입니다.

월성원전 삼중수소 유출 문제의 핵심은 방사성 물질이 정해진 배출 경로가 아닌 지하로 장기간 누출됐으며, 그렇게 오염된 지하수가 원전 외부환경까지 영향을 끼치고 있습니다. 2019년 4월 월성원전 부지 내에서 리터당 71만 3000Bq(베크렐)의 삼중수소가 검출됐는데 이는 배출 관리기준의 17.8배에 이르는 고농도입니다. 이제라도 정확한 기준을 가지고 관리되어야 하며, 주변 환경과 주민들의 건강에 어느 정도 영향을 끼치는지를 확인하고 보상해줘야 합니다.

과학탐구캠프

연필 흑연으로 회로 만들기 등을 탐구하면서 흑연으로 회로를 그려서 그 차이를 알아보는 실험을 해보자고 제안하여 진행함. 저항값을 다르게 할 수 있는 방법에 대한 선생님의 질문에 연필심으로 그린 전선의 길이가 길면서 저항값이 증가하니 저항값을 조절할 수 있는 가변저항을 만들 수 있다고 답변함. 흑연보다 전기 전도성이 좋은 탄소나노튜브를 활용한다면 어떤 차이점이 있는지 조사하여 보고서를 작성하여 제출함.

실험 이후 전도페인트에도 전기가 잘 흐르는 흑연이 들어있는지 궁금증을 가지고 조사함. 그래핀의 양이 적어 전도 효과가 잘 나타나지 않지만, 그래파이트를 넣는 경우 흑연의 비율이 커질수록 전류가 잘 흐르며, 고르게 받을수록 저항이 작아지는 특성이 있다는 것을 조사하는 열정을 보임.

▶ **흑연을 이용한 전도페인트 제작에는 어떤 풀을 사용하면 되나요?**

물풀의 종류에 따라 전도성의 차이가 있습니다. 아크릴 수지 물풀 > PVA 물풀 > 아크릴 물감 순으로 전도페인트의 전도성이 좋습니다. 가장 저항이 작을 때는 흑연 0.5g과 아크릴 수지 물풀 1g을 섞을 때(즉, 흑연: 아크릴수지=1:2의 비율) 뛰어난 점성과 전도성을 가질 수 있습니다. 목공풀은 점성이 강하면서 빠르게 마르는 특성이 있어서 저항을 측정하고자 했으나 저항값이 멀티테스터기의 측정범위를 초과하여 저항을 측정할 수 없었습니다.

▶ **그래파이트는 어떻게 제작할 수 있나요?**

차세대 전도성 물질인 그래핀(Graphene)은 판상구조를 갖는 음극활물질인 그래파이트(Graphite)를 산화시켜 그래파이트 산화물을 만듭니다. 그래파이트 산화물 제조방법은 그래파이트가 혼합된 황산용액에 과산화수소가 완전히 반응할 때까지 충분한 반응시간을 주면 제조됩니다. 황산용액에 인산을 첨가하여 열 손상을 억제할 수 있습니다. 황산용액이 자연적으로 환원되는 것을 억제하기 위해 동결건조합니다.

그래핀 나노시트를 제조하는 방법은 그래파이트 산화물이 환원되어 생성된 그래핀 나노시트에 에너지를 주사하여 주름을 펴고, 말단 부분이 탄소나노튜브 형상을 갖도록 후처리하여 만듭니다.

통계활용캠프

통계활용캠프에 참여하여 '미세먼지에 대해 얼마나 관심을 갖고 있을까?'라는 주제로 '미세먼지에 대한 관심도 여부'를 통계 포스터로 제작하여 발표함. 제작과정에서 팀원 간의 소통과 배려의 중요성을 깨달았으며, 캠프 참가를 통해 통계자료 분석 능력과 실생활에서의 통계활용 능력이 향상됨.

이후 미세먼지를 걸러낼 수 있는 헤파필터를 알게 되었는데, 헤파필터 사이즈에 따라 그 기능이 다르다는 것을 알게 되어 종류를 조사해봄. 미세먼지를 효과적으로 걸러주기 위해서는 H14 이상이어야 공기청정기 효과가 있다는 것을 알게 됨.

▶ 낮은 등급의 공기청정기 여러 대를 사용하는 건 어떤가요?

미세먼지 제거율은 필터의 등급에 따라 좌우됩니다. 따라서 낮은 등급의 필터가 들어있는 공기청정기 여러 대보다 높은 등급의 필터가 들어있는 공기청정기 한 대를 사용하는 것이 좋습니다. H14 등급의 헤파필터는 99.995%의 미세먼지를 차단하는 것으로 나타났는데, 1㎥ 안에 먼지 개수의 백만 개 중 50여 개 정도만 남기고 제거할 정도로 우수한 성능을 보입니다. 헤파필터 사이즈를 꼼꼼하게 따져보고 구매하면 좋을 것 같습니다.

등급	전체 효율		국부 효율	
	포집효율(%)	투과율(%)	포집효율(%)	투과율(%)
H10	85	15	–	–
H11	95	5	–	–
H12	99.5	0.5	–	–
H13	99.95	0.05	99.75	0.25
H14	99.995	0.005	99.975	0.025
U15	99.9995	0.0005	99.9975	0.0025
U16	99.99995	0.00005	99.99975	0.00025

출처 : 고성능 에어필터 시험방법_한국공기청정협회

▶ 울트라 헤파필터는 주로 어디에 사용되나요?

헤파필터 등급이 가장 높은 것을 울트라 헤파필터(ULPA, Ultra Low Penetration Air)라고 부르며, U15~U17 등급까지 존재합니다. 이러한 필터는 일반 가정이 아니라 반도체 생산공정, 수술실 등 높은 청정도가 필요한 공간에서 사용합니다. 또한 일반필터보다 더 촘촘하게 설계되기 때문에 동일한 흡입력으로 사용한다면 일반 헤파필터보다 더 좁은 면적에 적용이 가능합니다.

💬 학부모 질문

Q 공기청정기 필터까지 생각하지 않고 광고 내용만 보고 구매했는데, 어떤 부분을 고려해야 할까요?

A 대부분 광고 내용과 디자인 외관을 보고 선택하는 경우가 많습니다. 헤파필터라고 다 똑같은 필터가 아니므로 필터의 사이즈를 확인하고 구매하는 것을 추천합니다. 또한 공기청정기의 정화 능력도 살펴보고 거실과 방의 크기를 고려해 구매하면 좋습니다.

🔍 학생부 관리 팁과 학생부 세특 예시

공기청정기가 교실 뒤쪽에 설치되어 있는데 교실 전체를 잘 정화할 수 있는지 궁금하여 조사한 내용을 기록한 사례

(자율활동 또는 진로활동) 환기 담당으로 공기청정기를 효과적으로 설치하는 방법에 궁금증을 가지고 조사하여 보고서를 제출함. 공기청정기는 벽에서 50cm 이상 떨어뜨리고 사용 공간의 1.5배에 해당되는 용량을 설치하는 것이 효과적임을 알고 위치를 조정함. 또한 워셔블 필터나 일반 필터 모두 평균 수명이 1년 정도 되기에 주기적으로 교체해주는 것이 효과적인 것임을 알고 필터 교체시기를 기록하여 관리함.

실험토론캠프

'2차원 충돌장치에 의한 운동량 보존'을 주제로 참여함. 눈으로 확인할 수 없는 물리적 개념을 간단한 실험장치를 이용하여 확인해보는 시간으로 오차를 계산해보면서 이론적 수치와 실제 수치를 비교하여 토론을 진행함. '저온실험–드라이아이스와 액체 질소'를 주제로 마이스너 효과를 직접 확인하는 실험을 진행하면서 초전도체의 성질에 대해 탐구함. 에너지 손실을 줄일 수 있는 초전도체의 성질을 이용한 기술에 관심을 가지고 초전도체를 이용하여 에너지를 효율적으로 사용하는 사례를 조사함.

▶ 마이스너 효과는 온도가 낮을수록 더 잘 나타나나요?

초전도체의 중요한 특성 중 하나는 완전 반자성입니다. 완전 반자성이란 외부 자기장을 걸어 주었을 때 반대의 자성을 띠는 성질로, 자기장이 내부로 침투하지 못하고 초전도체를 비껴 나갑니다. 다르게 말하면 초전도체에 외부 자기장을 상쇄시키는 방향으로 유도 전류가 형성되어 외부 자기장이 초전도체를 침투하는 깊이(penetration depth)가 매우 작습니다.

이러한 현상을 처음 발견한 마이스너(F. Meisner)의 이름을 따서 '마이스너 효과'라 합니다. 자화율 곡선에서 측정값이 마이너스가 되는 부분이 초전도 현상이 시작되는 초전도 전이온도(Tc)로 온도에 따라 그 기능이 달라지기에 온도가 낮을수록 마이스너 효과가 더 잘 나타나는 경향이 있습니다.

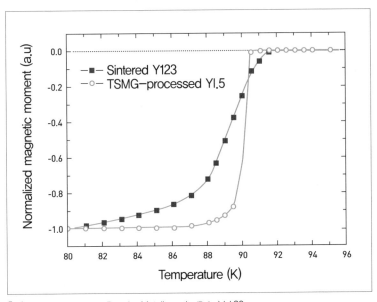

출처 : Journal of Korean Powder Metallurgy Institute Vol.20

▶ **초전도체가 활용되는 사례를 소개해주세요.**

전기저항이 없기 때문에 전기를 멀리 송전하거나 혹은 변압시키는데 열손실이 전혀 없다는 장점이 있습니다. 그리고 초전도체로 도선을 감아서 전자석을 만들면 보통 자석보다 수천 배 강한 자석을 만들 수 있습니다. 강한 전자석의 성질을 이용한 초전도체는 병원에서 신체 내부를 촬영하여 이상 유무를 진단하는 MRI(자기공명영상장치)로 뇌의 내부구조를 쉽게 알아낼 수 있습니다. 또한 초전도체 자기부상열차로 활용됩니다. 열차 속도는 거의 비행기 수준으로, 기존 자기부상 열차에 비해 훨씬 빠르다는 장점이 있습니다. 전자석을 이용한 현재의 자기부상 열차는 1㎝ 정도 뜨는데 초전도를 이용하면 10㎝ 정도 부상할 수 있어 시속 500㎞까지 속도를 낼 수 있습니다.

초전도 자기 에너지 저장소(Superconduction Magnetic Energy Storage : SMES)는 초전도 코일에 매우 큰 전류가 흐를 때 형성되는 자기장 행태를 에너지로 저장할 수 있는 기술입니다. 초전도체를 응용하면 서울 시내에서 사용하고 있는 모든 전류를 지름 5㎝의 초전도 전선에 실어 운반할 수 있습니다. 또 자기장 및 전압변화를 정밀하게 측정하는 센서, 열의 발생 없이 엄청나게 속도가 빠른 컴퓨터나 반도체 배선 등으로 활용될 수 있습니다. 그리고 오·폐수를 자기장이 흐르는 스테인리스 그물에 통과시키면 철 성분의 오염물질이 스테인리스 그물에 달라붙어 오염물질로 범벅된 스테인리스 그물을 다른 곳에 옮겨 전기를 끊어 버리면 그물에 붙은 오염물질을 쉽게 분리해 다시 오·폐수 정화에 사용할 수 있습니다.

자석으로 오·폐수를 정화하는 방식은 수백 나노미터짜리 오염물질을 잡다 보니 스테인리스 그물이 매우 촘촘해 그물격자의 간격이 수십~수백 ㎛(100만분의 1m)에 불과할 정도로 너무 조밀해 통과하는 오·폐수의 양이 적어 효과적으로 정화하는 데 어려움이 있었습니다. 그런데 초전도체를 활용해 오·폐수 정화 속도를 기존보다 50배 더 높일 수 있었습니다.

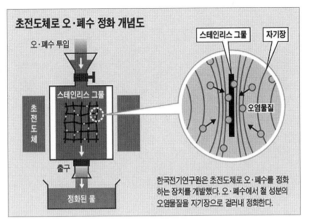

출처 : 한국전기연구원

미세먼지 교육

미세먼지 교육을 받은 후 미세먼지의 심각성을 깨닫고 미세먼지 정화장치에 대해 조사함. 초미세먼지와 독성화학물질 등을 탐지할 수 있는 센서를 이용한 IoT기술을 통해 데이터를 수집하고, 이를 통해 인공지능이 효율적인 정화시스템을 가동할 필요성을 느끼게 됨. 특히 수소자동차 운행을 통해 초미세먼지의 97% 이상을 제거할 수 있다는 기사를 바탕으로 CO_2와 미세먼지를 제거할 수 있는 원리를 조사하여 보고서를 제출함.

▶ 초미세먼지를 감지할 수 있는 센서 원리는 무엇인가요?

미세먼지를 측정하는 방식은 광학 방식 먼지센서와 레이저 방식 먼지센서가 있습니다. 이오나이저 내의 먼지 용액을 기체화시킨 후 실리카겔을 통과시켜 수분을 걸러내고 순수 먼지입자만을 챔버 안으로 주입시킵니다. 파티클 카운터를 이용하여 챔버 내의 먼지 농도가 일정한 수준을 유지하도록 유입되는 유량을 적절하게 조절한 후 측정합니다. 측정 결과는 파티클 카운터 측정값을 기준으로 레이저 방식 먼지센서를 통해 검출된 값을 비교해 오차를 구하는 방식입니다.

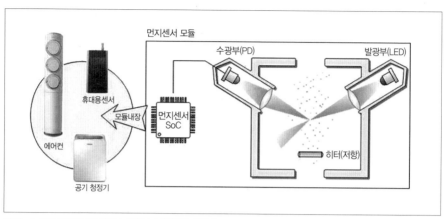

먼지센서 모듈
수광부(PD)
발광부(LED)
휴대용센서
모듈내장
먼지센서
SoC
히터(저항)
에어컨
공기 청정기

출처 : SoC를 적용한 먼지센서 개념도_산업통상자원부

▶ 미세먼지를 전산유체역학 방법으로 측정하는 방법이 궁금해요.

  CFD(Computational Fluid Dynamics) 전산유체역학 시뮬레이션 방법을 활용하여 모델링된 공간 내에 유체의 유동을 모사하기 위해 복잡한 수학적인 방정식을 활용합니다. 유체의 유동을 나타내는 수송방정식인 나비에-스톡스 방정식(Navier-Stokes Equation)을 수치해석적인 방법을 이용하여 근사해를 구할 수 있습니다.

  미세먼지는 다른 가스상 오염물질과 달리 입자의 크기에 따라 중력의 영향을 받기 때문에 거동이 다르게 나타납니다. 입자 직경이 큰 미세먼지의 경우 중력의 영향을 많이 받아 바닥, 벽 등에 존재한다는 것을 알 수 있습니다. 미세먼지 입자의 거동을 해석하기 위해서는 다상모델(Multi-phase model)을 적용해야 합니다. 다상모델 중 대표적인 방법으로는 오일러리안-오일러리안 방법(Eulerian-Eulerian method)과 오일러리안-라그란지안 방법(Eulerian-Lagrangian method)이 있습니다.

구분	오일러리안 모델	라그란지안 모델
모델 해석	쉽고 빠른 해석 가능하다	정확한 해석, 시간이 오래 걸린다
입자크기 분류	어렵다	가능하다
입자와 벽 표면 상호작용	다양한 반응 해석 어렵다	해석 공간 규모, 농도 해석 가능하다
정밀한 미세먼지 해석	어느 정도 한계가 있다	낮은 농도의 입자 해석 어렵다

출처 : CFD를 이용한 실내 미세먼지 해석방법_연세대학교 건축공학과(김태연)

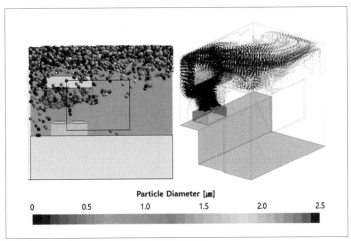

출처 : CFD를 이용한 실내 미세먼지 해석방법_연세대학교 건축공학과(김태연)

▶ 공기청정기와 환기청정기의 차이는 무엇인가요?

미세먼지와 CO_2 농도를 비교해보면 환기청정기의 성능이 더 우수합니다. 미세먼지의 농도는 상당히 낮기 때문에 공기청정기도 미세먼지 제거 효과는 우수하지만, CO_2 농도의 경우에 공기청정기는 내부 공기를 필터링하여 미세먼지를 제거한 후 내부순환시키는 방법이기 때문에 CO_2 제거 효과가 없습니다. 따라서 실내 공기 쾌적성을 향상시키기 위해서는 환기청정기를 설치하여 외기의 미세먼지를 필터링하고 실내에 공급하는 방법이 매우 효과적인 것으로 나타났습니다.

구분	측정 데이터		CFD 결과	
	PM2.5(μg/m3)	CO2(ppm)	PM2.5(μg/m3)	CO2(ppm)
공기청정기	10	1400	9.07	1321.32
환기청정기	8	920	6.72	991.08

출처 : 교실 미세먼지와 CO2 측정 데이터와 CFD 결과 해석_연세대학교 건축공학과(김태연)

여성공학캠프

여성공학캠프에서 '극저탄성 티타늄 신합금의 생체적합성 및 물리적 특성 연구'라는 주제로 활동함. 티타늄 신합금의 생체적합성 및 내식성을 평가하는 연구 활동에서 시편을 직접 준비하는 과정이 인상 깊었다고 함. 또한 평소에 접하지 못했던 실험기구들을 접하며 새로운 것을 알아가는 것에 흥미를 보임. 매 활동마다 연구에 대한 준비를 갖추고 실험과정을 기록으로 남기는 등 연구원의 자질을 갖춤. 이후 티타늄이 활용되는 곳에 관심을 가지고 조사하면서 우주항공, 해양, 드론, 로봇 등 다양한 분야에 활용되기에 앞으로 그 활용도가 더 높아지고 신소재가 더욱 중요할 것을 알고 〈신소재 신재료 100〉 책을 읽으면 지식을 쌓아나감.

▶ **티타늄 금속은 어떻게 얻을 수 있나요?**

티타늄 제련은 TiO_2 광석을 염화반응으로 사염화티탄($TiCl_4$)을 얻은 뒤 이를 Mg으로 환원하여 스폰지 티타늄을 얻는 Kroll 방법과 Na로 환원하여 티타늄 스폰지를 얻는 Hunter 방법이 있습니다. 티타늄은 산소 및 질소와 강하게 반응하기 때문에 고순도의 티타늄 생산과 제조는 매우 어려워 활용이 늦은 편이었습니다.

Kroll 방법은 불활성 가스 분위기 하에서 마그네슘과 티타늄 염화물의 환원과정을 통해 많은 기공과 스펀지 모양을 나타내 '티타늄 스펀지' 또는 '스펀지 메탈'이라고 합니다. 티타늄 제련은 티타늄슬래그 분말로 하고, 목탄 또는 코크스를 가하여 소결한 후 염소화로 속에서 900°C 정도로 사염화티타늄을 만든 후, 마그네슘을 넣어 환원시켜 티타늄을 얻을 수 있습니다.

$$TiO_2 + 2C + 2Cl_2 \rightarrow TiCl_4 + 2CO$$

$$TiCl_4 + 2Mg \rightarrow Ti + 2MgCl_2$$

▶ **티타늄의 응용 분야에 대해 자세히 알려주세요.**

티타늄은 스테인리스 스틸과 니켈합금 다음으로 고온에서의 강한 내식성을 요구하는 화학기기의 내식재료로 활용되고 있습니다. 건축재료로는 과거 스테인리스 스틸, 흑연, 구리, 니켈, 심지어 탄소강, 섬유 강화 플라스틱과 같은 저가의 내식재료를 대체하고 있습니다. 열교환기, 반응로, 송수관, 펌프 및 응용 분야에 대해서도 세계적으로 널리 쓰이고 있습니다.

원료	구분	용도
타타늄 스펀지	티타늄전신재	우주항공기관, 화력발전소용, 탈염주소용, 선박용, 원자로용, 섬유화학공업용, 통신기용 등
	철강첨가용	특수강
	티탄주조품	밸브, 펌프, 화학공업, 원심분리기, 드럼
	티탄분말야금	화학공업(필터)
이산화 티타늄	백색안료	도료, 인쇄잉크, 합성수지, 고무, 제지 등
	전자요업용	콘덴서

출처 : 티타늄 소재_한국과학기술정보연구원

▶ **로봇이 많은 분야에서 활용되고 있는데 변형되는 부분을 빠르게 회복할 수 있는 소재가 있나요?**

형상기억합금은 열을 가하면 형상기억효과에 의해 원래의 형상으로 돌아가면서 상당히 큰 힘을 발휘하므로 기존의 모터를 대체할 수 있는 구동기로 활용 가능합니다. SMA(shape memory alloy) 구동기는 전류를 통해 내부저항에 의한 열 발생으로 인해 수축상태가 발생되므로 전류를 통해 제어하는 방식으로 힘과 복원할 수 있는 장점이 있습니다.

과학탐구행사

과학탐구행사에서 태양광자동차를 직접 조립해보면서 태양광자동차와 건전지 자동차의 힘의 크기를 비교해보고 태양광자동차의 힘이 부족하다는 것을 깨닫게 됨. 태양광발전의 효율을 높일 수 있는 방법에 대해 탐구하면서 전기 분야와 관련된 책을 읽고 행사 소감문을 제출함. 태양전지 효율을 높일 수 있는 방법으로 반사 방지막 기술과 투명 태양전지판을 활용하는 방법까지 조사하여 관련 지식을 함양함.

▶ **태양전지 효율 향상을 위한 반사 방지막 기술에 대해 자세히 설명해주세요.**

태양에너지는 에너지 밀도가 낮기 때문에 태양에너지를 실생활에 이용하거나 산업용으로 사용하기 위해서는 태양에너지를 값싸고 효율적인 전기에너지로 전환하는 기술이 필요합니다. 태양전지의 광 효율을 높이는 방법 중 하나로 반사 방지막 기술이 있습니다. 반사 방지막 기술로 태양광의 반사율을 3~10% 정도 줄일 수 있으며, 에너지 효율을 30%까지 향상시킬 수 있습니다.

▶ **투명 태양전지판을 활용하여 더 많은 전기를 생산할 수 있나요?**

실리콘 마이크로와이어(Silicon Microwire) 복합체를 이용해 유연하고 투명한 태양전지를 개발했습니다. 투명하고 유연한 고분자 소재에 원통 모양의 실리콘 막대가 박혀 있는 구조로 실리콘 막대가 없는 고분자 소재 사이로 가시광선이 통과하므로 우리 눈에는 투명하게 보입니다. 실리콘 막대에서 반사되는 태양광을 이웃한 실리콘 막대에서 다시 태양전지로 흡수할 구조로 에너지 효율을 높이게 되었습니다. 따라서 유리뿐만 아니라 건물 표면 등 다양하게 활용할 수 있어 총 에너지생산량을 늘릴 수 있습니다.

선후배 연합탐구활동

선후배 연합탐구활동에서 '순수한 물과 첨가된 용질에 따른 끓는점 변화에 대한 고찰'이라는 주제로 탐구활동을 진행함. 설탕과 소금을 용질로 사용하여 농도에 따른 끓는점 변화를 측정하는 실험에서 소금물의 용해도가 크지 않아 녹지 않는 물질이 있어 걱정했지만, 가열하면서 녹아 농도에 따른 끓는점 변화를 확인할 수 있었으며, 이온화도가 끓는점에 영향을 준다는 것을 알게 되었음. 이후 분자 간의 작용하는 힘 중에서 분산력이 쌍극자-쌍극자 힘보다 더 높은 끓는점을 나타낼 수 있는 이유가 궁금하여 관련된 예시를 바탕으로 조사하여 보고서를 작성하여 제출함.

▶ 왜 소금물이 설탕물보다 더 높은 끓는점을 가지나요?

설탕 같은 비휘발성 용질이 물에 녹게 되면, 설탕은 물분자가 수증기 분자가 되어 날아가는 것을 방해합니다. 따라서 설탕물과 같은 용액은 순수한 물인 용매보다 증기압력이 낮아 끓는점이 높아지게 됩니다. 그런데 설탕은 이온화되지 않지만, 소금은 Na^+, Cl^-으로 이온화되어 몰수가 증가하여 물분자가 증발하는 것을 더 방해하여 증기압력이 더 낮아 끓는점이 높아지게 됩니다.

▶ 끓는점 오름이나 어는점 내림 등의 온도를 구체적으로 측정할 수 있는 온도계가 궁금해요.

순수한 용매의 끓는점은 베크만 온도계가 달린 Cottrel 장치로 측정할 수 있습니다. 분자량을 모르는 고체의 용액은 장치에 고체와 용매의 무게를 측정하여 섞은 후, 그 혼합물의 끓는점을 측정할 때 좁은 범위의 온도 차이를 매우 정확($\pm0.001℃$)하게 측정할 수 있습니다.

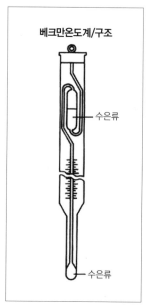

베크만온도계/구조

수은류

수은류

출처 : 계측솔루션전문기업 지니어스인더스트리

▶ 분산력은 무엇이며, 더 높은 분자 간의 인력은 무엇인가요?

무극성분자들 사이에 작용하는 정전기적 인력을 런던힘(London force)이라고 합니다. 무극성분자들 중에서 분자량이 크면 외부의 충돌에 의해 전자가 한쪽으로 쏠리는 현상에 의해 순간쌍극자가 되며, 이 순간쌍극자에 의해 무극성분자가 유발쌍극자가 되어 정전기적 인력이 작용하게 됩니다. 따라서 전자가 한쪽에 쏠리는 편극 현상이 잘 나타날 수 있는 분자는 분자량이 작은 극성분자 간에 작용하는 쌍극자 사이의 힘보다 더 높은 인력이 나타나서 높은 끓는점을 가지게 됩니다.

'광섬유 꽃 만들기'활동을 통해 다이오드와 광섬유를 알게 된 후, 전자부품의 또 다른 소재들에 대해 호기심을 가지게 되어 자료를 조사하고 발표함. '과학기술이 환경오염을 해결할 수 있을까?'라는 주제로 과학토론에 참가하여 찬성 측의 입장에서 이산화탄소를 줄일 수 있는 CCS기술을 사진자료와 함께 소개하여 설득하는 모습을 보임. 이후 또 다른 방법으로 이산화탄소를 포집할 수 있는 방법에 대해 궁금증을 가지고 조사하여 보고서를 작성하는 열정을 보임.

▶ **CCS기술에 대해 자세히 알려주세요.**

CCS(Carbon dioxide Captureand Storage)기술은 화석연료 연소에서 배출되는 온실가스를 포집하고, 수송하여 저장하거나 전환처리(고정화)하는 기술입니다. 이 기술은 CO_2 배출량을 효과적으로 줄일 수 있어 신재생에너지의 경제성을 확보할 때까지 다리 역할(Bridging Technology)을 담당할 현실적인 대안으로 활용되고 있습니다.

CCS는 석탄과 가스를 이용한 발전과정에서 발생되는 이산화탄소를 줄이는 데 주로 이용되지만 시멘트, 철강, 석유화학, 석유와 가스 생산 등의 이산화탄소 집약 산업에도 적용되고 있습니다. 광물 내 저장으로 이산화탄소를 높은 압력으로 지하 400~500m 깊이의 현무암 지대에 묻으면 자연 상태보다 빠르게 탄산염의 상태로 변화시킬 수 있습니다.

▶ **이산화탄소를 유용 원료로 바꾼 사례에 대해서 소개해주세요.**

원자 26개로 구성된 세상에서 가장 작은 반도체를 개발하고 이를 촉매로 활용해 이산화탄소를 유용한 유기물질로 전환하는 데 세계 최초로 성공했습니다. 차세대 디스플레이 소자는 물론 환경오염 문제까지 해결할 수 있는 물질로 폭넓은 활용이 기대됩니다. 또한 카드뮴과 아연을 섞어 26개 원자로 이뤄진 카드뮴-아연 합금 셀레나이드 클러스터(Mn^{2+}:($Cd_{1-x}Zn_xSe$)$_{13}$)를 합성하고, 클러스터를 뭉쳐 거대구조를 구현하였습니다. 저온, 저압환경에서 이산화탄소를 화장품 및 플라스틱의 원료인 프로필렌 카보네이트로 변환하는 효율적인 반응을 할 수 있었습니다.

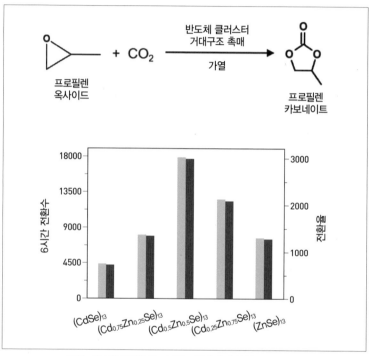

출처 : 반도체 클러스터 거대구조의 촉매적 특성_IBS

로봇만들기 활동을 주제로 로봇의 정의, 역사, 활용 그리고 로봇의 한계 등에 관한 내용을 토의하며, '아이로봇'과 같은 미래 SF 영화에서처럼 로봇이 실생활에 적용될 수 있는 가능성이 무한하다는 것을 깨닫게 됨. 미니로봇을 만들어 조별 축구게임을 진행함. 이후 자바언어를 이용한 테트리스 게임 만들기 활동을 하면서 간단한 게임으로 생각한 테트리스 게임도 다양한 요소를 고려하여 프로그래밍 과정을 통해 만들어짐을 알게 됨.

라인트레서를 구현해보면서 무인 조종로봇의 유용성을 깨닫고 위급 상황 시 원활한 작동을 위해 계단을 오르내릴 수 있는 기동성이 높은 바퀴의 필요성을 깨달음. 마이크로비트 기기를 활용해 코딩하면서 펀치 속도 측정과 숫자야구 프로그램을 구현해보면서 다양한 상황을 고려하는 것이 시간이 많이 소요되지만, 원하는 결과를 얻기 좋다는 것을 깨닫게 됨. 이후 개발자가 가져야 하는 마음가짐을 되새기는 계기가 되었다고 함 .

▶ 마이크로비트를 사용하면 좋은 점은 무엇인가요?

마이크로비트는 기존에 교육용으로 많이 사용되고 있는 아두이노, 라즈베리 파이와 같은 SW 교육용 보드입니다. 외부 입출력을 할 수 있는 많은 단자들이 있으며, 자체 나침반 센서, 온도 센서, 가속도 센서 등을 내장하고 있어 추가적인 부품을 사용하지 않고 마이크로비트만 가지고 있어도 됩니다. 또한 통신을 위한 블루투스 4.0을 내장하고 있어 블루투스 모듈 없이 스마트폰 및 스마트 기기와 연동할 수도 있습니다.

그리고 파이선 프로그램을 설치하지 않고서도 웹상에서 작업을 할 수 있는 micropython(micro:bit의 파이썬 개발환경 명칭)를 제공하여 인터넷이 연결된 환경이라면 언제나 프로그래밍할 수 있는 장점이 있습니다. 텍스트로 제공되는 이 개발환경은 시각장애를 가진 학생들에게 적합한 교육적 환경을 제공하며, 이 교재 외에 마이크로비트와 관련된 다양한 교육자료가 공식 사이트(https://microbit.org)에 제공되어 지속적인 교육 및 최신 교육 트렌드에 맞춰 제공됩니다.

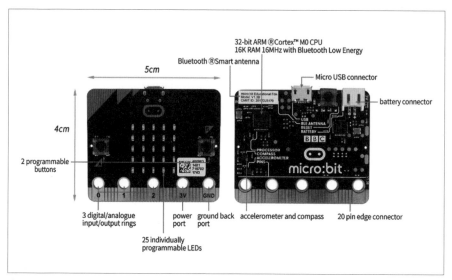

출처 : 마이크로비트 전면부, 후면부 모습_micro:bit

▶ **마이크로비트 자율주행차가 매끄럽게 이동할 수 있는 원리는 무엇인가요?**

실시간 속도와 방향을 읽을 수 있는 2개의 엔코더와 PID 제어를 통해 차량을 더 매끄럽게 움직일 수 있습니다. 엔코더는 회전하는 물체의 회전속도(각속도 등)를 측정하기 위해 사용되는 기기로서 엔코더의 회전축에 측정하고자 하는 회전체의 축을 서로 연결하여 돌아가는 방향과 횟수를 정밀하게 제어할 수 있습니다.

인크리멘탈 방식은 말 그대로 점진적으로 증가하는 형식으로 엔코더가 돌아갈 때 발생되는 파형의 횟수를 통해 회전축의 회전속도를 측정합니다. 원리는 다음의 그림과 같습니다. 여기에 PID 제어를 통해 연속한 아날로그량을 제어하기 위해 비례제어, 미적분제어를 통해 디지털 신호를 아날로그에 가깝게 제어하여 부드러운 움직임이 가능합니다.

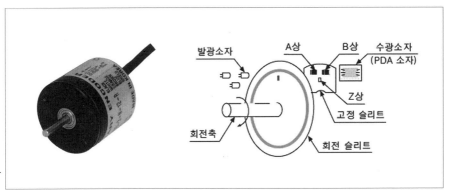

출처 : 오토닉스社의 로터리 엔코더인 E20S시리즈

▶ BHJ 태양전지는 무엇인가요?

벌크 이종접합(bulk heterojunction, BHJ) 태양전지는 p-n 접합접촉 면적을 증가하여 전류치를 향상시킨다는 개념으로 유기박막 태양전지 고성능화의 핵심 기술이 됩니다. 유리 기판의 ITO는 패터닝하고, 유기층, 금속전극은 증착 마크에 의한 패턴을 만들어 넣어 모듈화하여 비용을 낮추고 대면적으로 제조할 수 있게 되었습니다. 플라스틱 기판에 유기박막 태양전지를 제작하면 컬러풀하고 유연한 경량 모듈로 개발할 수 있습니다.

▶ BHJ 태양전지는 어떤 곳에 활용이 가능한가요?

의료, 생활용품, 레저, 아웃도어용품, 완구 분야뿐만 아니라 비닐하우스 농업에 응용이 가능하다는 것을 알게 되었습니다. 식물성장에는 온난한 환경과 광합성에 태양광이 필요하지만 광합성에는 특정한 파장만이 필요하기에 파란색 유기박막 태양전지를 활용한다면 전기도 생산하면서 광합성에 필요한 빛을 제공해주어 식물 육성, 발전 산업을 활성화시킬 수 있습니다.

▶ 환경을 살리는 고분자 화학에 대해 소개해주세요.

페트병을 수거한 뒤 이를 원료로 리사이클 섬유 브랜드인 리젠을 만들어 옷을 만드는 데 활용하며, 가방을 만들기도 합니다. 또한 화장품 용기에 들어가는 투명한 용기를 제작하는 데도 활용하고 있습니다. 미국의 로봇 기업 AMP 로보틱스는 재활용 쓰레기를 99%가 넘는 정확도로 분당 80점 이상 분류해내는 첨단 AI 기술로 재활용을 높이고 있습니다. 또한 일본의 애스트로스케일(Astroscale)은 고장 난 위성과 우주 폐기물이 다른 멀쩡한 인공위성이나 우주정거장 등에 부딪히는 사고를 막으려고 로봇 위성을 띄워 각종 우주 폐기물을 청소하는 기술을 개발하고 있습니다.

환경동아리

생물학적 수처리 기술 중 생물활성탄(BCA) 공정에 대해 탐구함. 생물활성탄 공정에서 오염물질을 제거하는 방식과 생물 막의 구조, 입상활성탄의 한계 및 생물활성탄의 장점 및 단점에 대해 조사하여 보고서를 작성함. 지역 환경탐구와 홍보를 통한 환경 보전의식 강화를 주제로 지역 환경문제 전문가와 환경단체 견학 및 체험을 통해 체계적으로 두꺼비 산란지 조사와 업사이클과 리사이클 등의 활동을 하면서 얻은 결과를 교내에서 홍보활동을 통해 공유함.

환경과 관련된 과학기술을 조사하며 과학자가 발견한 부분이 사회에 미칠 영향력에 대해 다시 생각 해보게 되었으며, 과학자가 개발한 기술로 사회문제를 해결할 수도 있지만, 부정적인 영향을 미칠 수 도 있다는 점에서 '과학자는 자신의 연구에 대한 사회적 책임을 져야 한다'를 토론 주제로 선정하여 진행함.

▶ 생물활성탄이란 무엇인가요?

용해성 유기물질, 트리할로메탄 전구물질, 맛·냄새물질, 농약성분 등의 미량 유기물질을 제거할 목적으로 도입되었습니다. 종전의 정수처리와 조합되기도 하고, 유기물을 저분자화할 수 있도록 활성탄으로 제거 성능을 높이려 전단에 오존처리를 조합하여 이용합니다.

염소처리 전에 활성탄 처리를 하면 암모니아성 질소의 제거 효과가 있습니다. 그런데 장기간에 걸쳐 활성탄을 계속해서 사용하는 것은 가능하나, 염소처리 뒤에 입상활성탄 처리를 하면 이 같은 효과는 없습니다. 그 이유는 염소처리 뒤에 입상활성탄 처리를 하면 염소 때문에 수질에 유용한 미생물이 죽어 버리지만, 염소처리 전에 활성탄처리를 하면 활성탄의 표면에 미생물이 붙어 활성탄의 흡착 효과와 함께 미생물에 의한 처리 효과가 극대화되기 때문입니다. 이러한 활성탄을 생물활성탄(Biological Activated Carbon, BAC)이라고 합니다.

▶ 활성탄의 사이즈에 따라 걸러주는 세균이 다른데 자세히 설명해주세요.

입상활성탄의 세공은 직경에 따라 Macro pore, Transitional pore, Micro pore로 구분되는데 유입된 미생물들은 대개 크기가 $10,000Å(10^{-10}m)$ 이상이므로 활성탄 표면에 나 있는 Macro pore에 안착하게 됩니다. Macro pore는 미생물들을 여러 가지 물리적인 힘으로부터 보호하는 역할을 하게 되므로 미생물들은 점차 원수 중의 유기물질 및 활성탄에 흡착되었던 유기물질들을 먹이로 하며 번식하게 됩니다. 즉, BAC는 자연적으로 입상활성탄에 미생물이 서식하면서 4~8주 후 미생물의 활동이 평형상태에 이르면서 형성되는 것으로 활성탄 고유의 흡착기능과 생물활동의 효과를 공유하게 됩니다.

〈활성탄의 비표면적 및 세공용적〉

구분	반경(Å)	세공용적(mL/g)	비표면적(m2/g)
Micro pore	~20	0.25~0.6	700~1,400
Transitional pore	20~1,000	0.02~0.2	1~200
Macro pore	1,000~1,000,000	0.2~0.5	0.5~0.2

출처 : AC의 특성 및 현황, 음용수의 안전성 관리를 위한 상수고도처리_연세대(최승일)

▶ 활성탄은 재활용이 가능한데 어느 정도까지 사용이 가능한가요?

　생물활성탄 공정의 장점은 오존 주입으로 생물활성탄을 거친 처리수는 염소 요구량이 적고 안정되어 있어 소량의 염소 또는 이산화염소의 주입으로 충분한 잔류소독 효과를 거둘 수 있습니다. 게다가 생물활성탄 유출수 중에는 미생물이 분해할 수 있는 유기물질은 거의 다 분해 제거되었으므로 배수관망 내의 미생물이 활용할 수 있는 유기물질이 없어 결과적으로 배수관망 내 미생물의 번식을 억제하는 효과도 있습니다. 또한 생물학적인 재생 효과를 가지고 있어 2~5년 정도 활성탄의 수명이 연장되어 열재생의 필요성을 최소화할 수 있습니다.

음식포장기술에 대해 조사하여 발표함. 우리나라 즉석밥의 진공포장기술을 개발한 사례를 통해 진공 포장기술의 원리를 발표함. 이 기술을 과일에 적용하였을 때 발생하는 장단점을 토의함. 현재 사용되는 과일 포장기술의 단점을 극복하여 더 효율적으로 포장할 수 있는 방법에 대해 고민함. 진공 포장의 경우, 상품의 품질이 손상되지 않으면서 식품에 따라 유통기한이 몇 주 또는 몇 달까지 지속되며, 산화되지 않기 때문에 비타민 등이 손상되지 않고 보존되는 장점이 있음을 알게 됨.

▶ **즉석밥 포장재료는 무균포장재를 사용한다고 하는데 자세히 알려주세요.**

무균포장(Aseptic packaging)이란 단 하나의 균도 존재하지 않는 상태를 의미합니다. 이는 반도체 공정 수준의 클린룸에서 살균한 포장재를 이용해 완전 밀봉하는 기술입니다. 일반적으로 식품의 변패 또는 부패는 미생물 등에 기인하는 생물학적 요인과 빛, 온도, 수분 등에 기인하는 화학적 및 물리적 요인에 의해 발생됩니다. 이들 요인에 의한 품질 열화를 방지하기 위하여 미생물 그 자체의 존재 및 생육을 제어한다면 포장재 내에서 미생물에 의한 부패를 막을 수 있어 방부제를 사용하지 않고도 유통기한을 연장시킬 수 있습니다.

▶ **가열살균 방식 외에 다른 살균 방식에 대해서도 소개해주세요.**

방사선에 대한 살균 방식은 주로 자외선, 감마선 전자빔(Electron beam) 등의 고에너지 전자선을 이용하여 대용량의 재가공용 산성식품의 포장을 위해 개발되었습니다. 방사선 살균은 특별한 보호 설비가 필요하며, 값이 비싼 단점이 있습니다. 그러나 미생물의 불활성화나 식품의 살균 이외에도 색소, 향기 성분과 오일 등과 같은 유효 성분의 추출, 생물학적으로 안정된 센서, 발효의 조건 그리고 폐수 처리 등에 이용이 가능하며, 연속 공정이 용이하며, 에너지 이용 효율이 매우 큰 장점이 있습니다.

화학적 살균 방식은 살균력을 갖는 화학 약재를 사용하여 살균 대상물의 표면을 일정 시간 처리하여 무균 상태를 얻는 방법입니다. Tetra Pak사는 포재의 표면살균을 위해서 과산화수소와 열원을 함께 사용하여 식품에 오염물을 남기지 않으며, 살균 처리 후 포장재 표면에 잔존하는 과산화수소가 인체에 무해하다는 장점이 있습니다.

▶ 즉석밥 포장재와 비슷한 다른 음식 포장재도 전자렌지 사용이 가능한가요?

컵라면이나 요구르트병에 쓰이는 폴리스티렌(PS) 소재는 가열하면 유해물질이 나올 위험이 있어서 전자레인지에 넣어서는 안 됩니다. 또한 음료수병에 쓰이는 페트(PET)는 내열온도가 70℃ 정도로 낮아서 전자레인지에 데우거나 뜨거운 물을 넣으면 변형될 수 있습니다. 따라서 전자레인지를 이용해서 음식을 데울 때에는 용기에 '전자레인지용' 문구가 있는지 반드시 확인해야 합니다. 용기 바닥에 폴리프로필렌(PP)이나 고밀도폴리에틸렌(HDPE)이 적혀있다면 전자레인지에 사용해도 안전할 정도로 높은 내열성과 내한성, 내유성을 가지고 있습니다.

물리동아리

전기를 동력으로 하는 비행체의 단점에 대해 토론하면서 '하이브리드 터빈'을 대안으로 제시하여 축소모형을 만들어 실험을 진행함. 실험 도중 연료가 튜브에서 얼어버리는 예상치 못한 난관에 부딪쳤지만, 연료관을 다양한 방법으로 재배열해보면서 해결방안을 찾음. 하이브리드 로켓 엔진이 주목을 받고 있는 이유는 안정적인 비추력(specific impulse)으로 연료의 비추력을 비교하면 액체연료보다는 낮고 고체연료보다는 높은 수준으로 외부충격이나 온도 변화에 민감하지 않아서 연료를 보관하는 데 상대적으로 안정적이어서 더 널리 사용될 수 있다는 것을 이해함.

▶ 하이브리드 터빈에 대해서 소개해주세요.

세계 최초의 배터리-가스 하이브리드 터빈은 배터리 전원 추가를 통해 연료 소모 없이 터빈을 대기모드로 유지할 수 있습니다. 하이브리드 발전시스템은 두 개의 다른 시스템이 독립적으로 발전하는 것이 아니라, 서로가 작동유체를 공유하는 시스템입니다. 연료전지의 출력은 전체 출력의 약 80%, 마이크로 가스터빈의 출력이 약 20%를 차지할 정도로 발전하였습니다.

▶ **비추력에 대해 설명해주세요.**

비추력은 단위중량(kg)의 연료를 1초(sec) 연소했을 때 얻을 수 있는 추진력입니다. 로켓의 성능은 추력과 비추력으로 결정되는데, 적은 연료로 더 오래 연소되어야 합니다. 그래서 다단 로켓엔진에서 대기권에서는 추력이 큰 가스연료, 액체 수소 등을 사용하고, 대기권 밖인 진공에서는 이온엔진과 같은 연소효율이 높은 연료를 사용하여 비추력을 높이고 있습니다. 비추력은 자동차엔진으로 설명할 때 연비가 잘 나오는 차가 에너지 효율이 높은 것처럼 비추력이 높은 엔진이 효율이 좋은 엔진이 됩니다.

물리탐구동아리

1학년 때 했던 '부유물에 따른 액체의 유동성 변화'를 주제로 탐구활동을 하면서 수면의 형태뿐만 아니라 수면 진동에너지를 용수철의 탄성에너지로 바꾸어 부유물의 진정 효과와 파력에너지로 인한 발전기의 가능성을 추가적으로 탐구함. 방파제 모형에 따른 해파의 피해를 비교하고 1미터 수조를 제작하여 실험하면서 테트라포트보다 더 효과적인 해파 피해를 줄여줄 수 있는 스펀지 형태의 구조물임을 결론 도출함. 이후 보다 실제적인 실험을 해보고 싶다는 포부를 밝힘.

▶ **파력발전의 원리에 대해 설명해주세요.**

파도 때문에 수면은 주기적으로 상하운동을 하는데, 이를 이용하여 전기에너지를 생산하는 것을 파력발전이라 합니다. 미국, 일본, 영국, 노르웨이 등의 나라에서 파력발전에 관한 많은 연구를 해왔습니다. 국내에서는 2009년 제주 해

상에 파도에너지를 이용해 전력을 생산하는 파력발전소가 건설되었으며, 2012
년 포항 등에서 운영되고 있습니다. 그런데 조수간만의 차가 클 경우에는 설치
가 불가능합니다. 파랑의 원운동을 이용한 원통형 실린더와 직선운동을 이용한
스윙판을 통해 회전하는 힘을 이용하여 전기를 생산합니다.

〈작동원리에 따른 파력발전의 종류〉

종류	구분	특징
가동 물체형	개념	수면의 움직임에 따라 민감하게 반응하는 물체의 움직임을 전기에너지로 변환
	장점	파력에너지를 직접 이용하므로 에너지 효율이 높음
	단점	파력발전기가 파력에 직접 부딪힘으로 구조물이 취약
진동 수주형	개념	파력에너지를 공기의 흐름으로 변환하여 이를 전기에너지로 변환하는 방식
	장점	발전효율이 월파형에 비해 높음, 파랑의 형태와 무관하게 발전 가능
	단점	파랑의 변동성을 제어하기 어려움
월파형	개념	파력의 진행방향 전면에 비탈면을 두어 파랑에너지를 위치에너지로 변환하여 전기에너지를 생산하는 방법
	단점	일정 수위 이상에서만 전기 생산 가능

출처 : 조력·조류·파력 발전의 최근 동향과 전망_산은경제연구소

〈설치 형태에 따른 파력발전의 종류〉

종류	영문	특징
부유, 상하유동 설비	Floats or Pitching Devices	부유물체의 불규칙적 흔들림과 상하이동을 통해 전기생산 부유물체들은 해양층에 고정된 장치나 떠 있는 뗏목에 설치될 수 있음
고정식	Oscillating Water Columns	실린더 모양의 공간 안에서 파도의 오르내림에 의해 전기생산 오르락내리락하는 물기둥은 공기터빈에 힘을 전달하면서 실린더 꼭대기로 공기를 집어넣고 빼내주면서 전기생산

| 파도전달
집중화 설비 | Wave
Surge or
Focusing
Devices | 해안선에 설치된 장비들은 파도를 전달시키거나 집중시키기
위해서 해안에 설치된 구조물에 의존하므로 '가느다란 통로
(tapered channel) 시스템'이라 불림 |

▶ **테트라포트가 무거워도 태풍으로 유실되는 이유가 궁금해요.**

테트라포트는 방파제에 직접적으로 부딪치는 파도를 막아주기 위한 삼각형 시멘트 구조물인데 매끈한 다리 3개로 이뤄져 있어 파도가 부딪쳐 부서지게 하는 효과는 있지만 서로 맞물리는 힘이 약해 유실이 많이 되고 있습니다. 해수면 상승 및 태풍 내습 빈도가 높아지면서 기존의 구조물로는 효과적으로 막아내기에 역부족이어서 테트라네오(TETRA-NEO)라는 구조물로 다리 끝부분에 돌기(다방향 직각 형태)를 적용하여 단점을 보완하였습니다.

출처 : 테트라네오

▶ 테트라포트보다 더 효율적인 파도 저감 효과를 얻을 수 있는 것이 있나요?

파동을 일반적인 굴절 방향과 다른 쪽으로 휘게 하고, 중심에서 밖으로 밀어내는 힘을 작용시켜 내부의 피해를 방지하고 파동의 중첩을 이용하여 메타물질이 내장된 원기둥에 바닷물을 저장 배출하는 방식을 통해 파도의 진폭을 감소시켜 쓰나미까지 방지할 수 있습니다.

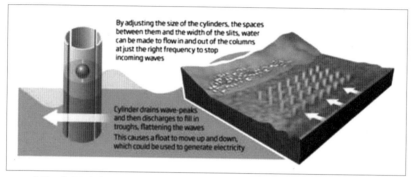

출처 : 메타물질 파도 완충장치_한국기계연구원

과학탐구동아리

지문검출, PS 플라스틱을 활용한 열쇠고리 제작 실험, 멘톨 특성을 활용한 졸음 퇴치제 실험, 산화환원반응을 이용한 은거울 반응 등 실험에 관련된 자료를 조사하여 유의사항을 파악하고 이론적 고찰을 찾아보는 열정을 보임. '금속의 산화방지를 위한 최적의 조건 확인'을 주제로 주제탐구활동을 진행함. 특히 철의 부식 조건을 확인하는 실험을 수행하기 위해 '아연, 마그네슘, 알루미늄 합금도금강판의 도장 내식성 및 밀착성' 자료를 참고하여 이론적 배경을 습득, 관련 실험을 진행하여 철의 쓰임새에 따라 다르게 도금해야 함을 깨닫게 됨.

▶ 멘톨 특성을 활용한 졸음 퇴치 원리는 무엇인가요?

멘톨 성분을 많이 함유한 페퍼민트 향은 운전자를 각성시켜 졸음을 퇴치합니다. 세포의 TRP채널(Transient receptor potential channel, 수용체 전위차 통로)과 작용하여 세포 내 칼슘 증가를 유도하고, 세포의 탈분극을 통해 활동전위(action potential)의 개시를 이끌어 흥분상태를 유지하여 졸음을 퇴치합니다.

▶ 금속산화 방지방법이 궁금해요.

금속의 산화를 방지하기 위한 방법으로 물과 산소를 차단하기 위해 기름칠이나 페인트칠을 해주는 방법과 도금을 해주는 방법이 있습니다. 그리고 합금을 만들어 부식을 방지하는 스테인리스강을 만드는 방법과, 반응성이 큰 금속을 연결하여 철보다 먼저 부식되도록 하여 철을 보호하는 음극화보호법(희생금속법)이 있습니다. 여기에 사용되는 금속은 마그네슘, 아연을 주로 사용합니다.

▶ 부식방지테이프도 음극화보호법 원리와 비슷한가요?

네, 그렇습니다. 철보다 반응성이 큰 아연을 먼저 부식시켜 철의 부식을 방지합니다. 아연 금속을 고밀도 폴리에틸렌 성분으로 보호층을 만들어 유연해서 시공성이 우수한 장점이 있습니다. 또한 용제가 없어 친환경적으로 시공할 수 있으며 지하수 오염방지 효과도 있습니다.

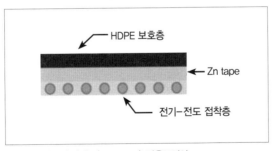

출처 : 부식방지 테이프(Zinc Tape)_티움코리아

화학실험동아리

자신만의 과학적 호기심을 해결하고 탐구력을 기르고자 '화학실험동아리'를 친구들과 함께 결성함. 화학 진동 반응에 관련된 '브릭스–라우셔 실험'을 계획하였으며, 실험과정에서 발생하는 기체가 인체에 유해하므로 환풍기 근처에서의 마스크 착용 제안과 약품의 양과 온도를 꼼꼼하게 기록하여 정확한 실험 결과를 도출하는 데 기여함. 또한 아이오딘 기체의 농도에 따라 색깔의 변화가 다름을 확인하고 이 현상의 원인에 관하여 추가적인 조사를 하여 해결함.

▶ 브릭스–라우셔 실험이 무엇인가요?

브릭스–라우셔 반응은 화학물이 반응하면서 중간산물을 만들게 되는데 진동반응을 통해 생성물을 더 빠르게 진행할 수 있도록 도움을 주는 특징이 있습니다. 관련된 화학반응식을 통해 주요 반응을 알아보겠습니다.

$$IO_3^- + 2H_2O_2 + CH_2(COOH)_2 + H^+ \rightarrow ICH(COOH)_2 + 2O_2 + 3H_2O$$

$$2H_2O_2 \rightarrow O_2 + 2H_2O \text{ (무색)}$$

$$5H_2O_2 + 2IO_3^- + 2H^+ \longrightarrow I_2 + 5O_2 + 6H_2O \text{ (황색)}$$

$$I_2 + CH_2(COOH)_2 \rightarrow ICH(COOH)_2 + H^+ + I^- \text{ (무색)}$$

$$2I_3^- + \text{녹말} \rightarrow \text{녹말–}I_5^- + I^- \text{ (보라색)}$$

$$5H_2O_2 + I_2 \rightarrow 2IO_3^- + 2H^+ + 4H_2O \text{ (무색)}$$

$$ICH(COOH)_2 + H^+ + I^- \rightarrow I_2 + CH_2(COOH)_2 \text{ (황색)}$$

$$2IO_3^- + 2H_2O \rightarrow 2H_2O_2 + 2O_2 + 2I_2 \text{ (황색)}$$

▶ 시약 사용 시 주의할 사항이 있는지 궁금해요.

화학물질은 국소환기설비를 갖춘 곳에서 취급해야 하며, 유해물질을 취급하는 실험을 할 때에는 흄후드 내에서 실시해야 합니다. 유해물질 등 시약은 절대로 입에 대거나 냄새를 맡지 않아야 하며, 실험실 내에서는 긴바지를 착용해야

148

합니다. 실험 폐수는 싱크대에 버리지 않도록 해야 하며, 화학물질의 흘림 또는 누출 시 대응 절차 및 수거용품을 구비하고, 실험 중에 쏟은 화학물질은 즉시 닦아내도록 합니다. 유해화학물질이 눈에 들어갔을 경우에는 신속히 물로 세척하고, 시약의 용기에는 화학물질 라벨을 부착하여 수령일자와 개봉일자를 기록합니다. 발열반응을 수반하는 화학실험은 특히 주의를 기울여 실험에 임하며, 가연성(인화성) 화학물질은 전용 저장캐비닛에 보관해야 합니다. 또한 서로 접촉되었을 때 화재·폭발의 원인이 될 수 있는 물질은 별도로 분리 보관해야 합니다.

〈화학물질의 분류에 따른 그림문자 표시〉

폭발성	산화성	환경유해성	발암성, 변이원성, 생식독성	고압가스
인화성	부식성	독성	자극성	

출처 : 대한 화학실험실의 안전관리 및 안전수칙_교육부

〈 화학실험실에서 사용되는 일반적인 개인보호구〉

장비명	관련 위험성	안전사항
실험복	화학물질의 신체 접촉	• 화학물질 특성에 맞는 재질의 실험복 착용 • 실험실에서는 반드시 착용 • 실험실 이외의 장소에서 착용하여서는 안 됨
신발	화학물질의 신체 접촉	• 화학물질 특성에 맞는 재질로 된 것 착용 • 신발은 완전히 발등을 덮는 신발을 착용
보안경/ 보안면	화학물질 유해성에 대한 눈 보호	• 화학물질 특성에 맞는 재질로 된 것 착용 • 반드시 보안경(safety glasses or goggles)을 착용 • 폭발 위험성이 있는 실험이나 유독한 화학물질이 튀는 등의 위험한 실험을 수행하는 경우에는 보안면(faceshield)을 착용
안전장갑	다양한 분야의 위험으로부터 손 보호	• 장갑과 손목 사이에 틈이 생기지 않도록 충분한 길이여야 함 • 안전장갑에 사용되는 재료와 부품은 착용자에게 해로운 영향을 주지 않아야 함
청력보호구	소음에 의한 청력손상 예방	• 소음으로 인한 연구활동 종사자의 청력을 보호 • 소음 수준에 적합한 청력보호구 착용 • 착용자 귀의 이상 유무를 파악하여 귀마개 또는 귀덮개 선정
호흡보호구	흡입독성을 예방	• 방진마스크, 방독마스크, 송기마스크, 공기공급식 호흡보호구 • 실험실 등 유해화학물질을 취급하는 경우 착용 • 흡입독성이 있는 유해화학물질을 취급하는 경우 착용 • 방독마스크는 산소농도가 18% 이상인 장소에서 사용
화학물질 보호복	화학물질의 신체접촉	• 유해화학물질의 유출, 화재, 폭발 등으로 인해 오염된 공기 혹은 액상물질 등이 피부에 접촉됨으로써 발생할 수 있는 건강 영향을 예방 • 1,2형식 보호복은 안전장갑과 안전화를 포함하는 일체형이어야 함

출처 : 대한 화학실험실의 안전관리 및 안전수칙_교육부

과학동아 탐독동아리

〈과학동아〉를 읽고, 차세대 발전 가능한 자동차의 동력원을 토론 주제로 선정하여 토론을 이끌어 나감. 특히 동일한 동력원이더라도 자동차 구조에 따라 성능이 다를 수 있다는 점에 궁금증을 가지고 미니 고무줄 자동차 만드는 활동을 한 후 보고서로 제출함.

이를 통해 자동차 구조가 공기역학과 많은 관련이 있다는 사실을 알고 더욱 관심을 가지고 탐구하는 계기가 됨. 화성과 지구 사이에 통신 속력을 높이는 방법에 대해 다양한 자료를 바탕으로 동아리원들을 이해시킴. 발전기와 모터의 원리를 분석하고 스스로 전기를 생산하는 발전기에 대해 관심을 가지고 조사하여 발표함. 특히 '전기자동차의 국내외 동향 및 대중화 방안'을 주제로 전기자동차의 문제점과 앞으로 보완해야 할 점을 조사하여 발표함.

▶ **고무동력 자동차의 원리는 무엇인가요?**

탄성과 장력을 이용하여 운동에너지로 변화하여 움직이게 됩니다. 고무줄이나 용수철 등이 외부의 힘에 의해 잡아당겨지면 늘어났다가 다시 원래 상태로 돌아가는 성질을 탄성이라고 합니다. 물체 내 임의의 면을 경계로 하여 한쪽 부분이 다른 쪽 부분을 양쪽에서 끌어당기는 힘을 장력이라고 합니다. 한쪽 면을 고정하여 고무줄을 당기는 힘인 장력과 고무줄을 한쪽으로 100회 정도 회전하는 탄성력을 활용하여 자동차를 이동시킨 것입니다.

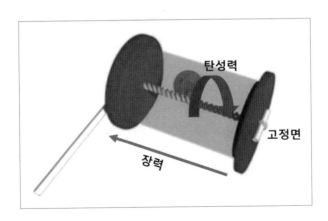

▶ **전기자동차는 일반자동차보다 부품이 적은데 왜 가격이 비싼가요?**

전기자동차가 비싼 이유는 원가의 40% 정도를 배터리가 차지하기 때문입니다. 정부는 2025년까지 구동부품 단가 인하와 배터리 에너지 밀도를 50% 이상

개선하고, 배터리 가격을 인하하여 전기차 가격을 1000만 원 인하할 예정입니다. 배터리 리스 시범 사업도 시작하여 전기자동차 가격을 2000만 원대까지 떨어뜨리려고 합니다.

▶ 리튬 가격이 폭등하고 있어 배터리 가격이 상승하고 있는데 대안이 있나요?

2차전지인 리튬이온 배터리에 쓰이는 리튬은 희귀한 금속이기에 전기자동차 비용에 큰 영향을 주고 있습니다. 반면에 주변에서 쉽게 구할 수 있는 나트륨은 리튬과 화학적 성질이 비슷하면서 리튬보다 500배 이상 많이 존재하여 차세대 2차전지의 소재로 주목받고 있습니다. 하지만 나트륨은 리튬보다 3배 이상 무겁기 때문에 전지로 만들 경우 용량, 에너지 변환 효율 등의 성능을 떨어뜨린다는 문제가 있습니다. 그러나 용량이 크면서 저렴한 나트륨전지는 대형 차량이나 모빌리티 등 다양하게 활용할 수 있으며, 5년 이상 사용해도 초기 성능의 93% 정도를 유지할 수 있다는 장점이 있습니다.

진로활동

실험실 체험학습

실험실 체험학습을 통해 미래 가정의 모습, 스마트 헬스케어, 미래의 로봇, 증강현실과 가상현실, 전투 시뮬레이션 이외에도 다양한 신기술을 체험하면서 IoT 기술과 2차전지의 중요성을 깨닫게 되었음. 이후 '2차전지 산업 동향 및 발전 방향'을 보고서로 작성하여 제출함.

▶ 2차전지는 앞으로 어떻게 발전될까요?

리튬이온전지가 2차전지 시장을 주도하게 된 이유는 기존 2차전지의 단점이었던 메모리 현상이 없다는 장점 때문입니다. 여기서 메모리 현상이란 완전히 방전되지 않은 상태에서 충전 시 배터리 수명이 줄어들게 되는 현상을 의미합니다. 단점으로는 온도 관리가 제대로 되지 못할 경우 폭발사고와 분리막으로 인한 화재사고가 발생합니다. 그래서 전고체전지와 나트륨전지 등을 개발하기 위한 노력을 하고 있습니다.

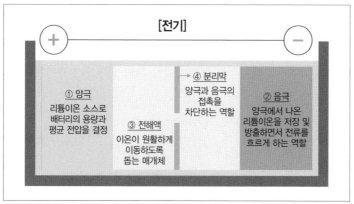

출처 : 삼성SDI, 삼성증권 포트폴리오전략팀

출처 : LG경제연구소, 삼성증권 포트폴리오전략팀

▶ 전기차 충전시간이 너무 많이 소요되어 선택 시 망설이는 사람들을 위한 대안이 있나요?

2011년 세계 최초로 상용화한 무선충전 전기자동차(OLEV, Open Leading Electric Vehicle)의 자기유도 충전방식이 개발되었다. 송·수신 코일 간 자기유도 현상을 이용한 기술은 휴대폰 무선충전에 이용하는 방식입니다. 무선전송 거리가 수 밀리리터(mm)에 불과한 단점이 있습니다. 전자기파 방식은 마이크로파 대역에서 송수신 안테나 간의 방사 특성을 이용하는 원리로 전송 거리가 수 킬로미터 안팎으로 길고, 고출력으로 이용할 수 있는 장점이 있습니다. 현재로서는 전송효율이 10~50%로 낮지만 이 단점을 보완하여 개발 중이며 충전을 걱정하지 않고 편리하게 이용할 수 있는 날이 머지않았습니다.

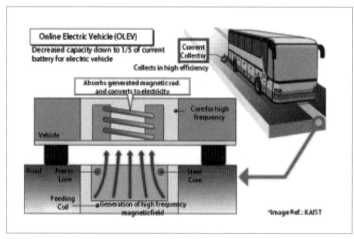

출처 : NOST KOREA뉴스, KAIST

전공 탐색활동 시간에 자신의 진로와 관련하여 로봇의 종류와 앞으로 활용 가능한 분야를 조사하여 PPT로 발표함. '로봇 개를 발로 차는 것이 비윤리적인가?'라는 토론주제를 제시하여 로봇과 인공지능 기술의 발전에 대한 윤리의식을 생각할 수 있도록 급우들에게 기회를 제공함.

▶ '로봇 개'가 앞으로 어떤 분야에 활용이 되나요?

미국 노동부 집계에 따르면, 석유시추 현장에서 2011년 한 해에만 112명이 숨질 정도로 위험하여 시추 현장에 로봇을 투입해 자동화시스템을 적용하고 있습니다. 시추 현장에 투입된 로봇 개(스팟)의 임무는 시추현장을 순찰하면서 카메라와 음향센서 등을 이용해 가스가 누출되는지 여부를 탐지하고, 이와 관련한 데이터를 클라우드 네트워크에 보내어 관리하고 있습니다. 또한 석유나 가스 추출 도중에 폭발이나 화재, 오작동 사고 발생을 감시하고 통제하는 데 이용되고 있습니다. 이뿐만 아니라 매사추세츠주 폭발물처리반에 배치되어 위험한 장소에서 경찰관 대신 감시 임무도 수행하고 있습니다.

▶ 분야별로 활용되는 로봇에 대해 소개해주세요.

제조로봇, 물류로봇, 농업로봇, 의료로봇, 재활로봇, 안전로봇, 개인서비스로봇 등으로 나눌 수 있습니다.

제조로봇 : 2015년에 중국시장이 전체시장의 27%를 차지하였으며, 2019년에는 38%에 이를 정도로 지속적으로 상승하고 있습니다. 자동차산업용 로봇 시장의 규모가 가장 크나 전기전자 산업용 로봇 시장이 매우 빠른 속도로 성장하고 있습니다. 노동집약적인 공정의 자동화 필요성이 급격히 증가함에 따라 협동로봇의 금액이 저렴해지고 있어서 많이 사용되고 있습니다.

물류로봇 : 온라인 쇼핑의 급증으로 물류로봇 채택이 크게 증가하고 있으며, 인력 부족 문제에 대한 대응 및 물류센터의 효율 향상을 위해 24시간 무인작업이 가능한 물류로봇 수요가 증가하고 있습니다.

농업로봇 : 농업로봇은 크게 두 가지 형태로 시장이 형성되고 있습니다. 시장 확대 측면에서는 농업로봇 시장의 60배 이상 규모를 형성하고 있는 필드 농업용 농기계의 원격제어, 자율주행 등 로봇기술 융합을 통한 기존 농기계의 로봇화가 되고 있습니다. 신규시장 개척 측면에서는 자율주행 기술을 기반으로 로봇 비전 및 조작기술을 융합한 제초, 방제, 이송, 수확작업 등에 적합한 전용 농업로봇이 있습니다.

의료로봇 : 수술용 로봇 시장이 전체 로봇시장의 60%에 달할 정도이며, 현재 전 세계 수술로봇시장은 다빈치 수술로봇이 독점적 위치를 갖고 있습니다. 인구 고령화와 함께 환자 케어 로봇시장 또한 지속적으로 성장하고 있으며, 2024년도까지 9,500만 달러(약 1,140조)에 이를 정도로 발전할 전망입니다.

재활로봇 : 뇌졸중 환자의 증가, 고령인구의 증가, 외래환자 재활시장 증가로 인해 2015년 577백만 달러에서 2020년에는 1,730백만 달러 규모로 발전할 정도입니다. 관절 가동범위, 강직/경직도 측정, 운동제어 능력 등을 측정하여 환자의 회복을 도와줄 수 있는 입는 로봇 등이 도입되어 재활치료를 수행하고 있습니다.

안전로봇 : 산업시설, 대형건물 등의 진단, 경비 또는 화재나 재난 환경에서 활용할 수 있는 사회안전로봇, 병사 대체/보조, 군사시설의 보호 등 효율적인 군사작전 임무수행을 위한 국방 로봇, 원자력 시설의 모니터링, 유지/보수, 사고대응 등을 위한 원자력 로봇을 포함하고 있습니다. 안전로봇은 2015년 기준 11.2억 달러 규모로 2011년 이후 연평균 8%대 이상 성장률을 보이고 있으며, 전체의 90% 이상을 국방로봇이 차지하고 있습니다. 원전과 재난 등 극한 환경에서의 내환경

성과 특수 작업목적에 특화된 전용 로봇들의 활용이 늘어나고 있습니다.

개인서비스 로봇 : 2015년 기준 전체 로봇시장의 12.3% 규모로 6년 평균 성장률이 33%로 타 로봇 종류에 비해 비교적 큰 성장을 거두고 있습니다. 단기적으로는 안내, 접객, 엔터테인먼트 등 특정 영역, 전문 분야에 특화된 서비스 및 콘텐츠를 강화하여 상호작용 및 지능에 대한 사용자의 기대에 부응하는 것에서부터 장기적으로 인간의 행동을 이해하고 이에 대응하기 위한 클라우드 및 빅데이터 기반 로봇의 학습 기술, 실내 이동 및 조작이 가능한 동작기술, 인간과 직접 접촉하여 물리적인 도움을 줄 수 있는 소프트 로봇기술 등의 개발로 저출산, 고령화 시대에 개인을 보조하는 도우미로서 다양한 역할을 수행할 것입니다.

전공탐색 독서스터디

〈전기이야기〉, 〈야누스의 과학〉, 〈로켓 컴퍼니〉 등을 읽고 과학기술의 발전만큼 과학윤리가 중요하다는 것을 깨닫게 됨. 특히 스페이스-X, 블루 오리진 등의 민간항공기업이 우주산업에 투자하여 로켓 재활용, 초소형 인공위성, 통신위성 등 우주항공 분야를 발전시키고 있는 것을 보면서 꿈을 키워나감.

▶ 로켓 재활용 기술이 주는 이점은 무엇인가요?

스페이스X가 공개한 자료에 따르면 팰컨9 발사비용은 6120만 달러(약 700억 원)입니다. 1단 로켓을 회수하여 중고로 재활용한다면 발사 비용을 약 3분의 2 수준인 4000만 달러로 낮출 수 있습니다. 일론 머스크는 팰컨9를 별다른 수리 없이 10회 비행이 가능하고 은퇴까지 100회 재활용할 수 있는 목표를 가지고 있습니다. 팰컨9 비용의 10%를 차지하는 상부 덮개 '페어링' 그물을 회수하는 데 성공하여 발사비용을 계속해서 낮추고 있습니다.

▶ 1단 로켓을 바다에서 회수하려는 노력을 하는 이유가 궁금해요.

우주 로켓은 지상에서 바다 쪽으로 발사되고 있습니다. 만일의 사고 발생 시 지상보다는 바다에 추락해야 더 안전하기 때문입니다. 로켓을 회수하려면 엔진을 재점화해야 하는데, 바다를 향해 발사된 로켓이 다시 지상으로 되돌아오려면 엔진을 더 오래 가동해야 한다는 단점도 있습니다. 그만큼 더 많은 연료가 필요하고 비용이 더 들어가기에 해상에서 회수해야 회수비용을 더 낮출 수 있습니다.

출처 : 페어링 그물 회수_일론 머스크 트위터

▶ 1단 로켓을 회수하는 방법에 대해서도 알려주세요.

분리된 1단 로켓은 공중에서 비스듬하게 누운 상태로 탄도 비행을 합니다. 바다 위 무인선에 착륙시키려면 발사할 때처럼 1단 로켓을 수직의 곧추선 자세로 만들어주어야 합니다. 그래서 스페이스X는 3개의 엔진을 재점화하여 그 추진력으로 곧추선 자세를 만들어줍니다. 또한 공기의 저항에서도 자세를 잡아주기 위해 1단 로켓의 상부에는 격자모양의 날개가 있습니다. 이 날개의 방향을 조절해 항력과 양력을 제어합니다. 마치 비행기가 고도를 변경하거나 이착륙할 때 날개의 방향을 조절하여 공기저항을 최소화하여 제대로 착륙하는 데 활용합니다. 착륙할 지점에 고도 몇십 미터 정도까지 접근하면 가운데에 있는 보조 엔진을 점화해 똑바로 착륙할 수 있는 자세를 만들어주는 '추력벡터 제어'로 1단 로켓을 회수합니다.

▶ 우리나라는 3면이 바다라서 해상풍력발전을 늘리고 있는데 경쟁력은 어떤가요?

2017년 기준 국가별 풍력 설치 규모는 중국(19.5GW), 미국(7.0GW), 독일(6.6GW), 영국(4.3GW), 인도(4.1GW), 한국(1.4GW)로 7위 수준입니다. 한국은 2030년까지 신재생에너지 설치용량이 56.5GW로 우리나라 총 발전용량 173.5GW의 약 34%에 달할 정도입니다. 세계 해상풍력 설비의 대부분인 12.63GW가 유럽지역에 설치되었는데, 이 중 72%가 북해연안에 설치되었습니다. 북해 및 지중해는 연간평균풍속 9m/s 이상으로 풍력자원이 아주 우수합니다. 반면 한국의 남해안은 수심이 낮아 입지조건이 상대적으로 양호합니다. 그러나 해상풍력을 설치하기 위해서는 풍력 밀도가 높은 양질의 바람이 필수적인 제주, 동남해안 등 일부를 제외하고는 우량입지가 부족한 실정입니다.

▶ 부유식 풍력발전의 장점이 궁금해요.

글로벌 해상풍력 잠재력의 80%는 60m보다 깊은 수심에 있습니다. 바다가 깊으면 설치가 증가하고 해저케이블 비용도 상승하는 문제점이 있습니다. 바다가 75%이므로 수심이 깊은 바다를 대상으로 하는 부유식 풍력이 활용된다면 이산화탄소를 줄이면서 전기를 생산할 수 있는 이점이 있습니다. 현재 66MW가 설치돼 있고, 석유 기업과 주요 풍력 업체들의 투자가 확대되어 2030년까지 6GW 이상 설치될 예정입니다. 부유식 해상풍력에 적합한 자원을 가진 지역은 한국, 유럽, 일본, 대만, 미국 서해안, 중국 남해안 등이 꼽힙니다.

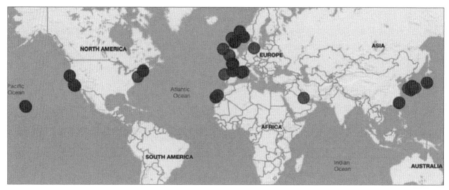

출처 : Q FWE

〈해상풍력 터빈 기초 구조물〉

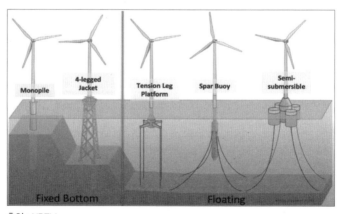

출처 : NREL

Q 최근 K-MOOC에서 시청한 내용을 기록할 수 없다고 들었는데 대학교 강의를 들은 내용은 기록할 수 있나요?

A 네, 가능합니다. 고등학교에서 진행하는 행사는 모두 학교생활기록부에 기록할 수 있습니다. 또한 대학교 전공탐색활동, 대학교 연구실 탐방활동 등의 행사도 학교에서 진행하는데 이때 전공과 관련된 강의를 들을 수 있습니다. 이 내용과 연계하여 충분히 기록할 수 있습니다. 또한 활동 이후 궁금한 내용이 생겨 추가적으로 관련 내용을 알아보기 위해 관련 대학교 강의를 듣고 소감문을 작성할 수 있습니다. 단, K-MOOC에서 들었다는 내용만 기록하지 않으면 됩니다.

📑 학생부 관리 팁과 학생부 세특 예시

수업시간 토론 이후 궁금증을 이해하기 위해 책에 소개되지 않는 내용을 대학교 강의를 들으면서 궁금한 점을 해결한 사례

(물리학) 원전의 장점과 단점에 대해 배우면서 후쿠시마 원전의 폭발사고가 발생하는 원인에 대한 탐구활동을 하면서 대부분 친구들은 지진으로 인해 발생한 것으로 알고 있었음. 하지만 지진해일로 인한 침수로 인해 전력 공급이 끊겨서 냉각펌프가 제대로 작동되지 않아 수소 기체가 가득 차서 폭발사고 난 원인을 알고 이를 쉽게 잘 설명하였음. 이후 우리나라 원전을 안전하게 설계하기 위해 어떤 노력을 해야 하며, 방호를 위한 개념을 이해하기 위해 추가적으로 대학강의와 관련된 자료까지 찾아보면서 궁금증을 해결하는 모습을 보였음.

에너지공학에 관심을 가지면서 안전한 원전을 사용할 수 있는 방법에 대해 탐구한 사례

(개인별 세특 또는 진로활동) 후쿠시마 원전이 침수, 정전으로 인해 폭파되는 사고를 막고 안전하게 사용할 수 있는 원자력발전에 대해 조사하면서 소형모듈원자로에 대해 알고 이를 탐구함. 일체형이기 때문에 배관부분 결함으로 인한 사고 발생 가능성을 낮춰 안전성을 크게 높였으며, 해수담수화 기능 등 다른 기능을 결합할 수도 있는 장점이 있다는 내용과 인구 10만 명 정도의 규모 지역 전력 공급에 적합하다는 점을 보고서로 작성함.

인구밀집도가 높고 송배전망이 잘 갖춰져 있는 우리나라보다는 인구가 분산돼 있는 국가나 사막국가에 적합하다는 점의 비교 분석을 잘함. '소형모듈원자로(SMR)'는 핵잠수함, 우주선 등에 장착되는 소형원자로로 개발되었으나 이를 상용한 것을 한국이 처음인 것을 소개하는 데 호기심을 가지고 탐구활동을 발전시켜나가는 모습을 엿볼 수 있었음.

진로탐색 과제연구에 참여하여 '일상생활에서 버려지는 열에너지 재활용 탐구방안'을 주제로 버려지는 폐열을 재활용하는 과제연구 계획을 체계적으로 수립함. 자동차엔진, 에어컨 실외기 등의 폐열을 이용해 온도차를 이용한 실험을 진행하면 좋겠다고 아이디어를 제안함. 펠티어소자와 에어컨 실외기를 이용하여 외부적 요인과 비용적 요인까지 고려하여 결론을 도출함.

▶ **열전소자의 특징과 활용에 대해 설명해주세요.**

열전재료는 전기를 통하면, 그 양단에 온도차가 발생(Peltier 효과)하거나, 역으로 그 양단에 온도 차이를 부여하면 전기가 발생하는(Seebeck 효과) 재료를 말합니다. 열전재료는 냉매를 사용하지 않는 열전냉각(thermoelectric cooling)이나, 열을 직접 전기로 변환하는 열전발전(thermoelectric generation)이 있습니다.

열전냉각 기술은 소형으로 전류제어가 가능한 특성을 이용하여 국소 정밀 온도제어와 냉매를 이용하지 않는 청정 냉각을 목적으로 사용됩니다. 그 용도는 매우 다양하여 냉정수기, 자동차용 냉·온장고, 컴퓨터 CPU칩의 냉각기, 광통신용 레이저 다이오드 모듈레이터, 잉크젯 프린터 헤드의 항온제어, 이동통신 무인기지국, 통신용 전자부품 캐비닛, 과학계측기기, 의료기기 등에 다양하게 활용됩니다.

열전발전 기술을 우주선이나 핵잠수함의 동력공급 장치와 같은 우주용 및 군사용의 특수용도로서 발전해 왔습니다. 열전발전 시스템은 무공해로 에너지 재생이 가능하고, 소음이 없으며, 기계적 접촉에 의한 부품 마모가 없어 시스템 수명이 길고 신뢰성이 높습니다. 또한 유지비가 거의 들지 않고, 환경을 해치지 않으면서 에너지를 효율적으로 이용할 수 있는 장점을 있습니다.

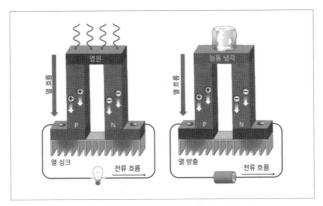

출처 : 제베크 효과와 펠티어 효과_덴마크공과대학

▶ 인체 열을 이용한 핸드폰 충전이 가능하다고 들었는데 어떤 원리인가요?

열전 성능지수가 3.0에 도달하면 미소 열에너지를 회수할 수 있습니다. 대표적인 미소 열에너지원은 인체열로 그 양은 2.4~4.8W에 해당합니다. 그중에서 20% 에너지 변환효율을 확보한다면 1W에 달하는 전기에너지를 얻을 수 있습니다. 특히 체열을 비롯한 미소열 회수기술에서 2차원 열전소재는 의류 및 모바일 기기에 적용하기 위한 유연성 열전소재로서 많은 연구가 진행 중이어서 조만간 이용할 수 있을 것입니다.

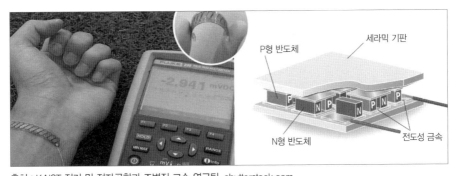

출처 : KAIST 전기 및 전자공학과 조병진 교수 연구팀, shutterstock.com

▶ 나노구조 열전발전이 궁금해요.

열전발전이란 열에너지를 직접 전기에너지로 변환하는 것을 말합니다. 예를 들어, 연료를 연소하는 내연기관에서는 많은 양의 폐열을 대기에 직접 배출하는데, 열전발전을 통해 이 폐열을 회수해 전기로 재생산할 수 있습니다. 기존의 열전발전은 주로 부피가 큰 결정질 소재를 기반으로 했기 때문에 에너지의 변환효율이 매우 낮았습니다. 그러나 나노구조의 소재를 사용하면 열손실 없이 양자효과를 활용해 훨씬 효율적으로 에너지 변환이 가능한 장점이 있습니다.

주제탐구활동

아파트 베란다에 태양광발전 설비를 하여 누진세가 완화된다는 기사를 접하고 관련 자료를 조사함. 하루 발생 에너지량을 조사하여 전기 누진세가 완화되는 이유를 정리해 에너지신문을 만들어 제출함. 앞으로 효율이 더 높은 태양광발전으로 주택 전기에너지를 대체할 수 있을 것이라고 생각되어 진로에 더욱 확신을 가짐.

▶ 누진세를 완화시켜주기 위해 태양광 발전 설치비용을 50% 지원해주고 있는데 설치 효과가 있나요?

주택의 지붕이나 옥상에 설치하는 가정용 태양광 발전의 설치 보조금 비율이 기존 20%에서 최대 50%로 확대되었습니다. 일반적으로 설치하는 3kW 설치비용이 800만 원가량이므로 400만 원 정도만 부담하면 됩니다. 태양광 발전의 수명은 보통 20년으로 비용 회수기간을 제외한 나머지 기간의 전기요금은 오롯이 절약되는 장점이 있습니다. 전국의 가구당 월평균 전력소비량은 약 389kWh로 전기요금 누진제를 적용하면 6만2,210원입니다. 보통 3kW를 설치한 가구가 하루 일조량 3시간 30분 기준으로 월 315kWh를 발전하므로 월 4,100원(월 74kWh)만 부담하면 됩니다. 매월 5만 8,110원이 절감돼 초기비용을 제하면 20

년간 약 1천만 원을 절약하는 효과가 있습니다.

▶ 아파트 거주자도 설치 효과가 있나요?

아파트 베란다에 설치할 수 있는 미니 태양광 발전은 거치형과 앵커형이 있습니다. 거치형은 310~335W, 앵커형은 325~975W(325W 3장)이 있습니다. 지방자치단체가 설치비용의 50% 내외를 지원해주며, 국비로 25%를 추가 지원해 75% 내외까지 보조받을 수 있습니다. 일반적으로 설치하는 325W 설치비용 56만 원 중 11만 원만 부담하면 설치 가능합니다. 냉장고 하나를 돌릴 수 있는 325W를 설치한 가구는 월 37kWh 발전으로 매월 7,790원을 절약할 수 있습니다. 많이 절약되지는 않지만 설치 비용에 비해 효과가 있다는 것을 확인할 수 있습니다.

교과 세특
기록 사례

📍 국어 관련 교과 세특

독서

다양한 영역의 지문을 잘 이해하고 요약정리를 잘함. 형상기억합금 관련 지문 독해에서 관련 분야의 배경지식을 가지고 금속의 소성변형과 탄성변형의 차이에 대해 발표함. 형상기억합금이 양방향성과 단방향성이 있다는 것을 공부하고 양방향성이 편리하지만 널리 쓰이지 않는 이유를 추가적으로 조사하여 보고서로 제출함.

▶ **형상기억합금이 무엇인지 궁금해요.**

　형상기억효과(SME: Shape Memory Effect)란 일정한 온도에서 기억시킨 형상을 기억하고 있다가, 힘을 가해 전혀 다른 형상으로 변형시킨 후 가열하면 즉시 본래의 형상으로 돌아가는 현상입니다. 이와 같은 형상기억효과를 나타내는 물질은 재질에 따라 형상기억합금(SMA: Shape Memory Alloy)과 형상기억고분자(SMP:Shape Memory Polymer)로 구분됩니다. 형상기억합금은 다음의 세 가지로 분류됩니다.

　합금의 종류에 따라 니켈-티탄 합금(니티놀)과 동-아연 합금, 금-카드뮴 합금, 인듐-탈륨 합금 등이 있습니다. 형상기억합금에서 형상기억 효과가 나타나는 원리는 특정한 온도에서의 상의 변환하면서 단방향 또는 양방향 형상기억효과를 나타냅니다. 단방향 형상기억효과는 고온에서 기억된 형상을 상온에서 변형시킨 후 가열하면 원래의 형상으로 회복되나 냉각에 의해서는 형상 회복이 일어나지 않는 효과입니다. 양방향 형상기억효과는 고온 상에서 냉각하였을 때 외부의 변형이 없이 자동적으로 변형이 이루어집니다. 즉 냉각은 상을 변위시키고 고온의 원래의 상 가열과 냉각을 주기적으로 주면 자동적으로 변화시킬 수 있는 특징이 있습니다.

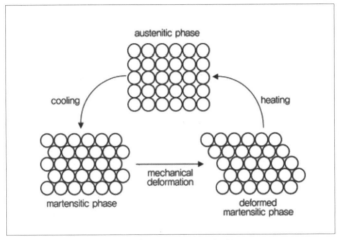

출처 : 형상기억합금의 형상기억 원리_한국전자통신연구원

▶ 플라스틱도 형상기억효과가 나타날 수 있나요?

형상기억고분자의 원래 형상을 만든 후 형상기억고분자를 변형온도(또는 유리전이온도나 melting온도) 이상으로 가열하고 외부의 힘으로 형상기억고분자를 변형한 후 변형온도 이하로 냉각하여 임의의 형상으로 변형, 외부의 힘을 제거하고 필요 시 변형온도 이상으로 가열하면 원래의 형상으로 회복됩니다.

형상기억합금에 비해 형상기억고분자는 저가격, 저밀도, 쉬운 공정과 인장력이 크다는 장점이 있습니다. 형상기억합금(10%), 형상기억세라믹(1%), 유리(0.1%)의 인장강도에 비해 형상기억고분자의 인장강도는 200%의 인장강도를 보입니다. 형상기억고분자는 고정상으로 역할을 하는 딱딱한 부분과 가역적으로 동작하는 부드러운 부분으로 구성되어 있습니다. 고정상은 stress를 받는 고분자 체인의 주변에 둘러쌓아 자유로운 흐름을 방지하고 가역상은 형상기억 과정에서 변형을 받는 탄성을 담당합니다.

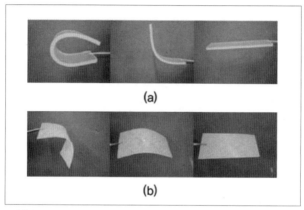

(a) 순수한 형상기억고분자, (b) 유리섬유로 강화된 형상기억고분자

출처 : 형상기억고분자의 응용_한국전자통신연구원

💬 학부모 질문

Q 국어 교과목에 진로에 관련된 내용을 기록할 수 있나요?

A 네, 가능합니다. 국어뿐만 아니라 영어 교과에는 다양한 비문학 지문이 있습니다. 이 지문을 조사하여 발표하는 활동을 한다면 기록할 수 있습니다. 또한 롤모델 발표하기, 진로에세이쓰기, 진로 관련 도서발표활동 등 다양한 활동을 진행하고 있기에 충분히 자신의 진로에 관련된 내용을 기록할 수 있습니다.

창의적 사고역량을 보여줄 수 있는 독서 세특 사례

의료 고분자에 높은 관심을 가지고 '의료용 고분자'와 '줄기세포 발견에서 재생의학까지' 책을 찾아보면서 더 자세한 내용을 이해하기 위해 '고분자 생체재료의 시장 동향 분석과 전망' 자료까지 찾아보면서 고분자공학과로 진로를 구체화하는 모습을 보임.

형성기억고분자 생활 속 활용 사례를 조사한 탐구 사례

(진로활동 및 개인별 세특) 생체 고분자에 관심을 가지고 관련된 다양한 고분자를 공부하면서 형상기억고분자가 있다는 것을 알고, 형상기억금속과 어떤 차이가 있는지 탐구하여 보고서를 작성하여 제출함. 형상기억합금은 단방향 또는 양방향 형상기억효과를 나타내며, 단방향 형상기억효과는 고온에서 기억된 형상을 상온에서 변형시킨 후 가열하면 원래의 형상으로 회복되나 냉각에 의해서는 형상회복이 일어나지 않는 효과가 있다는 점을 소개함. 형상기억고분자에서 형상기억효과를 나타내기 위해서는 아주 높은 탄성과 특별한 자극 시 경직도가 감소할 수도 있다는 것을 소개함. 이후 형상기억합금의 대표적인 니티놀과 형상기억고분자인 폴리스틸렌의 주된 특성을 비교하여 정리한 데이터를 학급 게시판에 공지하여 학생들의 과학적 지식을 함양함.

화법과 작문

알루미늄 금속이 늦게 활용된 이유에 대해 관심을 가지고 조사하여, 산화알루미륨의 높은 끓는점으로 인해 개발이 늦었다는 것을 소개함. 알루미늄을 제련하는 방법을 소개하며, 금속과 금속의 혼합물은 녹는점이 낮아지는 원리를 활용하여 전기분해를 통해 순수한 알루미늄을 얻을 수 있다는 '알루미늄과 전기분해' 주제 발표를 설명하여 급우들을 이해시킴. 알루미늄을 재활하는 데 많은 전기를 절약할 수 있다는 내용을 소개하면서 재활용에 적극적으로 참여할 것을 강조함. 분해하는 데 많은 전기가 쓰이는 이유를 질문하여 지문에 대한 깊은 이해를 보임.

▶ **알루미늄 재활용의 장점에 대해 소개해주세요.**

우리가 현재 소비하는 음료 캔의 재활용 회수율은 1997년 약 43%에서 2001년 82.7%로 개선되었습니다. 회수율을 10%만 높여도 25억 원이 절감되며, 연간 2만 톤에 달하는 알루미늄 캔 수입도 절반으로 줄여 400여억 원의 수입대체 효과를 거둘 수 있습니다. 이는 알루미늄 캔 1개에 들어있는 알루미늄의 80%가량을 재생할 수 있기 때문입니다. 압축된 알루미늄캔 덩어리를 용해로에 넣어 600~800℃의 고열로 용융시켜 알루미늄괴로 만들게 되면 알루미늄 캔이나 알루미늄 제품의 원료물질로 재활용할 수 있습니다. 이렇게 재활하는 데 소비되는 에너지는 처음 알루미늄을 만들 때보다 97% 절약할 수 있는 장점이 있습니다.

▶ 탄산음료를 알루미늄 캔에 담는 이유는 무엇인가요?

금속캔은 내용물을 시원하게 유지시켜준다는 장점 때문에 우리가 즐겨 마시는 탄산음료뿐만 아니라 캔맥주의 용기로도 널리 사용되고 있습니다. 탄산음료는 금속캔 중에서도 주로 알루미늄캔에 담겨있는 이유는 다른 금속보다 탄성이 높기 때문입니다. 탄산음료는 보통 질소를 첨가해 고압으로 캔 속에 넣습니다. 온도가 높아지면 기체가 액체로부터 분리되어 캔 안의 압력이 증가하게 되는데, 만약 탄성이 부족한 소재를 사용하게 되면 음료수가 펑하고 터질 수 있기 때문입니다. 또 알루미늄캔 밑면에는 오목한 홈이 있는데, 이 또한 압력을 가장 많이 받는 밑면을 오목하게 만들어 밑면 전체에 압력이 고르게 퍼지도록 한 장치입니다. 이렇게 하면 웬만한 압력에서도 캔 모양이 변형되지 않으면서 시원하게 마실 수 있기에 알루미늄 캔에 보관합니다.

자유 주제 5분 말하기에서 희망하는 신재생에너지 연구원과 관련해 '초박형 태양광 셀'과 발전가능성이 높은 '투명한 태양광 패널'에 대한 특징과 예시를 들어 원리와 장단점, 전망 등에 대해 발표함. 발표를 준비하며 관심 분야 외에도 다른 분야에 대해 지식을 갖춰야겠다고 깨닫게 됨. 수업시간에 진행된 정보전달 말하기에서 '전기유변성 유체의 특징과 전기유변성의 원리'라는 주제로 발표함. 전기유변성 유체를 산업현장에서 활용하기 위해 파악해야 할 항복응력에 대한 설명을 맡았음. 어려운 주제를 그림을 그려서 차근차근 설명하여 이해를 도움.

▶ **투명한 태양광 패널의 특징과 활용 예시에 대해 알려주세요.**

투명 태양광 패널은 유기염을 이용해 빛의 파장 중 비가광선인 자외선과 근적외선 파장만을 선택적으로 흡수하여 전기에너지를 생산하기에 투명한 상태를 유지할 수 있습니다. 효율을 높일 수 있는 고체형 반도체 투명태양전지가 세계 최초로 개발되었습니다. 투명태양전지는 투과율이 80% 이상인 막을 건물유리에 붙이면 자외선을 흡수하여 빛 에너지의 8%를 전기에너지로 전환하여 주어 에너지 효율이 그리 높은 것은 아니지만, 자외선 차단기능이 있으며, 공정이 간단하고 야간 전등의 불빛에도 전기를 생산할 수 있는 이점이 있어 창문, 디스플레이 스크린, 자동차 등 그 활용범위가 매우 넓습니다.

▶ **유리에 붙이는 투명태양전지는 어떤 것인가요?**

세계 최초로 유연성과 투광성을 동시에 갖는 양면수광형 구리·인듐·갈륨·셀레늄(CIGS) 박막 태양전지 기술이 개발되었습니다. 기존의 CIGS 박막 태양전지는 한쪽 방향만 빛을 흡수할 수 있고 비교적 두껍다는 단점이 있지만, 최근 양면으로 빛을 흡수하여 에너지 효율을 높였습니다. 단일공정 증착방법과 알칼리 원소 도핑 공정을 적용해 수백 나노미터(nm) 수준으로 얇게 만들어 광흡수에 드는 출력 손실을 추가 공정 없이 뒷면 빛 흡수율을 높일 수 있는 장점이 있습니다.

영어II

7단원 Supplementary Reading, The World's Largest Dump에서 태평양 쓰레기섬에 대해 관심을 가지고 바다에 플라스틱이 떠다녀 바다 한가운데 쓰레기 섬을 만든 것을 소개하면서 잘 사용하는 것만큼이나 버리는 것도 중요하다는 것을 소개함. 바닷속 생물들이 먹이로 착각해 먹고 이로 인해 고차 소비자인 인간이 섭취할 수 있다는 내용을 사진자료로 소개하여 경각심을 일깨워 줌. 이후 바다 쓰레기를 줄일 수 있는 방안으로 오션클린업 등 다양한 기술을 조사하는 열정을 보임.

▶ 폐플라스틱을 재활용할 수 있는 방법은 없나요?

인간이 쓰고 버린 800만 톤 이상의 플라스틱이 매년 바다에 버려지고 있습니다. 파도 등에 잘게 부서져 물고기가 먹게 되면, 플라스틱 입자를 먹은 물고기를 인간이 섭취하게 됩니다. 이처럼 인류가 버린 플라스틱이 생태계를 거치면서 다시 인간에게로 돌아오는 악순환이 이어지게 됩니다. 혼합된 폐플라스틱을 분리하지 않고 재생할 수 있는 강도와 다양한 색깔을 낼 수 있는 혼합 플라스틱 재활용 블록을 활용하여 장난감 의자와 테이블, 장벽 등을 만들 수 있습니다.

출처 : 오래된 플라스틱 장난감 조각으로 만들어진 의자와 테이블_ecoBirdy

▶ 미세플라스틱을 제거할 수 있는 방법에는 어떤 것이 있을까요?

고주파의 전기로 열을 발생시켜 흩어져 있는 미세플라스틱 입자를 모아 응고시킨 뒤 걸러내는 전기응고법이 있습니다. 저렴한 비용으로 손쉽게 미세플라스틱을 제거할 수 있는 기술입니다. 게나 새우 껍질 등에서 추출 가능한 키틴 성분과 식물 섬유질에서 추출한 셀룰로오스를 활용해 일반 비닐 소재의 랩 대신 사용할 수 있는 투명한 생분해성 플라스틱 필름(BPF)을 개발하여 미세플라스틱을 제거할 수 있으며 쉽게 분해되는 장점이 있습니다.

▶ 폐비닐에서 기름을 뽑아낼 수 있다고 하는데 그 원리를 알려주세요.

폐비닐을 잘게 잘라 400~500℃로 가열하여 열분해한 후 기체로 변한 기름을 식히면 중질유와 경질유를 얻을 수 있습니다. 이는 원유에서 비닐을 뽑아내는 과정을 거꾸로 돌리는 원리입니다. 비닐을 깨끗하게 씻지 않아도 되며 공정의 효율은 62%로 1톤의 폐비닐을 넣으면 620L의 기름을 얻을 수 있습니다. 또한 반응기에서 나오는 가스를 반응기 온도를 올리는 데 사용할 수 있어 경제성까지 있는 기술입니다.

수학 관련 교과 세특

수학I

기본적인 원리를 증명하고 이를 응용하여 수학적 사고력을 향상시킴. 도로 위의 바퀴자국을 보고 발생 원인에 대해 궁금증을 가지고 스키드마크와 교통사고 판례를 조사하여 자동차 사고 시 '스키드마크를 이용한 사고 원인 분석' 주제로 발표함. 스키드마크의 법적 이용 시 효율성과 신뢰성까지 알려주는 열정을 보임.

▶ 스키드마크를 이용한 사고 원인 분석이 궁금해요.

주행 중인 자동차의 운전자가 위험을 느끼고 브레이크 페달을 밟아 브레이크가 실제 작동하기까지의 자동차가 주행한 거리를 공주거리라 하고, 브레이크가 작동하여 차가 정지하기까지의 거리를 제동거리라고 합니다. 브레이크가 작동되어 바퀴의 회전은 멈추었으나 주행하던 관성으로 자동차가 미끄러지면서 노면에 타이어가 끌려 미끄러진 자국이 나타나는데 이 노면에 나타난 타이어 자국을 스키드마크라 합니다. 일반적으로 스키드마크의 길이에 따라 사고 당시의 속도를 추정할 수 있습니다.

〈μ(마찰계수)=0.8에서 스키드마크의 길에 따른 추정속도〉

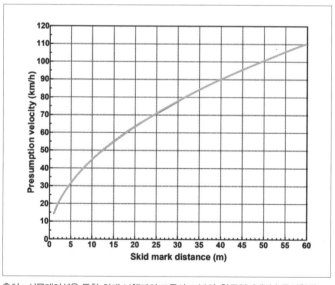

출처 : 시뮬레이션을 통한 차대 보행자의 교통사고 분석_한국인터넷방송통신학회

수학이 활용되는 분야를 조사하면서 의료기기에서 사용되는 수학의 원리와 개념을 자세히 알아보기 위해 'CT사진을 이해하기 위한 사이노그램'을 주제로 과제탐구를 진행함. 사이노그램을 직접 그려보는 과정에서 이해가 되지 않는 부분은 논문을 찾아가며 조사함. 적분을 통해 그래프를 영상화하는 기술을 보고 수학적 개념의 다양한 응용가능성을 확인함. X선을 활용하는 CT보다 고주파 자기장을 이용한 안전성을 확보한 MRI에 관심을 가지고 가격을 저렴하게 제작하여 보다 편리하게 사용할 수 있는 방법에 대해 탐구함.

▶ 사이노그램을 통해 입체 영상을 확인할 수 있나요?

X선을 이용하여 순차적으로 $180°$까지 인체 등을 촬영한 다음, 이들로부터 입체 영상을 적분을 이용하여 만들어냅니다. 물체의 $360°$ 표현은 $180°$까지의 데이터를 미러링하여 구현합니다. 여러 각도로 X선 사진을 찍어 얻은 그래프를 시각화한 것을 사이노그램(sinogram)이라고 합니다. 금속 인공물을 포함한 환자임에도 불구하고 단층영상 획득을 위해 자기공명영상장치보다는 엑스선 컴퓨터 단층촬영(computed tomography, CT) 시스템이 많이 활용되는데 별도 보정을 해야 합니다.

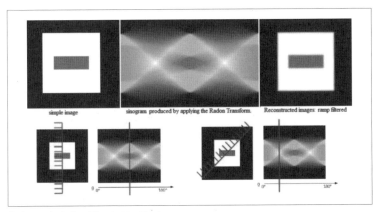

출처 : CT와 사이노그램_DOTORI Shed

▶ 금속 영상 왜곡을 보정하는 방법이 궁금해요.

금속 영상 왜곡 현상 저감에 관한 연구로 크게 보간(interpolation) 방법, 반복적(iterative) 또는 통계적(statistical) 방법, 그리고 필터링(filtering) 방법 등으로 구분됩니다. 보간 방법은 사이노그램(sinogram)에서 금속 물체의 궤적을 찾은 후 이를 손실된 데이터로 가정하고 주변의 값으로 보간하여 손실된 데이터를 복원하는 방법입니다. 반복적 또는 통계적 방법은 대수적 영상재구성기법(algebraic image reconstruction, ART) 또는 최대 우도 기댓값 최대화(maximum likelihood expectation maximization, ML-EM) 기법 등을 이용하여 금속 영상 왜곡 현상을 줄이는 방법입니다. ART의 경우 투사선 상에 놓인 모든 엑스선 광자들이 투사선을 따라 광자 개수의 손실 없이 검출기의 특정 위치에 도달하는 것을 가정하고 있는 반면, ML-EM 기법은 광자 개수의 불규칙한 변화까지 고려하기 때문에 보다 개선된 영상을 획득할 수 있습니다.

▶ 작고 가벼운 의료 MRI 기기 제작이 가능한가요?

자기공명영상(Magnetic Resonance Imaging, MRI)의 크기와 무게를 획기적으로 줄일 수 있는 기술로 MRI의 핵심부품인 초전도 전자석을 사용합니다. 초전도 전자석이 만드는 자기장에 따라 MRI의 해상도가 결정됩니다. 그러나 지금 사용하는 초전도 전자석은 일정 수준 이상의 전기가 흐르면 초전도상태를 벗어나 저항이 발생하고 그로 인해 열이 발생해 타버리는 단점이 있었습니다. 이런 단점을 보완할 수 있는 '스마트 인슐레이션(Smart Insulation)' 기술이 개발되었습니다. 이 기술은 전자석 내 발열이 발생하면 인근의 선들과 전류를 나누어 감당하여 기존 초전도선을 둘러싸는 구리의 양을 줄여도 전류의 흐름은 똑같이 유지할 수 있는 기술입니다.

자신의 진로와 연관된 풍력과 벡터를 융합한 벨루가 스카이세일스에 대한 자료를 찾아 보고서를 작성해 발표하는 등 적극적인 자기주도적인 학습을 함. 특히 바람이 잘 불 때 연을 이용해 바람의 힘으로 화물선을 끌어 연료비를 최대 50%까지 절약할 수 있다는 것을 소개함. 이후 하늘을 날아다니는 '풍력발전소에 관심을 가지고 설치비용을 절약할 수 있고 지역과 상관없이 발전소를 설치할 수 있다는 장점과 풍력의 세제곱미터만큼 에너지가 발생한다는 내용을 소개함.

▶ 벨루가 스카이세일에 대해 알려주세요.

스카이세일(SkySail)은 대형 연을 이용해 바람의 힘으로 대양(大洋)을 오가는 화물선을 끄는 것을 말합니다. 연을 이용하면 기존 화물선에 비해 최대 50%의 연료절감 효과가 있습니다. 화물선 상공 100~300m 높이로 띄운 연이 맞바람을 받아 배를 끌어당겨 에너지를 절약할 수 있습니다.

▶ 하늘을 나는 풍력발전은 어느 정도의 효과가 있나요?

풍력발전기 날개 중심은 100m 높이에 설치되어 땅 위에선 풍력 1의 아주 약한 바람으로 발생되는 에너지량도 적습니다. 반면 같은 장소, 높은 고도의 하늘

출처 : 줄에 연결된 비행기 형태의 연이 바람을 안고 떠오르는 모습_Makani

에서 나는 풍력발전은 풍력 7의 강한 바람으로 에너지 발생량이 많습니다. 상공에서 부는 바람은 지상보다 더욱 세고 비교적 지속적으로 불어 바람이 만든 에너지가 풍력의 세제곱미터(m^3)에 비례합니다. 풍력이 2배가 되면 에너지양은 8배가 됩니다.

과학 관련 교과 세특

공통과학

신소재 중 하나인 초전도체에 흥미를 가지고 관련 자료를 조사한 후 초전도체의 마이스너 효과를 이용한 다양한 예시를 들어 발표함. 발표 후 친구들로부터 어떻게 초전도체의 반자성 성질을 원할 때 활성화시킬 수 있는지 질문에 당황하지 않고 답변을 해주어 이해시킴. 로봇의 전기에너지 소비효율을 높이는 방법을 탐구하는 열정을 보임. 스마트폰 한 대당 6~8개 파워 모듈 IC 전력반도체가 들어가며, 에어컨, 냉장고, TV 등 최종 소비제품들에만 쓰이는 것이 아니라 전기의 발전단계부터 변환, 저장, 소비 단계까지 전체 흐름에서의 각 단계에서 필수적으로 쓰이고 있는 전력반도체의 중요성을 깨닫게 되었다고 그 중요성을 강조함.

▶ 마이스너 효과와 다양한 활용 예시에 대해 알려주세요.

초전도체란 온도가 낮아졌을 때 전기저항이 0이 되면서 '완전반자성'을 띠는 물질입니다. 완전반자성이란 주위의 자기장을 완전히 상쇄시키는 성질로 '마이스너 효과' 즉, 초전도체가 자석 위에 뜨는 현상이 나타납니다. 보통 임계온도가 액체질소의 끓는점인 77K보다 높으면 고온 초전도체라 부릅니다. 이러한 고온 초전도체는 구리를 기반으로 한 YBCO(Yttrium barium copper oxide)같은 물질이나, 철을 기반으로 한 초전도체, 철-비소 기반 초전도체 등이 있습니다.

초전도체가 활용되는 곳은 초전도케이블이 있습니다. 송배전을 통해 전국 각지에 전력을 공급하는 과정에서 전체 생산량의 약 4%가 손실이 되는데, 발전비용으로 환산하면 10년간 연평균 1조 6755억 원의 손실액이 발생했습니다. 전기를 보낼 때 기존 구리선 대비 송전 손실을 10분의 1 수준으로 감소시킬 수 있습니다. 초전도체 케이블의 크기는 기존 구리 케이블의 20%에 불과하지만, 교류의 경우 5배, 직류의 경우에는 10배에 달하는 전기를 더 보낼 수 있는 장점이 있습니다. 또한 자기공명영상(MRI) 장치, 자기부상열차, 양자컴퓨터의 원자 기반 연산시스템 등에도 활용될 수 있습니다.

▶ **로봇의 에너지를 효율적으로 활용할 수 있는 방법은 무엇인가요?**

산업용 전력 수요는 전 세계 전력 수요의 42% 수준으로, 이 중 3분의 2가 전기모터 전력으로 사용될 정도입니다. 즉, 산업용 전기모터의 전력 수요는 전체 28%를 차지합니다. 이들 모터 대부분의 전력을 효율적으로 제어한다면 전 세계 전력 수요의 10%를 절감할 수 있습니다. 전력제어를 통한 모터 효율화만 해도 상당량의 발전소 추가 건설 부담을 줄일 수 있습니다. 따라서 전력반도체의 성능을 높이는 것이 중요합니다. 또한 신재생 및 스마트 그리드 등 각 분야 모두 전력 사용효율을 높여 총비용을 줄여야 합니다. 그런데 고전압, 고전류, 고내열 등 더 가혹한 조건을 요구하고 있는데 실리콘만으로는 한계가 있습니다. 이러한 한계 돌파를 위해서 차세대 소재로써 화합물(Compound) 반도체 소재인 탄화규소(SiC)와 질화갈륨(GaN), 다이아몬드, 산화갈륨 등의 전력반도체가 주목받고 있습니다.

전자기파 차폐현상을 이해하고, 자동차나 엘리베이터 안에서 휴대전화를 사용가능한 이유에 호기심을 갖고 탐구하여 완벽히 금속으로만 둘러쌓였을 때 전자기파가 완전히 차폐된다는 사실을 알게 됨. 또한 비행기가 운행 중 벼락을 맞더라도 내부의 사람이 피해를 받지 않는 이유가 전자기파의 차폐현상 때문에 가능하다는 것을 알게 됨.

▶ **전자기파 차폐 기술에 대해 소개해주세요.**

모바일기기, 디지털 가전, 사물인터넷, 핀테크, 자율자동차, 모빌리티 등 다양한 디지털 기술의 도입으로 전자파 간섭을 줄이는 것이 중요해지고 있습니다. 또한 전자파 간섭, 노이즈에 따른 오작동과 신호 품질 저하를 야기하여 전자파 간섭 차폐 기술의 중요성이 높아지고 있습니다. 세계보건기구는 2011년 휴대전화 전자파에 대해 '사람에게 발암가능그룹'인 2B 등급으로 분류했습니다. 아울러 정부에서는 웨어러블 기기, 전기자동차, 무선전력전송 등 첨단 기술 적용기기 및 시스템의 전자파 인체 영향을 검토하고 인체 보호기준을 적용하고 있습니다.

▶ **다양한 전자파 차폐 방법에 대해 알려주세요.**

전자파 차폐란 외부에서 입사되는 전자파 간섭을 표면에서 흡수 또는 반사시켜 내부로 전이되는 것을 방지하는 것입니다. 전자기파 차폐에 의한 전자제품의 보호능력을 판단할 수 있는 과학적 상수로 차폐효율(Shielding Efficiency, SE)로 표현합니다. 전자차폐는 전기장의 반사성질을 이용하는 방법으로 고주파 회로에 효과적이고 알루미늄이나 구리 금속케이스로 차폐할 수 있습니다.

정전차폐는 전자파의 흡수 성질을 이용하는 것입니다. 자기장 차폐는 철판과 같은 유전율이 높은 재료로 감싸면 효과가 있고, 알루미늄판으로 감싸면 자기장이 새어 나오는 특징이 있습니다. 전자기파를 차폐하는 방법으로 금속박막을 증착하는 스퍼터링 방식, 화학반응을 통해 금속을 도금하는 방식, 필요한 전기전도도를 얻기 위해 전도성 분말이나 후레이크를 스프레이 코팅하는 방식이 있습니다.

〈전자기파 차폐방식의 비교〉

구분	스퍼터링	도금(플레이팅)	스프레이
장점	우수한 품질	일반화된 공정	코스트 경쟁력
단점	사이트 차폐력 열세	높은 초기비용	낮은 품질
코팅 두께	~$10\mu m$	~$30\mu m$	~$100\mu m$
두께 균일도	우수	불규칙	불규칙
수명	우수	우수	짧음
코팅재료	Cu	Cu	Ag, Ag/Cu

출처 : SMT PACKAGING focus, 2017

고급생명과학

광합성 필수인 루비스코 효소의 특징을 조사함. C_3 식물은 낮에 수분 손실을 막기 위해 기공을 닫아 잎 내부의 산소농도가 높아져 광호흡이 일어나서 탄소 소모가 발생한다는 것을 알게 됨. 극한 환경에서 적응한 식물인 C_4, CAM 식물의 과정을 스스로 탐구하면서 광호흡을 피하는 방법을 터득함. 이후 인공광합성을 활용하여 햇빛을 이용하여 수소-알코올을 생산하는 방법을 이해하고 미래 친환경 에너지를 개발할 수 있다는 것에 매력을 느끼고 보고서를 작성하여 제출함.

▶ 인공광합성과 그 활용 예시가 궁금해요.

인공광합성이란 자연계의 광합성을 그대로 모사하여 이산화탄소와 물로부터 수소, 탄소 및 산소로 구성되는 화합물을 합성하는 기술을 의미합니다. 전지형 인공광합성 기술은 광전기화학적 태양광-연료 생산기술로서 태양광을 흡수하여 전자-정공 쌍을 만드는 물질 및 산화, 환원 반응의 촉매 역할을 하는 물질 등이 전극 형태로 구성되어 전기화학적 원리에 의해 작동되는 기술입니다. 그 대표적인 예로 물 분해 수소 생성과 CO_2 환원 연구로 대기 중 이산화탄소로 메탄올, 에탄올 등의 연료로 개발하는 데 활용하고 있습니다.

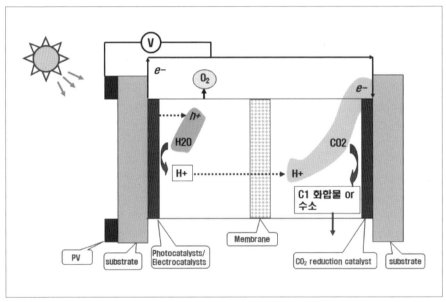

출처 : 태양광-연료 광전기화학전지 개념도_KIC News, 2013

▶ 인공광합성으로 수소와 전기를 동시에 생산할 수 있나요?

네, 가능합니다. 햇빛과 물을 이용해 두 종류의 에너지, 수소연료와 전기로 전환시키는 '하이브리드 광전자화학 및 동력(hybrid photoelectrochemical and voltaic, HPEV) 셀'이라고 불리는 인공광합성 장치를 개발하여 가능하게 되었습니다. 대부분의 물 분리장치는 빛을 흡수하는 물질의 층계로 이루어져 있습니다. 수분 분리장치에서 앞면은 태양광 연료생산에만 사용되며, 후면은 전기콘센트의 역할을 합니다. 기존 시스템의 한계를 극복하기 위해 실리콘 구성요소의 뒷면에 추가적인 전기접점을 추가하여 HPEV장치의 뒷면에 두 개의 접촉부가 있는 장치를 만들어 여분의 후방 콘센트는 전류가 분할되도록 하여 전류의 일부분이 태양 연료 생성에 기여하고, 나머지는 전력을 추출하도록 했습니다. 태양에너지의 6.8%는 비스무트 바나데이트(bismuth vanadate)와 실리콘으로 만들어진 HPEV 셀에 수소연료로 저장하고, 태양에너지의 13.4%는 전기로 변환될 수 있습니다. 이를 통해 기존 태양전지보다 3배 우수한 20.2%의 효율을 달성할 수 있게 되었습니다.

화학 I

주기율표와 관련하여 같은 주기에서는 유효핵전하가 증가함에 따라 원자반지름이 줄어드는 현상을 잘 설명함. 알칼리 금속과 할로젠족 물질이 반응성이 높은 이유에 대해서 개인적으로 조사하고 급우들에게 발표함. 철의 부식 속도 증가 요인에는 물과 산소뿐만 아니라 전해질이 있음을 잘 설명하고, 철 부식 방지법에 관심을 가지고 조사하면서 스테인리스강, 파인 세라믹스 등 신소재에 대해 조사하는 모습을 보임. 확장된 옥텟규칙을 이해하기 위해 직접 인터넷을 찾아보며 황이나 인처럼 3주기 이후 원소의 화합물들은 확장된 옥텟규칙을 적용한다는 것을 이해함.

▶ **파인 세라믹스가 무엇인지 궁금해요.**

파인 세라믹스는 고순도의 천연무기물 또는 인공물로 합성한 무기화합물을 원료로 하는 세라믹스입니다. 내열성·내마모성·내식성·전기절연성이 뛰어나며, 전기적인 특수한 성질을 갖고 있습니다. 질화규소나 탄화규소 등의 세라믹스는 내열성이 우수하기 때문에 가스터빈·디젤엔진 등 고온용 기계 재료에 이용되고 있습니다. 고강도 알루미나 세라믹스는 식칼이나 가위, 인공뼈 및 인공치아로 사용되고 있으며, 안정화 지르코니아는 산소 센서·MHD 발전기의 재료로 사용되고 있습니다.

▶ 세라믹 연료전지에 대해 설명해주세요.

고체산화물 연료전지는 750℃ 이상 높은 온도에서 작동되는 만큼 신뢰성 확보가 쉽지 않고, 단단하지만 깨지기 쉬운 세라믹으로 공정상 어려움이 있습니다. 세라믹 마이크로 패터닝과 박막 기반 입체공정기술을 도입해 마이크로미터(㎛) 크기의 피라미드 모양의 3차원 구조 고성능 고체산화물 연료전지를 개발했습니다. 기존 평면구조의 고체산화물 연료전지보다 성능이 50% 향상되었습니다. 작동온도 500℃ 기준 13W(와트) 이상의 출력이 나왔으며, 500시간 이상 구동해도 성능 저하가 거의 없을 정도로 기술이 개발되었습니다.

▶ 확장된 옥텟규칙이 무엇인가요?

옥텟규칙(octet rule)이란 최외각전자가 8개로 완전히 채워진 상태가 될 때 가장 안정한 상태가 되는 규칙입니다. 원소들의 전자배치는 최외각전자가 8개인 원소들도 있지만, 대부분은 그렇지 못하므로 원소들 간의 결합을 통해서 최외각전자가 8개가 되도록 결합합니다. 기존 오비탈의 관점에서 황(S)은 2개의 전자만을 결합에 참여시킬 수 있지만, 확장된 오비탈(혼성오비탈)에서는 6개의 전자가 결합에 참여할 수 있습니다.

특히 3주기 이상의 원소(Si, Cl, S, P, Xe 등) 3d 오비탈까지 결합에 참여하여 원자가전자수가 10개 또는 12개인 경우가 있는데, 이를 루이스전자식으로 설명하기는 힘듭니다. 이 경우 중심원소의 전기음성도보다 중심원소 주변의 원소들이 질량수는 작지만 전기음성도가 더 큰 경우 확장된 옥텟규칙으로 결합에 참여하여 화합물을 만들게 됩니다.

전자쌍 반발 원리를 이용하여 분자의 구조를 정확하게 예측하고 극성분자와 무극성분자를 구분하는 방법을 잘 설명함. 탄소화합물의 특성을 잘 이해하고, 탄화수소를 분류해 그 성질을 예측하는 능력이 탁월함. 아스피린 합성에서 아스피린의 효능과 버드나무 껍질 성분인 살리실산의 기능을 조사 비교한 후, 약으로 복용하기 좋도록 하는 것도 필요하다는 것을 깨닫게 됨. '갈변현상의 종류와 그 효용성 탐구'라는 주제를 가지고 탐구활동을 진행함. 효소적 갈변현상과 비효소적 갈변현상의 종류와 차이를 이해하고, 어떤 요인에 의해 갈변현상이 나타나고 이를 예방하는 방법까지 조사하여 발표함.

▶ **살리실산과 아스피린의 효능이 같나요?**

네, 둘 다 진통제로 사용할 수 있습니다. 살리실산은 버드나무 껍질로부터 얻은 물질로 아스피린이 사용되기 전 진통제로 사용되었습니다. 살리실산은 pH2.4이지만 아세틸살리실산(아스피린)은 pH3.5로 극심한 신맛이 줄어 먹기가 좋으며 속쓰림 현상을 줄여줍니다. 또한 아세틸살리실산은 살리실산보다 위에서 인지질 이중층을 통과하기 쉬운 비전하형으로 많이 존재하여 흡수율도 개선된 물질입니다.

▶ **살리실산을 다른 용도로 사용할 수 있나요?**

살리실산은 각질 용해제로 사용합니다. 피부의 바깥층을 벗겨내기에 여드름, 비듬, 지루 또는 건선 치료에 사용되며, 굳은살 및 사마귀를 제거하는 데도 사용됩니다. 또한 모공이 죽은 피부세포나 기름으로 막히게 되면 블랙헤드, 여드름이 발생할 수 있는데 이때 피부로 스며들어 모공을 막고 있는 각질을 녹여주어 피부가 호전될 수 있습니다. 단, 사용 전 전문의와 상담하고 사용해야 하며, 6주가 지난 후에도 호전되지 않으면 피부과 전문의와 상의하는 것이 좋습니다.

▶ **효소적 갈변현상이란 무엇인가요?**

효소에 의한 갈변반응은 식품 중에 존재하는 폴리페놀화합물이 산소의 존재 하에서 산화효소의 작용으로 산화 중합하여 갈색의 멜라닌(melanin) 색소를 생성시키는 반응을 말합니다. 식물식품 중에 다량으로 존재하는 폴리페놀 산화효소에 의하여 퀴논으로 되고, 이것이 중합하여 착색물질인 멜라닌을 만들어내어 갈색으로 색깔이 변하게 됩니다. 과일이나 야채 등의 식물성식품이 물리적인 손상을 받아 공기와 접촉하였을 때 많이 일어나고, 수산식품에서 게, 새우 등의 가공 시에 발생하기도 합니다. 이 반응은 식품 품질이 저하되는 원인이 되기도 하지만 홍차, 코코아, 자두 등은 효소적 갈변을 효과적으로 이용하여 색깔을 형성시킨 좋은 예가 됩니다.

▶ **청소년들의 카페인 과다 섭취 부작용에 대해 알려주세요.**

2018년 9월부터 초·중·고교 내 매점과 자판기 등에서 커피가 사라졌습니다. 고카페인(카페인 150mg/kg 이상) 함유 식품 판매를 전면 금지한 결과입니다. 커피 속 카페인이란 단어는 커피의 coffe−에 질소를 함유한 염기성 유기화합물 알칼로이드(amine)를 뜻하는 −ine가 붙어 이뤄진 합성어입니다.

카페인은 적정량을 복용하면 중추신경을 자극해 기분을 좋게 하고, 일시적으로 인지 능력·운동 수행력·암기력을 높여줍니다. 청소년들이 카페인을 찾는 이유는 피로회복, 각성효과, 학습효과를 증진시켜주기 때문입니다. 효과는 3~10시간 정도 지속되는데, 문제는 내성입니다. 다른 향정신성 물질과는 달리 규제는 없지만, 카페인에 대한 의존도가 높아질수록 더 많은 양의 카페인을 자주 찾게 되어 결국 중독에 이르게 되는 것이 문제입니다.

카페인을 과다 섭취했을 때 부작용으로 초조감, 불면증, 신경과민 등을 야기하고, 심박수 증가로 인한 심한 두근거림, 혈압 상승, 두통, 오심을 일으킵니다. 또한 위·식도 역류 질환, 위궤양 등의 위장병은 물론 현기증과 식욕감퇴도 발생합니다. 장시간 지속되는 심한 경련 현상인 강직성경련이 올 수도 있습니다.

▶ **청소년이 안전하게 커피를 마실 수 있는 기준이 있나요?**

청소년은 성인과 같은 양을 섭취해도 몸속에 더 오랜 시간을 머물고, 소량의 카페인으로도 부작용이 발생할 수 있습니다. 커피를 마시고 싶다면 청소년 카페인 1일 권장량인 체중 1kg당 2.5mg 이하를 유지해야 합니다. 이는 체중이 50kg라면 하루 125mg 이하의 카페인을 섭취하면 되는데, 커피 전문점의 285ml짜리 아메리카노 한잔에는 평균 125mg의 카페인이 함유되어 있어 한 잔 정도는 괜찮습니다. 따라서 하루 한 잔 이상 마실 경우에는 디카페인 커피를 마시는 것이 좋습니다.

▶ **에너지드링크를 많이 마시는 것도 문제가 되나요?**

박카스, 핫식스, 레드불, 구론산 바몬드 등 이름만 들어도 친숙한 에너지 드링크들은 단기간에 체내 에너지를 높이는 데 도움이 됩니다. 주로 즉시 에너지원으로 활용되는 높은 열량을 내기 위해 단순 당을 첨가하고, 신진대사를 촉진, 활력을 높이기 위해 카페인을 넣는 경우가 많습니다.

제품 성분표에서는 카페인의 이름을 찾기 어렵지만, '과라나 추출물'이 바로 고카페인의 물질입니다. 이외에도 근손상 방지를 위해 타우린이나 카르니틴 등 아미노산을 첨가합니다. 즉, 에너지 드링크는 빠르게 활력을 솟게 만드는 데 최적화된 제품이긴 하지만 그 활력이 꺼지는 시간도 2~3시간 정도로 빠릅니다. 이후 반작용으로 피로감과 스트레스를 누적시킵니다. 이는 결국 체내에 고스란히 남겨진 피로 위에 또 다른 피로가 중첩돼 연비 불량의 자동차처럼 에너지 소모가 커지게 됩니다. 단시간의 집중력을 위해 마시는 에너지 드링크는 괜찮지만, 하루에 한 캔 이상씩 마시는 건 밑 빠진 독에 물 붓기와 같기에 조심해야 합니다.

카페인이나 당이 높은 음식을 먹은 후에 몰아닥치는 피로현상이 발생하는데, 우리 몸은 카페인과 당을 흡수하기 위해 췌장에서 인슐린을 대량으로 분비합니다. 당 흡수를 마치면 혈당이 이전보다 더 낮은 상태까지 내려가 큰 무력감에 빠지는데, 이것을 슈거 크래시 현상이라고 합니다.

<table>
<tr><td align="center">화학실험</td></tr>
</table>

실험에 대한 참여도가 높고 실험을 할 때 매우 신중한 모습을 보임. 화학실험에 많은 흥미를 보이며 실험을 통해 헤스의 법칙을 이해함. 설탕의 탈수 반응실험, 나일론 합성실험, 빛의 굴절 실험에서 프리즘으로 액체의 농도가 높을수록 굴절률이 더 높아진다는 것을 깨닫고 미지의 용액 농도를 구해냄. 주제를 정하는 실험탐구에서 어는점 내림에 대한 실험을 진행하였으며, 팀원들과 협동하는 모습을 보이며, 아이스팩을 변형시켜 준비물로 만드는 등 대처 능력과 응용 능력이 뛰어남을 확인할 수 있음. 화학실험에 사용되는 이론뿐만 아니라 관련된 내용까지 공부하는 열정을 보임.

▶ 기존 아이스팩의 재료는 무엇이며, 이 재료의 특징은 무엇인가요?

고흡수성 고분자 수지는 자체 중량의 수천 배 물을 흡수한 후 어느 정도의 압력을 가해도 물을 쉽게 방출하지 않는 특성을 가지는 기능성 고분자입니다.

이런 특성으로 고흡수성 고분자는 위생용품인 종이기저귀, 생리대, 모유패드 등에 주로 사용되며 이외에도 원예용으로 보수제, 수경 재배용 모판 등에 사용되고 있습니다. 또한 쉽게 물을 방출하지 않는 특성을 이용하여 서방성 비료, 서방성 농약, 서방성 약제 및 생활용품 등에도 응용되고 있습니다.

고흡수성 수지는 아크릴산 및 아크릴산염과 같은 친수성기를 갖는 단량체를 가교제와 함께 공중합하여 합성된 물질입니다. 시중 아이스팩의 80%가량은 고흡수성 수지를 사용하는데 자연분해가 되지 않아 소각하거나 하수도로 배출하여 환경오염을 야기시켜 아이스팩 재사용을 강화하고, 2023년부터 폐기물부담금을 부과할 예정입니다. 아이스팩이 재활용되지 않는 이유는 아이스팩 1개(300g)당 가격이 105원이지만, 재사용에 필요한 비용은 1개당 200원에 달하기 때문입니다.

▶ **천연재료로 아이스팩을 제조한 사례를 소개해주세요.**

물질 내에서 순환이 원활하면 열 교환이 잘 되어 빨리 녹는 성질이 있습니다. 그런데 젤 타입의 물질은 이 순환이 잘 안 되어 천천히 녹으며 오랫동안 냉기를 유지할 수 있습니다. 유산슬 국물처럼 걸죽해진 것에 착안, 전분을 활용해 하이드로젤과 같은 효과를 누릴 수 있도록 했습니다. 이는 열 교환을 방해해 천천히 녹게 하여 냉매제로 사용 가능성을 확인하여 아이스팩으로 활용하게 된 것입니다.

여기에 한 단계 더 발전된 다양한 미생물이 어류 양식과 유기물 분해, 수질 정화, 악취 저감 등에 광범위하게 효과가 있다는 것을 착안해 PSB(photosynthesis bacteria)라는 광합성 미생물을 주입해 국내 최초로 보냉제를 개발하였습니다. PSB 아이스팩은 폐기할 때 하수정화는 물론, 식물영양제로도 사용할 수 있어 그 활용도가 더 높아 주목받고 있습니다.

출처 : SSG닷컴과 보냉제 제작 협력업체 '딕스'

Q 고급화학과 같은 전문교과는 과학고에서만 수업을 들을 수 있나요?

A 꼭 그런 것은 아닙니다. 학교 간 공동교육과정이나 온라인 공동교육과정(교실온닷)을 통해 학생들이 자신의 진로에 맞는 과목을 선택할 수 있는 기회를 제공하고 있습니다. 따라서 전문교과 과목을 이수할 수 있습니다. 수학으로 심화수학I, 심화수학II, 고급수학I, 고급수학II를 들을 수 있으며, 과학으로 고급물리학, 고급화학, 고급생명과학, 고급지구과학, 물리학 실험, 화학 실험, 생명과학 실험, 지구과학 실험, 융합과학 탐구, 과학과제 연구, 생태와 환경, 정보과학 과목이 개설되었을 경우 이수할 수 있습니다.

🔍 **학생부 관리 팁과 학생부 세특 예시**

고급화학 과목 수업에 참여하여 탄화수소와 탄화수소 유도체에 관심을 가지고 다양한 화학결합에 대해 조사하면서 심화탐구활동을 진행한 사례

(고급화학) 화학1 수업시간에 실시한 탄화수소의 개념을 확장시키기 위해 주제탐구발표활동으로 '고분자 화합물'에 대해 조사. '고분자 화합물'에 대해 조사함. 조사 후 이를 활용하여 원유로 다시 뽑아내는 기술과 PET병을 재활용하여 섬유로 만들고 옷과 가방을 만드는 사례를 소개. 친환경적인 생분해성 플라스틱 중 PLA(Polylatic Acid)는 6개월 이내 분해되면서도 PET에 사용될 정도로 투명하면서 강도도 가지고 있어 그 활용도가 높아지고 있다는 것을 추가 소개하면서 안전한 화학물질을 개발하고 싶다는 포부를 밝힘.

화학1의 공유결합을 학습하면서 배위결합에 관심을 갖고 배위 화합물을 주제로 발표함. 전이금속과 배위 화합물의 분자식을 통해 착이온과 리간드, 상대 이온의 정의를 설명하고 전이금속의 배위수에 따른 화합물의 구조를 모형과 함께 체계적으로 분류함으로써 이해를 도움. 광촉매 입자와 배위결합을 형성하여 벤조페놀과 활성산소 등을 제거하는 등 환경 오염물질을 제거하는 방법을 체계적으로 정리하여 일목요연하게 발표하는 능력이 뛰어남.

과학에 대한 다양한 화합 물질에 관심을 가지고 킬레이트 화합물을 조사하여 발표한 사례

(화학II 또는 고급화학) 주제발표활동에서 킬레이트 화합물을 선정하여 킬레이트 화합물의 특징과 종류, 그 활용성을 구체적인 사례를 들어 설명함. 킬레이트를 형성하지 않는 화합물보다 더 안정하고, 금속원자와 결합하는 고리를 만드는 자리가 많을수록 보다 안정한 화합물을 만든다는 것을 소개함.

대표적인 킬레이트화합물로 클로로필과 헤모글로빈 구조식까지 보여주면서 이해도를 높임. Fe, Al은 일반적인 조건에서는 비가용성으로 이동하지 못하는데 킬레이션 작용에 의해 Fe^{3+}, Al^{3+} 등의 안정된 금속이온들이 빠져나오도록 도움을 준다는 내용을 화학반응식으로 설명함.

기술가정

5분 스피치 활동에서 '연료전지'에 대해 발표함. 특히 수소와 산소의 산화환원반응에 대해 심도 있게 발표하는 모습을 보임. 수소 연료전지의 가장 큰 문제인 수소 저장장치에 대해 해결할 수 있는 방법에 대해 조사하고 이를 해결하려는 남다른 창의력과 과제 집착력을 엿볼 수 있음. '원자력 발전소 건설의 찬반토론'의 찬성 측 입장에서 폭발의 문제를 해결하기만 하면 오랜 기간 안정적이면서 환경오염을 유발하지 않는 친환경에너지를 사용할 수 있다고 강조함.

▶ 수소연료전지에서 수소를 얻기 위해서는 촉매가 중요한가요?

연료전지는 촉매를 이용해 수소 등의 연료와 산소를 반응시켜 전기를 생산하는 장치입니다. 에너지 변환효율이 70% 내외로 높고, 부산물로 물만 발생하기 때문에 친환경적입니다. 하지만 현재 연료전지 촉매로 널리 사용되는 백금(Pt)의 가격이 kg당 1억 원 정도로 높은 편이고 사용할수록 성능이 급격히 저하되는 문제가 있었습니다. 이런 한계를 극복하기 위해 다양한 크기의 기공으로 이뤄진 계층적 다공 나노구조의 탄소 기반 나노촉매를 개발하여 1만 회 반복 사용해도 성능이 떨어지지 않고 안정적으로 구동할 수 있으면서 기존 대비 10분의 1로 낮추는 데 성공하였습니다.

▶ 수소연료전지자동차 상용화의 특징은 무엇인가요?

백금-카본 촉매를 담지체(擔持體)로 제작하여 비표적을 넓혀 매우 고르게 분산시키는 기술을 확보하여 성능을 향상시켰습니다. 다음의 그림과 같이 카본나노화이버(CNF: Carbon Nano Fiber)나 카본나노튜브(CNT : Carbon Nano Tube)에서조차 매우 높은 분산도를 갖는 합성기술을 개발하였습니다. 또한 카본의 표면 및 특성을 최적화하기 위한 카본 활성화 처리기술 개발을 진행하여 카본의 내부까지 활성화시켜 높은 표면적을 가지며, 결정성 활성화 카본을 구성하고 낮은 불순물 함량과 Meso pore volume을 95%까지 향상시켰습니다.

이렇게 활성화된 카본의 특성은 백금의 소결(Sintering)을 최소화시키는 중요한 물질로 역할을 합니다. 앞으로 코어셀 촉매, 비백금계 촉매 등을 개발하여 연료전지차의 경쟁력을 확보하기 위한 연구를 지속하고 있습니다.

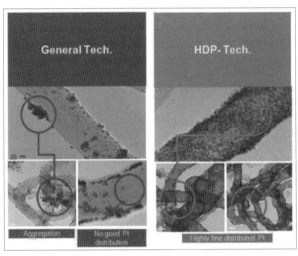

출처 : 오덱의 HDP-Tech기술_Auto Journal(2017.12)

개인별 세특

해양수질 오염에 관한 토론을 하면서 해양수질 오염의 심각성을 깨닫고, 새만금과 다른 청정구역의 수질 비교를 위한 수상드론을 고안함. 수상드론 제작과정에서 선체가 움직일 때 받는 물의 저항을 줄이기 위해 MALS 기술 등 여러 가지 방안을 모색하여 해결책을 찾으려고 노력함.
플라즈마 물리학에 대한 강연을 통해 플라즈마와 토카막 등 핵융합과 관련된 내용에 대해 알게 됨.
방사성 물질의 긍정적인 활용에 관심을 가지고 치료용 방사성 동위원소 등을 조사하여 발표함.

▶ 물의 저항을 줄여주는 MALS 기술에 대해 설명해주세요.

MALS 기술은 공기에 의해 생성된 선박 바닥의 기포를 사용하여 선박 선체와 해수 사이의 마찰 저항을 감소시키는 미쓰비시(Mitsubishi) 공기 윤활 시스템(MALS)입니다. MALS와 첨단 고효율 선박 선체 설계 및 추진 시스템을 통합하여 CO_2 배출량을 35%까지 줄일 수 있는 기술입니다.

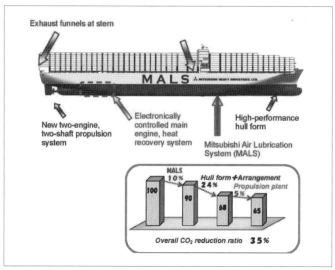

출처 : MALS-14000CS 개념 설계 다이어그램

▶ 친환경 선박 제작을 위한 기술은 무엇인가요?

친환경 선박은 기존 선박보다 연료소비량이 적고 대기 및 해양 오염을 저감하는 선박으로 친환경 동력기술로 LNG 연료추진기술이나 전기·하이브리드 추진기술 등이 적용됩니다. 해양환경보호 기술을 접목해 NOx, SOx, CO_2 등 배출가스 저감기술과 고효율 선체·선형 설계기술로 마찰 저항 저감기술을 적용하였습니다. 여기에 자율·무인 운항이 가능한 선박으로 원격진단 및 관리가 이뤄져 최적의 에너지 효율로 안전 운항이 가능한 선박입니다.

　재생에너지를 사용할 수 있는 기술과 스마트 모니터링 및 진단기술을 적용하여 빅데이터 신호처리기술, 선박 장비 모니터링 기술, 위성통신 기술 등을 적용해 친환경적 선박을 제조하여 이산화탄소를 줄여줍니다.

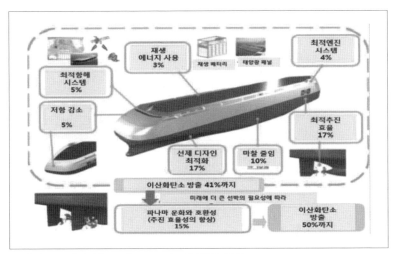

출처 : 중소기업 기술로드맵 2018-2020_중소벤처기업부

PART
3

독서
심화 탐구

전공적합성
인재 독서

 자동차 에코기술 교과서(다카네 히데유키, 보누스)

이 책은 급변하고 있는 자동차기술 트렌드를 일반인들도 이해하기 쉽게 서술해놓았다. 자동차회사들이 친환경자동차를 개발하게 된 이유부터 친환경차의 정의와 종류에 대해 설명한 후 종류별 특성과 구조, 원리에 대해서 심도 있게 다룬다. 자칫 어려울 수 있는 내용을 사진과 그림을 통해 이해를 돕는다. 특히 전문적인 자동차기술 설명에만 치우치지 않고 일반인들이 궁금해 할 내용들을 상세하게 알려준다. 무엇보다 친환경자동차에 대한 설명에 국한하지 않고, 기존 내연기관 차량들에 대한 자세한 설명을 곁들여서 자동차에 대한 상세한 이해를 돕는다. 현대인의 생활방식에 따른 적합한 차량 선택에 대한 설명과 앞으로 적용될 기술들에 대해서도 알려준다.

▶ **다양한 하이브리드 자동차에 대해 소개해주세요.**

하이브리드 자동차는 엔진과 전기모터, 둘 다를 가지고 있는 차를 말합니다. 주행 중인 차량의 내연엔진에서 손실되던 에너지를 전기에너지로 바꾸어 자동차 내부 배터리에 저장 후 차량을 구동하는 방식입니다. 하이브리드 자동차는 크게 풀 하이브리드, 마일드 하이브리드, 플러그인 하이브리드 등 3가지로 분류합니다.

풀 하이브리드 : 내연기관의 보조 역할은 물론 저속에서 전기모터만으로 주행이 가능한 시스템입니다. 방식은 구조에 따라 직렬과 병렬, 직·병렬식으로 나눌 수 있습니다. 직렬식 차량의 엔진은 발전기를 작동하는 데 사용되고 직접적으로 차량의 바퀴에 힘을 전달하지 않습니다. 차량의 구동방식은 전기차와 비슷하나 필요 시 엔진으로 발전해서 생긴 전기로 주행합니다. 병렬식은 엔진과 변속기 중간에 전기모터를 배치하여 엔진과 전기모터 모두 차량을 구동시킬 수 있습니다. 감속 시 전기모터가 발전기가 되어 충전하는 방식으로 일반적으로 알려진 하이브리드 차량의 대부분은 병렬식을 사용하고 있습니다. 직·병렬식은 병렬식 차량에 주행 중 엔진으로 전기를 충전할 수 있는 직렬식 충전방식을 더한 것으로 높은 연료 효율을 보여줍니다. 다만 이 직·병렬식은 도요타에서 특허를 낸 방식으로 다른 자동차 제조사에서는 활용을 못 하고 있습니다.

마일드 하이브리드 : 일반 하이브리드 차량처럼 전기모터와 내연기관 엔진은 있지만, 배터리는 주행에 관여하지 않고 시동, 파워트레인 제어, 주행 보조장치 등 장치들을 위해 보완적인 역할을 합니다. 이에 따라 기존 내연기관 차량에 비해 훨씬 높은 연비효율을 이끌어냅니다.

플러그인 하이브리드 : 일반적인 하이브리드 차량에 전기차처럼 충전하며 사용 가능한 용량의 배터리가 탑재되어 있습니다. 즉, 일정한 거리는 전기차처럼 전기모터만으로 사용 가능합니다.

▶ **하이브리드 자동차도 친환경차라고 광고하는데 판매중단하고 전기차나 수소차로 대체하려는 이유가 궁금해요.**

하이브리드 자동차는 엔진, 변속 장치, 배기가스 처리 시스템 등 기존 내연기관차의 부품을 거의 그대로 사용합니다. 새로운 투자 없이 판매를 지속할 수 있으면서 '친환경'이라는 인식이 지배적인 하이브리드차를 판매하고 있는 것입니다. 이는 이산화탄소 감축 효과에 크게 기여하지 않으면서 스스로 '친환경차' 브랜드로 그린 워싱(green washing)할 수 있다는 것입니다. 지금처럼 석유를 이용하는 자동차를 친환경으로 정의해서는 이산화탄소 감축을 이룰 수 없습니다. 전 세계가 내연기관차 제한 목표를 세우고, 정부도 수송 부문 온실가스 저감을 위해 노력하는 만큼 제대로 된 친환경차 기준을 제정할 필요가 있습니다. 하이브리드를 포함한 모든 내연기관 자동차를 저공해차 기준에서 제외하고, 통행료 감면 등 저공해차 혜택을 제공하지 않아야 합니다.

▶ 수소연료 전기차 기술은 한국이 제일 우수한가요?

현재 수소연료 전기차의 생산, 판매 1위는 현대자동차이고, 그 뒤를 일본 도요타가 뒤따르고 있습니다. 유럽의 경우 벤츠 등 다수의 자동차 제조사들이 20년 넘게 개발해 오던 승용 수소연료 전기차 개발을 중단했습니다. 따라서 한국과 일본 두 나라가 우위에 있는 것으로 보입니다. 유럽의 수소 전략은 탄소중립을 이루면서 산업 경쟁력을 어떻게 높일 것인가에 초점이 맞춰져 있습니다. 유럽에서 수소연료 전지의 교통수단에 대한 활용은 버스나 트럭, 철도, 선박 등에 그치고 있으며, 내연기관 승용차의 대안으로 전기차에 집중하고 있습니다. 하지만 수소연료 전지는 다양한 분야에서 활용이 가능하기에 우리나라가 수소연료 전기차 기술을 주도하고 있다는 것은 많은 이점을 줄 것으로 예측됩니다.

6도의 멸종 줄거리

저자는 전 세계적으로 일어나는 이상 기후 현상을 관찰하면서 환경 대재앙을 경고하며 가능한 대책 세우기를 촉구하기 위해 이 책을 썼다. 많은 과학자가 다양한 기후변화 시나리오를 내놓고 있지만 학술적인 관심 외에 일반인들에게는 아무런 반향을 일으키지 못하는 상황에서 여러 과학자들의 다양한 연구자료를 취합하고 정리해 일반인들도 이해하기 쉽게 지구의 평균 기온이 1℃ 상승할 때마다 일어날 시나리오와 그에 따른 대안을 보여준다.

총 6℃까지의 상승 시나리오를 제시하면서 아직은 기후변화를 막을 수 있으므로 우리가 실천할 수 있는 행동은 바로 실천해야 한다고 말한다. 기후변화의 역사적 근거와 지구의 다양한 곳에서 일어나는 변화를 알게 되면서 기후변화는 우리에게 닥친 가장 큰 위기임을 깨닫고 기후변화에 대처하는 것이 국가나 기업에 국한된 것이 아니라, 개인의 행동 변화에서부터 시작된다는 것을 깨달을 수 있게 한다.

▶ 기온의 상승으로 인한 기후 되먹임 현상이 무엇인가요?

지구의 기온이 상승하면서 엄청난 양의 북극얼음이 녹고 있습니다. 북극얼음과 빙하들은 다량의 태양광을 반사하여 내보내면서 냉방역할을 해주었는데 이러한 얼음들이 녹아 없어지면서 온난화가 가속화되고 있습니다. 기온 상승으로 인해 발생하는 '다이폴(Diepole) 현상'은 최근 전 세계적으로 빈번하게 발생하는 산불에도 영향을 주고 있습니다. 다이폴 현상이란 인도양 서부의 수온이 높아지면서 동부의 수온은 낮아지는 현상으로 인도양 동쪽 강수량이 적어지면서 폭염과 가뭄이 발생하고 서쪽은 폭우나 홍수가 발생하는 것입니다.

2020년 1월 호주에서는 48.9℃의 기록적인 고온을 기록하였습니다. 이러한 이상 기후의 영향으로 산불과 같은 재난이 발생하고 산불로 발생한 이산화탄소 온실가스를 배출하면서 지구온난화가 가속화되는 악순환이 발생했습니다. 이러한 현상을 '기후 되먹임 현상'이라고 합니다.

▶ 빙하 감소로 인해 해수면은 얼마나 상승하나요?

해양과학기술원에 따르면 지난 27년간 그린란드에서 녹아 없어진 빙하는 약 3조 8000톤이라는 연구 결과가 나왔습니다. 이로 인하여 해수면은 약 10.6mm 상승했다고 합니다. 남극 대륙에서는 1992~2017년 동안 3조 톤의 얼음이 사라졌고, 이로 인해 해수면이 7.6mm 상승했습니다. 지금까지 녹은 양에 따른 상승 해수면의 높이도 중요하지만, 녹는 속도도 빨라지고 있습니다. 1990년대 그린란드 빙하의 감소량은 연간 330억 톤이었는데 2010년대에는 연간 2380억 톤으로 빙하들이 녹는 속도가 예측을 넘어서고 있어서 빙하 감소로 인한 상승문제는 더욱 심각해지고 있습니다.

▶ 트럼프 전 미대통령의 주장처럼 기후변화와 산업활동과의 연관성이 없는 건가요?

스크립스 해양연구소 찰스 데이비드 킬링은 1950년부터 이산화탄소 증가를 관측해왔으며 현재 그의 아들 랄프 킬링이 측정을 이어가고 있습니다. 산업화 이전 이산화탄소 농도는 320ppm 이하였지만 2020년에는 410ppm을 넘었습니다. 이러한 이산화탄소 농도의 증가는 얼음을 통해서도 알 수 있습니다. 대기 중 물질은 비를 통하여 지표면에 내려오는데 그중 바다 위 얼음이 되는 강수량이 존재합니다. 얼음을 동그란 원통모양으로 깊게 파내어 얼음층마다 대기 중 물질을 분석하는 것이 '아이스 코어링'입니다. 아이스 코어링을 분석한 결과 과거 1,000년 동안은 이산화탄소가 2,200톤으로 일정하게 유지되었지만, 산업화가 시작된 이후 3,000톤까지 올라갔음을 확인하였습니다. 이를 통해 산업활동으로 인해 기후변화가 일어난 것임을 알 수 있습니다.

엔트로피(제레미 리프킨, 세종연구원)

엔트로피 줄거리

엔트로피는 가용 에너지를 초과하는 상황에 대한 경고를 담고 있는 책이다. 이를 통해서 역사를 진보로 보는 시각을 무너뜨리고, 과학과 기술이 보다 질서 있는 사회를 만들 것이라는 환상을 다시 한 번 생각해보게 한다.

열역학 제2법칙은 열적으로 고립된 계에서 매 시각마다 계의 거시 상태의 엔트로피를 고려하였을 때, 엔트로피가 더 작은 거시 상태로는 진행하지 않는다는 법칙이다. 즉 계의 일을 할 수 있는 능력의 한계를 나타낸다. 엔트로피 법칙에 따르면 지구상이건 우주건 어디서든 질서를 창조하기 위해선 더 큰 무질서를 만들어내야 한다는 것이다. 그러나 질서를 창조하기 위해 사용된 수많은 에너지는 일부는 쓸 수 없는 에너지로 환경오염이란 이름으로 인류에게 혼돈만 가져

다주었다. 무엇보다 우리는 지구 자원의 한계를 인식하고 저엔트로피 세계관을 받아들여야 한다. 그렇게라도 하지 않으면 인류의 역사가 우리 세대에서 끝나게 될지도 모른다.

▶ **원자력발전을 재생 불가능한 에너지로 보고 있는데, 왜 빌게이츠는 핵발전에 주목하나요?**

현재 가동되고 있는 원자력 발전소들은 대부분 1960~1970년대 설계들을 기반으로 작동하고 있습니다. 그러다 보니 엄청난 양의 핵폐기물이 생성되고 있습니다. 따라서 원자력발전 자체는 재생 불가능한 에너지가 맞습니다. 빌게이츠가 개발하려는 원자력발전소는 핵폐기물인 우라늄을 사용하는 것을 목표로 하고 있습니다. 미국 내 핵폐기물만을 사용했을 때 미국에서 약 125년 정도 사용 가능한 에너지를 얻을 수 있다고 예측하고 있습니다. 재생가능해서라기보다 기존 폐기물을 처리하면서 에너지를 얻을 수 있다는 점에서 빌게이츠는 원자력발전에 주목하고 있는 것입니다.

▶ **재생 가능한 에너지는 엔트로피 법칙에 어떻게 적용되나요?**

에너지의 생산 및 사용에만 국한해서 생각하면 사용한 에너지원을 다시 사용할 수 있기에 엔트로피의 증가 문제를 해결할 수 있습니다. 다만 실제 에너지 소비량만큼을 생산한다고 할 때 생산을 위한 시설 설치, 유지보수, 설치로 인한 환경 피해 등 종합적인 부분에서 엔트로피는 동일하게 증가하게 됩니다. 하지만 재생 가능한 에너지원을 사용하면서 기존의 화석연료로 인한 여러 가지 피해들을 줄일 수 있기에 재생 가능한 에너지 사용에 더 집중하면 좋을 것입니다.

📋 면접

Q 엔트로피 법칙이 무엇인가요?

엔트로피 법칙은 열역학과 관련이 있습니다. 열역학 제1법칙에서 고립된 계 내부에서 더해진 열에너지와 계가 외부에 더한 열에너지의 양이 같기 때문에 고립된 계의 에너지는 일정하게 유지됩니다. 에너지보존의 법칙이라고 불리는 제1법칙으로는 자연현상을 설명하기에 부족해 제2법칙이 생겨났습니다. 열역학 제2법칙은 $\Delta S \geq 0$으로 고립계에서 총 엔트로피(물질의 열역학적 상태함수, 또는 무질서도)의 변화는 항상 증가하거나 일정하며 절대 감소하지 않습니다. 이때 엔트로피는 고립계가 사용할 수 없는 에너지를 구분하여 부르는 말입니다.

수소전기차 시대가 온다 줄거리

저자는 약 1년 동안 '대한민국의 수소전기차'에 대해 기획취재를 하면서 국내와 해외 기업, 정부 및 기관 현장 취재를 통해 수집한 방대한 자료를 씨실과 날실처럼 촘촘히 엮은 '한국의 수소전기차 개발 기록문학이다. 이 책을 통해 수소전기차의 역사는 물론 수소전기차의 전망과 가능성, 수소전기차를 개발하기 위한 노력 과정에 대해 알 수 있다. 친환경자동차의 사용이 대두되면서 더욱더 주목을 받고 있는 수소전기차는 현대자동차라는 한 회사의 제품이 아닌 수소연료전지와 관련된 많은 대기업부터 수소 연료 관련 부품회사들까지 국내 많은 기업의 성장까지 확인할 수 있다. 미래 유망한 모빌리티 시장에서 기후변화에 실질적으로 대응하고자 하는 모든 사람에게 추천하는 책이다.

▶ **수소전기차의 원리에 대해 설명해주세요.**

수소전기차는 내연기관엔진 대신 전기모터를 사용한다는 점에서 전기차와 같습니다. 하지만 수소연료전지를 사용하여 차량 내부에서 전기를 생산한다는 점에서 외부전기를 충전하여 사용하는 전기차와 다릅니다. 수소전기차는 연료전지 스택과 모터 제어기, 배터리, 수소탱크 등으로 구성되어 있습니다. 연료전지 스택에서 수소와 산소를 반응시켜 전기를 생산해 모터와 배터리에 전기를 공급하여 구동합니다.

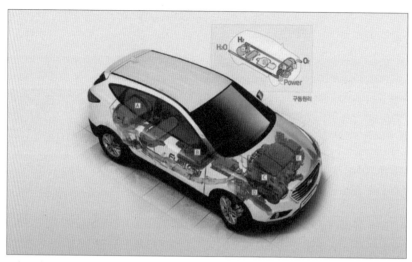

A:수소저장 시스템, B:고전압 배터리, C:연료전지스택, D:전기구동 모터 및 감속기, E:전력변환장치

출처 : 현대자동차 홈페이지

▶ **수소차의 가격은 왜 비싼가요?**

　수소차를 구동하기 위해 제일 중요한 부분은 연료전지스택에서 전기를 발생하는 것입니다. 수소와 산소가 반응하는 것이기에 큰 어려움은 없어 보이지만 충분한 발전을 일으키기 위해서는 이 반응이 빠르게 일어나게 해야 합니다. 반응의 속도를 높이기 위해 촉매를 사용하는데, 이 촉매로 백금이나 팔라듐과 같은 고가의 촉매제가 사용됩니다. 이러한 이유로 수소차 연료전지는 수소차 원가 중 재료비의 40%를 차지합니다. 여기에 많은 양의 수소를 안전하게 보관하는 수소저장탱크 700Bar의 압력과 충·방전 시 가동 온도인 −40℃~80℃를 견디며 외부충격을 이길 수 있을 정도의 내구성과 연비를 고려하여 경량화해야 하기 때문에 차량제작에 비용이 많이 들어갑니다.

가볍게 읽는 기초화학 줄거리

저자는 대학에서 학생들을 가르치면서 교과 공부를 어려워하는 학생들을 위해 화학의 기본부터 응용까지 이미지를 활용해 이해가 쉽게 서술했다. 화학의 기본개념을 통해 일상생활 속 화학은 물론, 화학을 깊이 공부하는 사람들을 위해 꼭 필요한 내용만을 간추려 담아냈다.

우리는 생활 속에서 나일론과 같은 합성섬유를 비롯하여 금속, 세라믹, 플라스틱 등 다양한 물질들을 이용하며 살아간다. 고성능 전지, 초강력 섬유, 파인 세라믹 등 새로운 물질과 제품들이 끊임없이 만들어지고 있다. 이처럼 모든 물질은 화학의 결과물이며, 이러한 물질들은 우리의 생활을 풍요롭고 편리하게 해주고 있다. 하지만 화학이라고 생각하면 어려운 반응식이 먼저 떠오른다.

이 책은 화학의 기초에 대해 배우고자 하는 독자들은 물론, 화학을 막연하게 어렵다고 느끼거나 화학에 흥미가 없는 누구나가 가볍게 읽고 쉽게 이해할 수 있는 훌륭한 기본서가 되어줄 것이다.

▶ 공유결합과 배위결합의 차이가 궁금해요.

공유결합은 비금속 원자들이 각각 전자를 내놓아 전자쌍을 만들어 서로 공유를 통해 결합합니다. 전자쌍을 서로 공유하여 안정한 화합물을 형성합니다. 배위결합은 공유결합처럼 전자쌍을 공유하지만 한 원자가 다른 원자에게 비공유전자쌍을 일방적으로 제공하면서 이루어진 결합입니다. 이 때문에 배위결합을 이룬 물질들은 음이온이나 양이온의 형태를 띠고 있습니다.

▶ 계면활성제는 왜 위험한가요?

계면활성제는 물과 기름의 경계면에 흡착해 물리적, 화학적 성질을 바꿔주는 역할로 이 물질을 세탁물로부터 분리하는 역할을 합니다. 세정에 탁월한 역할을 하는 계면활성제는 석유계열인 벤젠과 황산으로 만들어져 있습니다. 계면

활성제는 친수성과 친유성 성질을 같이 가지고 있어 대다수는 피부에 흡수되어 체내에서 분해되지 않고 잔류합니다. 이러한 이유로 요즘은 용해도가 높은 식물성 계면활성제가 들어 있는 제품들로 대체되고 있습니다.

📋 면접

Q 유기물과 무기물은 어떤 차이점이 있나요?

유기물은 탄소를 포함하고 있는 물질로 탄수화물, 단백질, 지질 등이 이에 속합니다. 즉, 유기물은 생물에서 나온 물질로 생명체의 구성성분으로 에너지원이며, 연소가 가능합니다. 무기물은 탄소를 포함하고 있지 않는 물질로 모래, 철, 소금, 구리 등이 이에 속합니다. 무기물은 가열해도 타지 않고, 에너지원이 아닙니다. 무기질은 에너지를 생성해내지 못하지만 체내에서 합성되지 않기에 섭취를 해야 합니다. 필수 영양소로 유기물과 무기물 둘 다 중요합니다.

Q 착화합물과 리간드에 대해 설명해주세요.

배위화합물을 착화합물이라고도 하며, 비어있는 오비탈이 많은 중심 금속이온에 리간드의 고립 전자쌍이 배위결합을 통해 형성됩니다. 중심 금속은 주로 원자번호 21번~ 30번의 전이금속이며, 리간드는 중성분자나 이온이 될 수 있습니다. 배위결합의 경우 금속 양이온을 중심으로 하고, 리간드가 둘러싸서 착화합물을 만듭니다. 수소이온(H^+)과 암모니아(NH_3)로 이루어진 암모늄이온(NH_4^+)은 배위결합을 통해 형성된 리간드입니다. 킬레이트 화합물(chelate compound)은 보통 유기화합물에 많은데, 금속이온과 두 개 이상의 리간드가 배위결합한 화합물입니다. 각각의 구조와 성질에 따라 여러 가지 용도로 활용이 되는 특성을 가지고 있습니다.

Q 킬레이트 화합물의 활용에 대해 알려주세요.

산업화와 도시화로 많은 다양한 화학물질의 사용으로 토양의 오염이 가속화하고 있습니다. 특히 금속에 의한 토양의 오염은 식물과 동물을 오염시킬 뿐만 아니라 궁극적으로는 인체에 들어가서 큰 피해를 주게 됩니다. 따라서 토양 속의 유해금속을 회수(제거)하는 치유방법으로 킬레이트제를 사용합니다. 킬레이트제(시약)는 금속을 만나면 결합해서 킬레이트화합물을 만드는 화학물질이며, 토양에 투여되면 오염물질인 금속들과 결합해서 제거하는 효과를 냅니다. 그리고 사용 후 회수된 킬레이트화합물(물에 녹은 상태)의 금속을 화학적으로 추출하고 재사용할 수 있습니다.

우리 집에 화학자가 산다(김민경, 휴머니스트)

우리 집에 화학자가 산다 이야기

'화학만물박사'로 온라인을 떠들썩하게 만들었던 저자는 골치 아픈 교과서에서 벗어나 사람들이 자신의 생활 속에서 화학을 쉽게 발견할 수 있도록 안내한다. 무엇이 나와 내 가족을 위험에 빠뜨리고, 무엇이 내 생명을 안전하게 지킬 수 있을까? 그 핵심에는 화학이 있다고 설명한다. 가습기 살균제 사건으로 많은 사망자와 피해자가 발생하여 우리를 충격과 공포에 빠뜨린 지 얼마 되지 않아, 살충제 달걀 파동, 생리대와 침대 매트리스에서 검출된 발암물질 라돈까지 대한민국은 매일 화학물질로 인한 사건 사고가 끊이지 않고 있다. 유해 성분 논란과 검출이라는 단어가 포털과 신문에 연이어 오르고, 어린아이를 키우는 부모는 무엇을 선택해야 안전할지 불안한 날들을 겪고 있다. 집에서 숨쉬고 있는 생활 속 화학의 원리를 통해 알면 알수록 안전하고 유용한 생활 속 화학의 모든 것을 만날 수 있다.

▶ 후라이팬의 코팅은 왜 유해한가요?

1938년 화학회사 듀폰에서 만들어진 테플론은 우주선 방수를 목적으로 만들어졌으나 그에 적합하지 않아 대신 탱크를 녹슬지 않도록 하게 하는 코팅제로 사용되었습니다. 이 테플론을 후라이팬에 바르고 요리를 하니 음식이 눌러 붙지 않는다는 것을 발견하고, 이를 계기로 테팔이라는 주방회사가 세워졌습니다. 문제는 테플론을 만들기 위해 첨가되는 PFOA(과불화화합물)이 사용되는데 테플론의 제조사인 듀폰에서 이 물질의 유해성을 알면서도 은폐하고 지속적으로 사용하였습니다. 카펫, 가구, 신발, 마루광택제, 소방약제, 세척제, 페인트, 니스, 왁스, 인화지, 반도체 및 LCD 제조, 컬러프린터, 복사기, 항공기, 금속도금, 살충제, 석유생산 등 다양하게 활용되고 있습니다.

과불화화합물은 자연적으로 잘 분해되지 않는 특징(난분해성)을 갖는 잔류성 유기화합물질의 일종으로 자연계나 체내에 축적됩니다. 동물실험에 의하면 간

209

독성, 암 유발 등이 있으며, 인체역학 연구에서는 갑상선 질병 발생과의 관련성이 있습니다.

▶ 숙취 해소에 식초가 좋은 이유가 궁금해요.

숙취는 음주 후 몸속에 남아 있는 아세트알데히드와 수분, 비타민, 무기질의 부족으로 인하여 생깁니다. 식초의 유기산은 비타민과 무기질의 흡수를 돕고 아세트알데히드, 젖산 등 노폐물을 분해하여 배출합니다. 식초는 대표적인 알칼리성 식품으로 몸속에서 분해되면서 알칼리성으로 변화되는데 몸의 피로물질인 젖산으로 산성화된 혈액을 중화하여 몸의 피로를 빨리 해소시킵니다. 식초는 발효가 끝난 후 6개월 이상의 숙성을 거치면 초산·구연산·아미노산 등의 유기산이 풍부해집니다. 또한 식초는 체내 인슐린 반응을 감소시키고, 포만감을 높여 식사량 감소 등 다이어트에 효과가 있으며, 신진대사를 촉진하여 체내 축적된 지방을 제거하는 효과도 있습니다.

▶ 라돈은 암석 같은 곳에 존재하는데, 왜 침대에서 검출되나요?

암석과 토양에는 우라늄과 토륨이 존재합니다. 이 두 원소가 방사성이 붕괴할 때 라듐이 만들어지고, 라듐이 붕괴할 때 라돈이 생성됩니다. 화강암, 콘크리트, 석고보드 등 다양한 건축자재에서 라돈이 방출될 수 있으며, 이런 성분이 집이나 침대 등에서 많이 검출되는 이유는 음이온 유행으로 침대에 라돈을 발생시키는 모나자이트를 사용해서 그렇습니다. 모나자이트(monazite)는 바닷가에서 주로 발견되는 광물의 일종으로 음이온을 발생시키지 않지만, 음이온이 발생한다고 착각하여 매트리스 안에 돌가루를 깔아서 발생한 현상입니다. 이처럼 건강에 대한 맹신은 때때로 유익한 것이 아닌 유해한 것으로 돌아올 수 있으며 정확하게 확인하는 것이 중요합니다.

모든 순간의 물리학(카를로 로벨리, 쌤앤파커스)

모든 순간의 물리학 줄거리

이 책은 20세기 이래로 물리학에 불어 닥친 두드러진 혁명의 특징과 이로 인해 포문을 열게 된 새로운 문제와 신비를 살펴보는 책이다. 총 일곱 개로 구성된 강의는 20세기 물리학의 혁명을 일으킨 핵심 이론들뿐만 아니라, 가장 최근에 도입된 참신한 아이디어들까지 매우 간결하게 소개하면서도, 전체적으로 우주를 새롭게 이해하도록 돕는다.

여러 가지 이론들의 단순한 나열이 아니다. 정반합의 변증법적인 변화 과정처럼 우주에 관한 어떤 이론들이 탄생하고 상호 영향을 주고받아 변화하며, 결국 결합하여 새로운 이론이나 아이디어로 나아가는 것들을 잘 보여준다. 현대 물리학을 거의 모르거나 아예 모르는 사람도 이해할 수 있도록, 전문적인 용어 사용을 절제하면서 일상생활에서 쉽게 접근할 수 있는 비유들을 통해 아주 쉽게 설명하고 있다.

'우리는 누구인가'라는 물음에 대한 물리학의 대답이라는 부제는 이 책의 핵심 주제와 오늘날 현대 물리학의 문제의식을 잘 나타낸다. 더불어 광활한 우주에 대한 지적 호기심을 채워 줄 수 있는 우주 탐색의 좋은 길잡이가 되어줄 것이다.

▶ **중력장이란 무엇인가요?**

뉴턴의 만유인력법칙에 의하면 자유낙하 중인 상태에서 가속도의 반대 방향으로 관성력이라는 겉보기 힘이 나타납니다. 무중력 공간인 우주선이 가속운동을 하면 그 안에 있는 사람에게 가해지는 힘이 중력에 의한 힘인지, 관성력에 의한 힘인지 구분할 수 없습니다. 따라서 '중력과 관성력은 같다.'라는 개념을 만들었는데 이것이 등가의 원리입니다.

상대성 원리에서는 모든 관성계에서는 모두 동일한 물리법칙하에 존재합니다. 상대성 원리와 등가의 원리에 따르면 질량을 가진 물체는 그 주변 공간을 휘게 만들고, 그에 따라 중력이 생겨납니다. 그 공간의 왜곡으로 인해 중력장이 생겨나게 됩니다.

▶ **양자중력이론에 대해 설명해주세요.**

양자중력이론은 일반 상대성이론과 양자역학 두 이론을 결합하기 위한 것으로 거시적 관점에서 시간과 공간을 관찰하는 상대성이론과 미시적 관점에서 모든 공간이 양자로 이루어져 있다고 보는 상반된 두 이론을 아우르기 위하여 시도되고 있는 이론입니다. 또한 공간은 연속적이지 않고, 무한하게 나누어져 있지도 않지만 공간원자라고 부르는 존재로 구성되어 있습니다. 아직 이 이론을 증명하는 실험 결과는 존재하지 않으며, 많은 물리학자가 이를 증명하기 위하여 실험을 계속하고 있습니다.

 법칙, 원리, 공식을 쉽게 정리한 물리·화학 사전(와쿠이 사다미, 그린북)

법칙, 원리, 공식을 쉽게 정리한 물리·화학 사전 줄거리

이 책은 과학의 기초를 '법칙·원리·공식'이라는 관점에서 개념을 설명한 책이다. 용어를 해설하는 수박 겉핥기식의 내용이 아니라 다각적인 면에서 설명하여 법칙과 원칙이 어떤 곳에서 쓰이는지 소개하여 더욱 구체적으로 이해할 수 있도록 하였다.

현대의 과학기술은 19~20세기에 다져진 과학의 기초 연구가 다양한 분야에서 화려하게 꽃을 피우고 있다. 로봇이 춤을 추고 피아노를 치며, 3D프린터로 집을 짓고, 자율주행을 하는 자동차가 생산되고 있다. 과학은 우리의 일상생활, 경제활동과 깊은 관련이 있기 때문에 대중매체에서도 폭넓게 다루고 있다. 이러한 시대를 살면서 지식과 정보에 소외되지 않으려면 어느 정도의 과학 지식을 갖출 필요가 있다. 이제 과학은 선택이 아니라 필수가 된 것이다. 우리가 사용하는 물건들

이 어떻게 만들어졌고, 우리 몸에 어떠한 영향을 미치는지, 그리고 우리 사회에 어떠한 파급 효과를 줄 것인지, 과학을 기반으로 한 큰 틀을 읽을 줄 아는 능력이 점점 더 요구되고 있다.

▶ **각운동량 보존 법칙이 무엇이며, 활용된 사례가 궁금해요.**

　회전하는 물체는 계속 회전하려고 하는 성질이 있는데, 그 힘의 양을 나타낸 것이 각운동량입니다. 운동하고 있는 물체의 운동량과 비슷한 개념입니다. 각운동량은 변화하기에 힘이 주어지지 않는 한 일정하게 유지됩니다. 이것이 각운동량 보존의 법칙입니다. 각운동량이 보존된 사례로는 드론의 프로펠러를 들 수 있습니다. 4개의 프로펠러 중 2개는 시계방향으로, 다른 2개는 반시계방향으로 회전하여 프로펠러의 합이 0이 되어 공중에서 정지한 상태가 되는 것입니다.

▶ **일반 상대성이론이 실생활에 적용된 사례가 있나요?**

　자동차뿐만 아니라 요즘 출시되는 스마트폰에 있는 GPS 기능이 일반 상대성이론을 활용한 것입니다. GPS 위성은 지구 중력 내에서 고속으로 이동하기 때문에 위성과 GPS 장치 사이의 시간 흐름이 어긋나게 됩니다. 이를 보정하기 위해 상대성이론을 활용한 보정기능이 적용되었습니다.

▶ **헨리의 법칙이란 무엇인가요?**

　헨리의 법칙은 용해도가 작은 기체가 용매에 녹을 경우 일정 온도에서 용매에 녹는 기체의 용해도는 기체의 부분압에 비례한다는 것입니다. 즉, 압력을 두 배로 가하면 녹는 기체의 물질양은 두 배가 됩니다. 그리고 물에 잘 녹는 기체는 헨리의 법칙을 잘 따르지 않습니다. 염산(HCl), 이산화황(SO_2), 암모니아(NH_3), 황화수소(H_2S) 등이 이에 해당됩니다.

📍 급진적 풍요(에릭 드렉슬러, 김영사)

급진적 풍요 줄거리

저자는 나노과학의 창시자로 이 책을 통해 나노기술의 경이로운 모습을 생동감 있게 표현하였다. 예측 불가능한 미래의 길목에서 현대인의 길잡이 역할을 하고자 한다.

한끼 식사비용으로 살 수 있는 견고한 초경량 자동차부터 원하는 성능만 골라 주문하면 1분 만에 완성되는 고성능 가전제품, 수술 없이 손상된 장기를 복구하고 혈관 구석구석을 돌아다니며 몸속을 청소해주는 초소형 나노로봇에 대해 다룬다. 또한 아프리카 같은 척박한 환경에서도 기후의 영향 없이 유기농 곡물을 풍족하게 생산할 수 있는 농업 시스템과 이산화탄소를 제거해 지구의 대기를 산업혁명 이전의 상태로 회복해주는 환경복구시스템까지 정치·경제·사회·문화·의학·환경 등 다양한 분야에서 급진적이고 개혁적이며 지속 가능한 풍요를 안겨줄 나노기술의 실체를 낱낱이 공개한다.

▶ **나노과학의 대표적인 물질로 무엇이 있나요?**

대표적으로 그래핀과 탄소나노튜브를 예로 들 수 있습니다. 이 두 물질은 가

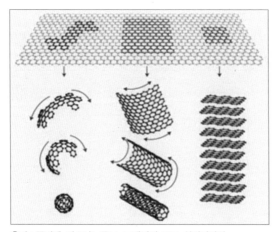

출처 : 풀러렌, 탄소나노튜브, 그래핀의 구조_위키미디어

법고 탄력이 좋으면서 강도가 높아 탄소나노튜브를 활용하여 골프채나 테니스 라켓 등을 만드는 데 사용되고 있습니다.

▶ **그래핀 외에 나노기술이 적용된 사례도 궁금해요.**

미국 MIT의 로버트 랭어 박사는 나노기술을 이용하여 정상세포에는 작동하지 않고, 암세포에만 약물을 전달하는 나노 항암제를 개발하였습니다. 이 나노기술 치료법은 기존 암치료법과 비교해 매우 효과적입니다. 우리나라 연구진도 이러한 원리법으로 암치료를 위한 나노 수류탄을 개발하였습니다.

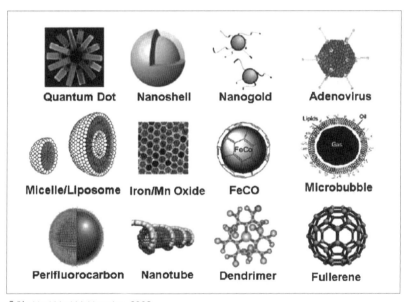

출처 : Nucl Med Mol Imaging, 2008

로봇 시대, 인간의 일 줄거리

《로봇 시대, 인간의 일》은 인류 역사상 가장 급격한 변화의 시대인 인공지능 로봇시대로 진입한 우리가 알아야 할 지식과 고민할 문제거리들을 던진다. 이 책은 중·고교 국어교과서에 수록되었고, 진로 탐색을 위한 필독서로 자리 잡아 10만 명 가까운 독자들을 만났다. 이번 개정증보판은 초판 출간 이후 5년간의 변화와 정보를 업데이트하고, 예술과 판결(법과 정치)에 관한 2개의 장을 추가했다.

우리 시대 대표적인 디지털 인문학자이자 IT 전문 저널리스트로 활발하게 활동하는 저자는 이 책에서 기술의 발전으로 개인과 사회가 직면하게 된 문제들이 더 이상 피해갈 수 없는 현실이 되었음을 재확인하게 한다. 그리고 독자들이 과거에 생각지 못했던 새로운 질문들을 만들어내며 '호모 파베르(도구적 인간)'인 우리가 갈수록 똑똑

하고 편리해지는 도구(인공지능과 로봇)와 지혜롭게 관계 맺고, 아무리 기계가 발달해도 영원히 인간의 일로 남을 문제들을 고민하며 자신만의 길을 찾아갈 수 있도록 안내한다.

▶ **로봇과 인간이 협업할 수 있는 일은 무엇일까요?**

로봇과 인간이 서로 못 하는 일을 대신해주는 협업의 시대가 올 것입니다. 로봇만으로의 작업이 특정 상황에서 대처가 어려울 수 있고, 사람만의 작업으로 하기에는 효율성이 떨어지는 경우가 있습니다. 인간과 로봇이 협업하는 비즈니스 형태를 만든다면 효율성과 경쟁력을 갖출 수 있습니다. 영화 '허(Her)'에서 주인공이 음성인식을 사용해 글을 쓰면 오타 수정, 메일 전송 등 잡다한 일은 인공지능이 처리해줍니다. 인간은 감성과 모험, 임기응변 등을 요하는 일은 잘 하지만, 귀찮고 반복적이면서 힘든 일, 싫어하는 것은 로봇이 보완해줄 수 있습니다.

'다르파 로보틱스 챌린지(DARPA Robotics Challange, DRC)'에서 자동차 운전 및 하차, 밸브 돌리기, 전동 드릴로 벽 뚫기, 계단 오르기 등 8가지 미션이 주어

지는데, 이들 미션은 인간에게는 쉽지만 로봇에게는 매우 어려운 과제입니다. 이 대회에 참가했던 보스턴 다이나믹스(Boston Dynamics)의 2족 보행 휴머노이드 로봇 '아틀라스(atlas)'는 눈길 걷기, 무거운 물체 들기 등을 구현하는 모습을 보여주었습니다. 이젠 로봇도 다양한 환경에 대처하는 능력을 갖추게 되었음을 알 수 있습니다. 이같은 로봇의 발전으로 인간과 함께 생활하는 것이 가능해졌습니다.

▶ 인공지능(AI)은 어디까지 적용되고 있나요?

국내에서는 이세돌과 대국에서의 승리로 대중적인 관심을 끈 알파고 이후 인공지능에 대한 관심이 높아지고 있습니다. 지금은 정보에 대한 학습에서 압도적인 우위를 가지고 있는 인공지능이 인간만의 영역이라고 생각되는 예술에서도 적용되고 있습니다.

2019년 세계 곳곳에서 미국 로봇제조사와 영국과학자들이 만든 AI 휴머노이드 화가 로봇 '아이다'의 전시회가 열렸습니다. 아이다의 추상화 작품은 전시회가 열리는 곳마다 화제를 불러일으켰습니다. 작곡가 데이비드 코프(David Cope)는 EMI 프로그램을 통해 머신러닝을 사용하여 모차르트풍의 곡으로 작곡을 하기도 했습니다. 이처럼 인공지능이 다양한 창의적인 예술활동까지 아우를 정도로 발전되었습니다.

융합형
인재 독서

📍 숫자는 거짓말을 한다(알베르토 카이로, 웅진지식하우스)

숫자는 거짓말을 한다 줄거리

이 책은 객관성과 신뢰도의 상징과 같은 차트가 어떻게 데이터를 왜곡해 우리를 오해와 착각의 늪으로 이끄는지를 밝혀낸다. 데이터 시각화 분야의 세계적 권위자인 저자는 차트에 속지 않고 잘 써먹기 위해서는 차트를 읽고 해석하는 능력을 길러야 한다고 말한다. 이 책은 차트의 기본 개념을 차근차근 설명하며 잘못된 차트를 가려내는 5가지 기준을 제시한다.

통계나 그래프에 관한 여느 도서와 달리 이 책은 이론을 나열하지 않는다. 그 대신 선거 판세, 경제 전망, 출산율, 범죄율, 코로나19 현황처럼 우리의 삶과 밀접한 사례들을 가득 담아 차트에 관한 배경지식이 부족한 독자들도 읽기에 부담이 없다. 기업의 실적 보고나 광고에서 쓰이는 3차원 시각 효과가 위험한 이유, 태풍 예보도 속 원뿔에 관한 오해 등 흥미와 놀라움을 자아내는 이야기가 가득하다. 뉴스나 기사, 소셜 미디어에서 흔히 접하는 표와 지도, 막대그래프, 산점도, 거품 차트 등 160여 개의 차트가 수록되어 있어, 데이터에 숨겨진 욕망과 의도, 패턴을 정확히 읽어내는 안목을 기르기에 안성맞춤이다.

▶ 데이터 시각화에 대해 설명해주세요.

데이터 시각화란 방대한 데이터들을 그래픽이나 차트 등 모든 유형의 시각적 표현방법을 통해 데이터를 효과적으로 전달하는 것입니다. 빅데이터 시대에 데이터 시각화는 방대한 양의 데이터를 분석하고 이를 기반으로 의사결정을 내리는 데 필수적인 역할은 하고 있습니다. 데이터 시각화를 할 때는 어떠한 메시지를 전달할지 파악하여 핵심 내용을 제외한 나머지는 표기하지 않습니다. 그리고 전달하고자 하는 데이터를 명료하게 표현합니다. 이를 통해 방대한 양의 데이터에서 전달하고자 하는 메시지를 효과적으로 보여줄 수 있습니다.

▶ 프로파간다(propaganda)란 무엇인가요?

프로파간다는 원래 로마 교황 그레고리오 15세가 포교성을 언급하기 위해 사용했는데 19세기 후반부터 지금과 같은 부정적인 의미로 사용되기 시작하였습니다. 현재 사용되고 있는 프로파간다의 의미는 단순 정보전달이 아니라 글이나 말 또는 여러 형식을 통해서 여론에 영향을 끼칠 목적으로 행해지는 프로파간다입니다. 프로파간다의 대표적인 인물로 나치 독일의 괴벨스를 떠올릴 수 있습니다. 프로파간다는 정치적 목적뿐만 아니라 사회 전반에 걸쳐 대중의 심리를 원하는 데로 바꾸고자 많이 사용되고 있습니다.

과학혁명의 구조 줄거리

4판으로 출간된 책에는 저명한 분석철학자이자 과학철학자인 이언 해킹이 쓴 서론이 추가되었다. 서론에서 과학혁명의 구조가 서구 지식사회에 미친 영향들을 정리하고, 과학의 진보가 이뤄지는 과정을 체계적으로 요약하였다. 또한 쿤에 의해서 제시된 패러다임과 공약불가능성 같은 개념들을 더 명확하게 정의하고 그의 아이디어들이 오늘날의 과학에 어떤 타당성을 가지는지를 소개한다.

이 책은 현대 물질문명을 받쳐주고 있는 과학의 본질적 성격을 파헤치고 있어 현대 지식인들이 꼭 읽어야 할 고전이라 할 수 있다. 저자의 과학관의 핵심은 근본적으로 과학적 지식의 발전이 '비연속적'이라는 데에 있으며, 이는 과학의 진보가 누적적이라는 종래의 논리경험주의의 과학관을 뿌리째 흔들어 놓았다. 과학 혁명, 패러다임, 패러다임의 전환 등이라는 용어들은 과학은 물론 일반사회에서도 유행어가 되었다.

▶ **패러다임의 정확한 의미가 무엇인가요?**

패러다임은 토머스 쿤이 과학혁명의 구조를 통해 제시한 개념으로 한 시대의 사람들에게서 지배적으로 나타나는 과학적 인식, 관습, 관념, 생각, 가치관 등의 개념들의 총체적 집합체입니다. 즉, 동시대의 사람들이 공식적으로 인정한 모범적인 틀이 패러다임입니다.

▶ **과학철학은 무엇이며, 이를 이해하는 데 도움이 되는 책을 추천해주세요.**

과학의 발전은 방법론의 발전과 함께 이루어졌습니다. 이러한 과정 중 과학과 비과학의 구분, 가설의 정당화 과정, 이론의 변화 등에 대한 논의가 일어나기 시작했는데 이를 현재 과학철학이라고 합니다. 과학철학자들에 의하면 역사에 대한 해석처럼 과학도 현상에 대한 과학자들의 해석과 개입에 따라 다릅니다. 과학철학과 관련된 책으로는 칼 포퍼의 〈열린 사회와 그 적들1, 2〉, 피터 고드프리스미스의 〈이론과 실재: 과학철학 입문〉, 리처드 드위트의 〈당신 지식의 한계 세계관〉, 장하석 교수의 〈장하석의 과학, 철학을 만나다〉, 팀르윈스의 〈과학한다, 고로 철학한다〉 등이 있습니다.

◉ 사소해서 물어보지 못했지만 궁금했던 이야기(사물궁이 잡학지식, 아르테)

사소해서 물어보지 못했지만 궁금했던 이야기 줄거리

일상 속 사소하고 엉뚱한 궁금증을 해결하며, 115만 유튜브 구독자를 사로잡은 과학 채널 '사물궁이 잡학지식'이 책으로 출간되었다. 열혈 구독자들이 입을 모아 이야기하는 사물궁이의 재미는 질문 그 자체에 있다. '하늘로 총을 쏘면 어떻게 될까?', '엘리베이터가 추락할 때 점프하면 살 수 있을까?', '자다가 갑자기 움찔하는 이유는?' 등 살면서 누구나 한 번쯤 궁금했을 법한, 혹은 듣는 순간 없던 궁금증도 생기는 기발한 질문들이 가득하다.

각 주제는 일단 호기심으로 시작하지만 이를 해결하는 과정은 만만치 않다. 다양한 논문부터 전문가 자문까지, 꼼꼼한 자료조사를 거쳐 현상에 숨은 과학적 원리와 이유를 밝힌다. 과알못이라고 걱정할 필요는 없다. 귀요미 캐릭터 '궁이'와 함께 저자의 쉽고 명쾌한 설명을 따라가다 보면 어느새 다음 질문으로 넘어가는 자신을 발견하게 될 것이다. 유튜브계의 호기심 해결사 사물궁이가 안내하는 생활 밀착형 과학의 세계에 빠져 보자!

▶ 여러 사람이 다 같이 사용하는 고체용 공용비누는 세균에 오염되지 않나요?

손에 묻은 세균은 기름처럼 소수성이어서 물만으로는 쉽게 씻겨지지 않습니다. 이때 비누는 지방산과 염기로 구성되어서 비누를 사용하면 소수성의 기름과 세균이 피부로부터 잘 떨어져 나가게 됩니다. 비누를 사용하는 자체가 세균을 줄이는 것이 아니라 비누를 사용 후 잘 씻어 내는 것이 중요합니다. 비누 자체는 pH가 높아 세균이 살기에 어려운 환경이지만 비누에 남은 거품에는 세균이 살

수 있습니다. 하지만 세균이 살 수 있는 비누 거품도 물로 씻어주면 잘 씻겨 내려가기에 별다른 문제가 생기지 않습니다.

▶ **공용화장실의 핸드드라이어와 페이퍼 타월 중 어느 것이 더 깨끗한가요?**

손씻기가 일상이 된 지금 대다수의 공용화장실에는 핸드드라이어가 설치되어 있습니다. 손을 씻고 나서 물기를 말리기 위해 핸드드라이어를 사용하는데 핸드드라이어는 화장실 내부공기를 흡입하기 때문에 기기 내부에 세균이 증식할 가능성이 높습니다. 따라서 일반적인 핸드드라이어는 변기보다 최대 45배 더 많은 박테리아를 가지고 있을 수 있습니다. 손에 묻은 오염물과 세균을 제거하기 위해 손을 씻은 후 핸드드라이어로 말리면 오히려 세균을 증식하게 되는 역효과를 일으킬 수 있습니다. 페이퍼타월로 손을 말리면 손의 세균을 최대 77%까지 줄일 수 있습니다. 하지만 페이퍼타월은 원재료가 나무이기에 페이퍼타월의 사용은 환경을 파괴하는 것이어서 페이퍼 타월의 사용보다 개인 손수건의 사용을 권장합니다.

▶ **과학적 지식을 보다 쉽게 이해할 수 있는 유튜브 채널들을 소개해주세요.**

사물궁이 잡학지식, 과학쿠키, 카오스 사이언스, 과학드림, YTN 사이언스, TVN 인사이트 등이 있습니다.

더 위험한 과학책(랜들 먼로, 시공사)

더 위험한 과학책 줄거리

이 책은 당신이 성층권까지 높이뛰기를 할 수 있다면, 어떤 방법을 쓰겠는가? 혹은 달뿐만이 아니라 목성, 금성에서 우주 셀카를 찍는 다면, 어떤 방법으로 찍겠는가? 등 그 해답을 과학적으로 알려준다. 미국에서 사이언스 웹툰을 운영하며 아마존, 뉴욕타임스 베스트셀 러 작가의 반열에 오른 랜들 먼로는 미국항공우주(NASA)에서 로봇 공학자로 근무하였으며, 코믹한 사이언스 웹툰을 온라인상에 연재 하다 큰 인기를 끈 작가이다. 심지어는 소행성 이름에 '4942먼로'라 고 그의 이름이 붙기도 했다. 이는 지구와 충돌하면 지구가 멸망할 수도 있는 크기의 소행성이라 한다.

랜들 먼로의 첫 책, 〈위험한 과학책〉은 전 세계 27개국 독자들에게 100만 권 이상 팔린 베스트셀러이다. 지금까지도 여전히 다양한 독자들로부터 사랑받고 있으며, 빌 게이츠 같은 유명 인사들도 그의 책을 격찬하며 추천할 만큼 재미와 학습 두 마리 토끼를 동시에 잡 은 책이다. 그 후속작인 〈더 위험한 과학책〉에는 그 어디서도 찾아볼 수 없는 기발한 상상력과 그 상 상력을 과학적인 방법으로 풀어가는 놀라움이 있다. 집을 통째로 날려서 이사하는 방법이나 나비의 날개에 파일을 실어 해외에 전송하는 법을 과학적으로 알려준다든지, 우사인 볼트와 술래잡기를 한 다거나 우주에서 소포를 부치는 방법을 알려주는 등 기상천외한 발상에 웃음을 짓다가 어느새 자연 스럽게 과학적 지식과 정보를 습득하게 되는 놀라운 일이 일어나게 된다.

▶ 페르미 추정이란 무엇인가요?

'한강에는 얼마나 많은 물고기가 살까?', '서울에서 하루 소비되는 일회용 커 피잔의 수량은 얼마나 될까?'와 같은 문제들은 쉽게 답을 구하기 어렵습니다. 이러한 문제들을 해결하기 위한 방법으로 활용되는 것이 '페르미 추정'입니다. 노벨 물리학상 수상자인 엔리코 페르미는 뉴멕시코 주 사막 한가운데서 핵무기 실험을 진행할 때 폭탄의 위력을 추정하였습니다. 핵무기 실험장소에서 멀리 떨 어진 베이스캠프에서 폭발로 생겨난 바람에 종이조각을 날려보낸 다음, 폭발음 이 들린 후 폭발로 인한 바람이 도착한 시간과 바람에 의해 날려간 종이조각의 변위를 바탕으로 폭탄의 위력이 TNT 1만 톤의 위력에 해당한다고 추정하였습니다. 실제로 이 실험에서 사용한 핵폭탄의 폭발력은 TNT 1만 8600톤이었다고 합니다. 이와 같이 추정자의 기초적 지식과 논리적 추론을 통해 근사값을 얻는 것을 페르미 추정이라고 합니다.

▶ 움직이는 기차 안에서 뛰어도 제자리에 내려앉는 이유는 무엇인가요?

움직이는 기차나 버스에서 뛰어도 제자리에 착지합니다. 기차 안에서는 정지해있는 것처럼 느끼지만 외부에서 관찰하였을 때는 기차 내부에 있는 사람도 기차와 같은 속도로 이동하고 있습니다. 기차와 같은 속도로 이동하고 있는 것이기에 제자리에서 뛴 사람은 관성의 법칙으로 인해 같은 자리에 착지하게 되는 것입니다. 이를 반대로 차량이 갑자기 멈추게 될 때 차량 내부의 사람들이 앞으로 쏠리는 현상과 같습니다. 움직이는 차 안에서 가만히 있는 것처럼 보이지만 차와 같은 속도로 이동하다가 차량이 급정지 시 차량은 멈추지만 내부의 사람들은 관성의 법칙으로 인하여 앞으로 쏠리는 것과 같은 원리입니다.

우리가 절대 알 수 없는 것들에 대해 줄거리

저자는 리처드 도킨스를 이어 옥스퍼드 대학의 과학 대중화 사업을 이끌고 있는 책임자다. 그에 걸맞게, 답하기 힘든 현대과학의 경계를 7장에 걸쳐 유쾌하면서도 명확하게 풀어냈다. 이 책은 우주와 자연의 미지를 개척한 과학자들의 생각과 발견을 조사하고, 우리가 알아낼 수 있는 지식에는 과연 한계가 없는지 탐구한다.

혼돈(CAOS)이론을 바탕으로 미래를 예측하는 일의 한계를 탐구하고, 다음 경계에서는 물질의 구조에 대해 파고든다. 더 이상 쪼갤 수 없는 최소의 단위까지 점검한 후 다음 장부터는 양자역학의 반직관적인 측면과 빅뱅과 블랙홀, 시간의 상대성에 대한 논의가 차례대로 이루어진다. 경계는 의식의 기원을 탐구하는 장으로 인간 존재의 자기 인식에 의문을 표한다. 끝으로 '무한대'를 다루는 수학자들의 이론을 통해 과학의 한계를 바라보는 또 다른 관점을 제시한다.

▶ **프랙탈이란 무엇이며, 활용된 사례도 소개해주세요.**

프랙탈이란 용어는 베누아 만델브로에 의해서 처음 사용되었습니다. 부서진 한 부분이 전체의 모습을 대표한다는 것으로, 부서진 한 부분이 외관상 측정이 불가능하고 무질서하다고 생각되었는데 쪼개어 보니 전체와 닮아 있는 규칙성을 가지고 있다는 것입니다. 여기서 프랙탈은 부서진 조각입니다. 즉, 프랙탈은 복잡한 환경에서도 어떤 패턴이 존재하고 있다는 것을 의미합니다.

프랙탈의 활용 사례로 메타물질이 있습니다. 기존 재료의 한계를 뛰어넘는다는 의미와 새로운 물질이라는 뜻의 합성어입니다. 인공적인 물질을 규칙적으로 배열하여 설계한 것으로 빛이나 음파를 조작하여 투명망토, 고효율 안테나, 음파 은폐물, 음파 증폭물질 등을 구현할 수 있습니다.

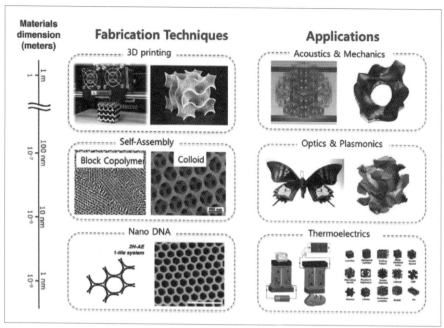

출처 : 메타물질의 규모 및 응용에 따른 제조방식_고분자 과학과 기술 제27권

▶ **카오스 이론에 대해 소개해주세요.**

카오스 이론은 작은 변화가 예측할 수 없는 엄청난 결과를 만드는 것처럼 안정적으로 보이면서도 불안정적이고, 또 불안정해 보이면서도 안정적인 현상들을 말합니다. 무질서 속에서 질서를 가지고 있는 자연현상을 밝혀낼 수 있는 가능성을 만든 것이 바로 카오스 이론입니다. 카오스 이론은 수학, 생물학, 의학, 경제학 등 여러 분야에서 새로운 사고방식을 만들어내는 계기가 되었습니다. 날씨의 변화, 태풍이나 토네이도의 메커니즘, 주식가격의 변화 등이 카오스 이론을 잘 보여주는 예입니다.

자율주행 줄거리

자동차 제조사들뿐만 아니라 많은 IT기업들까지 자율주행차를 개발하기 위해 연구에 매진 중이다. 자율주행차는 단순히 편리한 교통수단을 넘어 이동 제약의 한계를 넘기는 데 도움을 주고 있다. 구글과 테슬라와 같은 기업들은 전통적 자동차 제조사들의 방식을 따르지 않고 소프트웨어 위주의 자동차 개발을 진행 중이며, 우버와 리프트 같은 차량 공유회사들은 차량 소유의 개념을 바꾸고 있다. 이러한 상황에서 자동차 제조뿐만 아니라 자동차와 연관된 기반 시설도 모두 재편될 것이다.

또한 이와 같은 상황들은 곧 도시공간 설계에도 영향을 미쳐 모든 공간이 새롭게 바뀔 것이다. 단순히 운송업계의 변화만 일으키는 것이 아니라 농업, 환경과 에너지, 항공우주산업 등 다양한 곳에 자율주행 기술이 적용될 것이다.

▶ 자율주행차량을 이야기할 때 도로 인프라를 언급하는 이유는 무엇인가요?

자율주행을 위해서 라이다 센서와 카메라 등을 활용하여 장애물과 지도상의 위치를 파악하는 기술에 공을 들이고 있습니다. 하지만 일반도로에서 차선을 유지하기 위해서는 정확한 차선 표시가 있어야 하는데 올바른 염료를 사용하지 않아 차선을 인식하기가 어렵거나 또는 차선 페인트가 지워져서 보이지 않는 경우들이 많습니다. 그로 인해 자율주행을 위한 차선 유지가 어려워집니다. 실제로 테슬라의 오토파일럿 시스템의 경우 차선이 명확하지 않은 도로 위에서는 불안한 모습을 종종 보이곤 합니다. 자율주행차들은 초정밀 GPS시스템과 고해상도 지도를 이용하여 주행하는데, 이때 아주 작은 오차가 생길 경우 사고로 이어질 수 있기 때문에 안전한 자율주행을 위한 도로 인프라 개선이 꼭 이루어져야 합니다.

▶ 자율주행 시대에서 왜 엔디비아와 같은 그래픽회사들이 중요해지나요?

안전한 자율주행을 위해 각종 센서와 여러 대의 카메라가 차량에 부착됩니다. 이를 통해 수집한 데이터들을 AI를 통해 빠르게 분석하는 것이 자율주행의 필수적인 요소입니다. 자율주행 차량에 대한 정보뿐만 아니라 주변 차량들의 속도와 진행방향, 경로방향, 도로 위의 장애물 등을 벡터화시킨 후 주변과 자율주행 차량의 벡터가 겹치는 곳을 최소화하여 운행하는 것이 자율주행의 충돌방지 원리입니다. 이를 가능하게 하는 것은 센서가 아닌, 많은 양의 데이터를 순식간에 계산할 수 있는 하드웨어적 성능이 뒷받침되어야 하기 때문입니다.

 반도체 제국의 미래(정인성, 이레미디어)

반도체 제국의 미래 줄거리

반도체 없는 세상을 상상할 수 없듯이 이제 반도체 산업을 알지 못하고서는 어떤 기술 개발이나 경제성장도 기대할 수 없다. 하지만 반도체가 정확히 무엇인지, 어떤 원리로 만들어지는지, 반도체 산업이 어떤 구조이며, 어떤 경쟁관계를 갖고 있는지는 대부분 잘 알지 못한다.

이 책은 일반인의 반도체에 대한 상식 수준을 높여줄 뿐만 아니라 반도체 산업의 본질을 파악하고, 미래를 전망할 수 있도록 독자들을 이끈다. 현직 반도체 개발검증 연구원인 저자는 초보자들도 쉽게 이해할 수 있도록 복잡하고 어려운 반도체 기술을 건설 공사와 요리에 비유해 설명한다. 제품별 반도체, 예를 들면 메모리, 비메모리, 낸드플래시, 제조공정 등을 누구나 알 수 있도록 기술적 측면을 풀어내고, 반도체 핵심기술의 변화가 어떻게 반도체 산업을 변화시켜왔는지 그 이면에 숨겨진 승자의 법칙을 도출해 향후 미래를 진단할 수 있도록 이끌어준다.

▶ 종합반도체 회사가 아닌 TSMC가 더 영향이 큰 이유는 무엇인가요?

TSMC는 반도체를 설계한 회사가 비용 문제로 생산시설이 없거나 비용을 낮추기 위해 생산시설을 갖추고 있는 회사에 생산을 위탁하는 파운드리 회사입니다. 파운드리를 가장 잘 활용하는 대표적인 예가 애플입니다. 애플은 최근 인텔 칩을 사용하지 않고, 자체 개발한 M1칩을 개발했는데 성능이 인텔칩보다 더 우수합니다. 그로 인해 생산량이 더 많아지고 경쟁력 또한 높아지고 있습니다. 인텔이 설계에 이어 생산까지 확장하면서 부담을 줄이고자 TSMC에 위탁 생산을 하게 되었고 그 결과 가치가 상승하게 되었습니다.

▶ 반도체 기술 발전과 더불어 반도체 소재는 어떻게 발전될까요?

반도체 소재는 크게 공정소재(Process Materials)와 부품(Parts)으로 분류됩니다. 공정소재는 반도체 제조공정에 직접적으로 사용되는 소재로 웨이퍼, 식각

출처 : 용인시 반도체 소재.부품.장비 산업육성 및 발전전략_명지대학교

229

액, 가스 등을 포함합니다. 부품은 반도체 제조 시 간접적으로 소모되는 소재로 주로 반도체 장비의 소모품인 튜브, 링 등도 같이 발전해야 합니다.

〈전공정 재료별 시장 현황〉

소재	제품군	주요기업
실리콘 웨이퍼	실리콘 웨이퍼	신에츠(일), Sumco(일), 글로벌 웨이퍼(대), 실트로닉(독), SK실트론(한)
포토마스크	포토마스크, Blank Mask	Toppan(일), Photronic(미), DNP(일), Hoya(일), S&S Tech(한), 신에츠(일)
포토 소재	PR, SOC, SOD, 공정 부자재	JSR(일), Dow(미), Fuji(일) 등 7개 기업 주도
습식 케미칼	식각액, 세정액	각 제품별 전문기업이 주도, SK쇼와덴코
가스	공정용 특수가스류	글로벌 산업용 가스기업이 주도 (에어리퀴드(프), 린데(독일), 프렉스에어(영) 등), SK머티리얼즈
스퍼터링 타켓	알루미늄, 티타늄, 구리 등	글로벌 4개사 과점(Tosoh(일) 등)
CMP 슬러리와 패드	CMP 공정 소재	슬러리 : Cabot(미) 40% 패드 : Dow Electronic Materials(미) 과점(80%), SKC
기타/신규 소재	유전체, Cu-solvent, 프리커서류	각 제품별 전문기업이 시장 주도
Ceramic Parts	실리콘(Si), 탄화규소(SiC), 알루미늄(Al), Quartz류	글로벌 장비업체 부품류 → OEM 공급

출처 : IHS, SKC

미적분으로 바라본 하루(오스카 E 페르난데스, 프리렉)

미적분으로 바라본 하루 줄거리

'미적분으로 바라본 하루'는 어렵게 느껴지는 미적분을 통해 일상을 스토리텔링 형식으로 풀어쓴 책이다. 사람의 혈관이 특정한 각도를 유지하면서 나눠지는 이유를 알려주고, 왜 모든 물체들은 공중에서 포물선을 그리는지에 대하여 설명해준다. 또한 시간여행이 가능한 이유와 우주가 팽창하고 있다는 것도 미적분을 통해서 증명한다. 어떻게 잠을 더 잘 수 있는지, 극장에서 가장 좋은 자리를 찾는 방법들도 미적분을 통해 배울 수 있다. 일상생활 속에서 적용되는 미적분 공식들을 설명하고, 미적분에 대한 수학적 이해를 돕는다.

미적분을 공부하는 학생들이나 미적분을 공부한 지 오래된 성인뿐만 아니라 아직 미적분을 배우지 않은 사람이라도 이 책을 통해 세상을 다른 방식으로 바라볼 수 있는 시각을 가지게 될 것이다.

▶ **미적분을 배워야 하는 이유가 궁금해요.**

자연에서의 밀물과 썰물, 낙하하는 물체 & 달리는 자동차의 속도, 경제에서 물가의 변동, 생산비의 증감, 수익률의 변동, 사회에서의 인구 변화 등 수많은 변화 현상에는 질서와 규칙이 내포되어 있습니다. 함수란 이렇게 증가하고, 감소하는 변화 상태로부터 규칙을 찾아내는 데 미적분이 활용됩니다.

▶ **수학프로그램을 통해 공부할 수 있는 방법을 알려주세요.**

알지오매스(https://www.algeomath.kr/main.do) : 생각하는 힘을 기르고 재미있게 수학 공부를 할 수 있도록 만들어진 도형 학습 프로그램입니다. 무료 교육용 웹 기반의 프로그램이기 때문에 별도의 설치 없이 사이트에 접속하면 바로 이용할 수 있습니다.

지오지브라(https://www.geogebra.org/) : 기하, 대수, 미적분, 통계, 이산수학, 3차원 기하를 쉽게 다룰 수 있는 무료(자유) 교육용 수학 소프트웨어입니다. 지오지브라는 자바로 작성된 오픈소스 소프트웨어로 동적 기하 소프트웨어(DGS;Dynamic Geometry Software)와 컴퓨터 대수 시스템(CAS;Computer Algebra System)을 결합한 소프트웨어입니다. 따라서 지오지브라는 다양한 수학 영역을 학습할 수 있는 동적 수학 프로그램입니다.

 일론 머스크, 미래의 설계자(애슐리 반스, 김영사)

일론 머스크, 미래의 설계자 줄거리

일론 머스크는 21세기에 가장 주목받고 있는 사업가이자 모험가로 손대는 것마다 그 분야의 산업지형을 바꾸고 있다. 그가 세운 전기차 회사 테슬라 모터스는 장난감 취급받던 전기차를 고급차로 변신시켰다. 스페이스 엑스는 민간 우주왕복선 시대를 열었고, 그가 공동 창업한 솔라시티는 파격적인 대여료로 미국 주택의 지붕을 태양광 패널로 바꿔가고 있다.

이 책은 천재적 재능으로 미래과학의 판타지를 실현하는 일론 머스크의 삶과 실리콘 밸리에서의 성공과정을 들여다볼 수 있다. 일론 머스크의 우주과학과 독서, 컴퓨터에 탐닉했던 유년시절부터 금융 시스템 혁명을 일으킨 페이팔 설립과 매각, 오직 꿈을 이루기 위해 수천 억 달러의 재산을 쏟아 부어 설립한 스페이스 엑스의

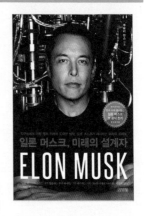

로켓 개발과정, 자동차 산업의 판도를 바꾼 테슬라 모터스의 성공까지 기업들 속에 숨겨진 히스토리를 공개했다.

▶ 솔라시티를 사용하면 전기료 절감에 도움이 되나요?

　솔라시티의 새로운 태양광 모듈은 기존의 모듈과 같은 크기, 같은 무게지만 기존의 태양광 모듈에 비해 30~40%의 에너지를 추가적으로 더 생산할 수 있습

니다. 또한 다른 패널에 비해 고열에 더 잘 견디며, 가격은 와트당 55센트로 중국산 제품과 비교하여 손색이 없을 정도로 충분합니다. 시간당 6메가와트(MW)의 전력을 저장할 수 있으며, 햇빛만 충분하다면 하루 만에 600명이 거주하는 도시의 3일치 전력을 확보할 수 있을 정도로 우수한 성능을 낼 수 있습니다.

▶ **일론 머스크가 주목하고 있는 하이퍼루프가 가능하도록 하는 재료가 궁금해요.**

하이퍼루프(Hyperloop)는 기차와 같은 외관을 하고 있지만 레일이 아닌 진공 튜브에서 이동시키는 형태입니다. 진공튜브의 외벽을 태양광 패널로 만들어 이동에 필요한 전력을 얻은 후 자기장을 이용하여 추진력을 얻은 후 바닥으로 공기를 분사하여 마찰력을 줄임으로써 시속 1,280km의 속도로 이동을 할 수 있는 강력한 소재가 필요합니다. 강철보다 10배 강하고, 무게는 알루미늄의 1/5에 불과한 바이브라늄을 개발했습니다. 또한 수십 킬로미터 길이의 튜브 속 압력을 표준 대기압의 1/1000 이하로 유지하는 기술, 차량 부양기술, 가속기술, 정지기술, 에너지 효율화 기술, 승객들이 불편함을 느끼지 않도록 하는 다양한 재료와 기술들이 필요합니다.

타이탄. 실리콘밸리 거물들은 왜 우주에서 미래를 찾는가(크리스천 데이븐포트, 리더스북)

타이탄 줄거리

타이탄은 워싱턴포스트지의 금융 및 산업 전문기자인 저자가 자신만의 방식으로 세상을 바꿔나가면서 이제는 우주에 주목하고 있는 일론 머스크, 제프 베조스, 리처드 브랜슨, 폴 앨런 등 네 명의 독점 인터뷰와 수년간의 취재 등을 바탕으로 서술했다.

페이팔·테슬라로 실리콘밸리 성공 신화의 주인공이 된 일론 머스크, 전 세계 유통·물류 시스템을 장악한 아마존 제국의 황제 제프 베조스, 독특하고 기발한 홍보 전략의 달인으로 꼽히는 버진그룹 회장 리처드 브랜슨, 빌 게이츠의 마이크로소프트 왕국을 함께 세운 폴 앨런 등 우주라는 플랫폼으로 인류 역사상 가장 폭발적인 변혁을 꿈꾸는 실리콘밸리의 거물들은 민간 우주탐사 시대에서 선두가 되기 위해 고군분투하고 있다.

이 책은 이들이 대담한 비전을 품고 우주산업에 첫발을 내딛는 순간부터 누구도 생각지 않았던 새로운 방식을 시도하고, 각종 불합리함에 맞서 싸우며 나아가는 모든 과정을 자세하게 보여준다. 아직은 먼 미래라고만 알려져 있었던 민간 우주개발의 현주소를 비롯해 실패와 도전, 경쟁과 싸움, 실패와 혁신이 복합된 이들의 모습이 흥미진진하게 펼쳐진다. 4차 산업혁명 이후 산업을 지배할 새로운 블루오션을 알고 싶고, 위대한 혁신가들이 꿈꾸는 미래와 대담한 비전을 공유하고 싶다면 이 책을 통해 그 답을 확인할 수 있을 것이다.

▶ **성능이 우수한 반도체 개발을 위한 소재에 대해 알려주세요.**

반도체 소재는 반도체 소자를 구성하는 재료, 소자를 생산하는 데 사용되는 가스와 화학약품, 소자를 조립하여 완성품을 만드는 데 사용되는 재료 등을 포함하여 크게 공정소재(Process Materials)와 부품(Parts)으로 분류됩니다. 공정소재는 반도체 제조공정에 직접적으로 사용되는 소재로 웨이퍼, 식각액, 가스 등을 포함하며, 부품은 반도체 제조 시 간접적으로 소모되는 소재로 주로 반도체 장비의 소모품인 튜브, 링 등을 포함합니다.

〈반도체 공정별 주요 소재 및 부품〉

반도체 제조 공정 개요

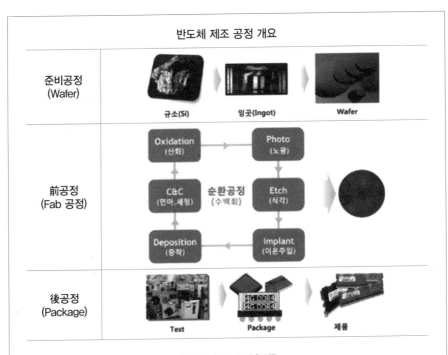

공정별 주요소재/부품

구분		주요소재/부품
준비공정		Si Wafer • Slurry (웨이퍼 제작용) • 부직포, Blade, 오일류
전공정	산화	• 소재 : SiO2, SiN 등의 Gas Chemical
	노광	• 소재 : 감광액(포토레지스트), Interlayer 소재, 반사방지막, 현상액 • 부품 : Chuck류
	식각	• 소재 : Bulk Gas (NF3, C2F6), Wet Etch (HSN, HF) • 부품 : CVD Ring
	증착	• 소재 : 프리커서, Target
	C&C (연마, 세정)	• 소재 : Slurry, Stripper • 부품 : PAD, Conditioner
후공정		• 소재 : 인쇄회로기판(PCB), 리드프레임 등 • 부품 : Probe-card, Tester

출처 : IHS, SKC(2017)

<반도체 8대 공정>

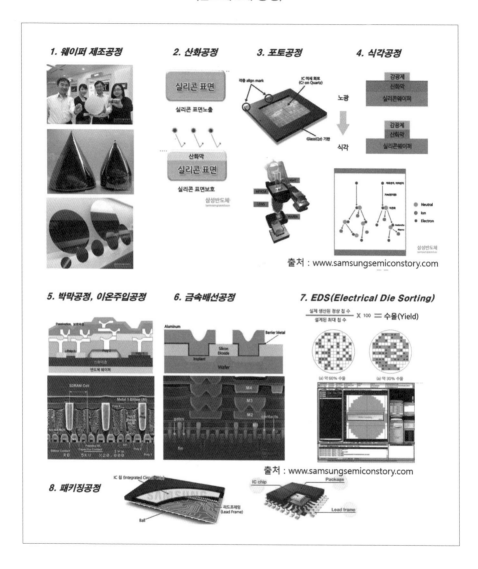

출처 : www.samsungsemiconstory.com

출처 : www.samsungsemiconstory.com

▶ 하이퍼루프처럼 초음속으로 달리는 기차가 운행되기 위해 필요한 소재는 무엇인 가요?

HTT는 강철보다 10배 강하고, 무게는 알루미늄의 1/5에 불과한 바이브라늄을 개발하여 적용할 예정입니다. 스페이스-X는 비용과 용접의 용이성 때문에 철강재로 AK Steel(탄소, 스테인리스 및 전기강 제품)의 탄소강을 적용하는 것으로 설계되었습니다. 또한 레일로 사용되는 6061 알루미늄 판재 T6은 알루미늄 마그네슘 실리콘 합금으로 최대 인장 강도는 최소 290MPa이고, 항복강도는 최소 240MPa로 용접성이 우수하면서 열처리 없이 우수한 인장강도를 가지고 있습니다.

〈스페이스-X의 테스트 트랙 규격〉

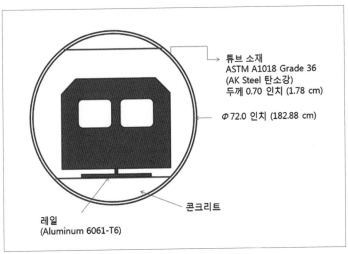

출처 : 하이퍼루프, 2020년 안에 실현된다_포스코경영연구원

PART
4

자소서 엿보기

계열별 관련 학과
자소서 엿보기

 화학공학 관련 자소서

〈화학으로 이루어진 세상〉을 읽으면서 우리의 일상생활이 화학과 직·간접적으로 연결되어 있다는 것을 알게 되었습니다. 그러면서 자연스럽게 화학합성에 관심을 가지고, 진로체험활동으로 컴파운딩 공장으로 견학을 가게 되었습니다. 교과서에서 원유를 분별 증류하면 LPG 다음으로 나프타가 분리되고 이를 정제하여 부텐, 헥센과 같은 공단량체의 투입량을 달리하여 LDPE와 HDPE처럼 밀도가 다른 물질이 생산된 것처럼 금속 느낌을 주는 플라스틱인 MIC가 만들어지는 과정을 직접 관찰했습니다. 똑같은 기계에서 재료의 비율만 달리하여 다른 물성을 가진 플라스틱들이 쏟아져 나오는 것처럼 약도 여러 가지 종류의 약을 대량생산할 수 있을 것이라는 생각을 하게 되었습니다.

폴리에틸렌 계열과 비슷하지만 공정에서 염소기체를 첨가, 중합하는 과정을 거치며 생산되는 PVC와 같은 경우에는 생산단가가 저렴한 반면, 190℃ 이상으로 가열할 시 염산을 방출하며 연소하면서 발암물질인 다이옥신을 방출하는 단점이 있는 점을 보고 유해물질을 생성하지 않는 플라스틱에는 무엇이 있을지 찾아보는 활동을 하였고 환경친화적인 바이오 플라스틱에 대해서 알게 되었는데 바이오 플라스틱도 썩긴 하지만 썩는데 시간이 많이 걸린다는 점이 있어 플라스틱을 대체할만한 새로운 소재 개발의 필요를 느꼈습니다.

또한 병원 봉사활동을 하면서 약에 대한 사례, 그리고 〈세계사를 바꾼 12가지 신소재〉라는 책과 〈세계사를 바꾼 10가지 약〉이라는 책을 읽으면서 퀴닌이라는 약물은 인공적으로 합성할 수 있지만, 비용과 시간이 너무 많이 들기 때문에 천연물에서만 구하거나 유사한 약물만이 있다는 것을 알게 되었습니다. 현재까지 나온 유사한 약물들은 말라리아 원충이 내성을 가질 수 있기 때문에 불완전한 약물이라는 문제점이 있었고, 퀴닌의 합성을 통해 유기합성에 대해서 조사하면서 하나의 뼈대에 특정한 작용기를 붙이는 것에 따라 유기화합물이 달라짐을 알게 되었습니다. 유기합성을 통해 노화로 인한 질병을 치료하는 데 기여하고 싶은 목표가 생겼습니다.

진로희망

화학공학자

동아리활동

병원 봉사활동 이후 약에 관심을 가지고 〈세계사를 바꾼 10가지 약〉이라는 책을 읽고 인공적으로 합성한 약과 천연물을 바탕으로 합성한 약을 비교 분석함. 이후 유기합성에 관심을 가지고 하나의 뼈대에 다양한 작용기를 추가하여 다양한 화합물을 만들 수 있다는 것을 알고, 노화로 인한 질병을 치료하고 포부를 밝힘.

봉사활동

병원봉사활동 3년간 실시, 약으로 치료하는 것을 통해 약을 만드는 과정에 관심을 가지고 유기합성에 관심을 가짐.

진로활동

진로체험활동으로 컴파운딩 공장으로 견학을 다녀온 후, 나프타를 분별 증류하여 에텐, 프로펜, 부타디엔 등 다양한 화학물질을 만들어낼 수 있음을 직접 눈으로 목격하면서 화학물 제조 연구원이 되기를 희망함.

의미 있는 활동

교내 과학영역별 주제발표에서 미세먼지가 우리 몸에 미치는 영향을 알아보며 미세먼지를 저감하기 위해 인공지능을 활용하는 기술 등의 관련 논문 등을 탐색하였습니다. '지능형 AI 기반의 미세먼지 저감 제어시스템' 논문을 읽고 기존의 집진기에서 잡히지 않는 초미세먼지까지 잡을 수 있는 미세먼지 입자끼리 뭉치게 하는 FAA 용액으로 인공지능을 활용하여 집진필터에 분사하여 미세먼지를 포집하여 미세먼지를 크게 줄일 수 있다는 것을 알게 되었습니다. 이런 좋은 시스템을 학교에서는 탐구하기 힘들고 인체에 나쁜 영향을 미칠지 모르기에 '미세먼지를 거를 수 있는 촘촘한 필터를 만들면 좋을 것 같다'는 생각을 하게 되었습니다. 그중에서 제올라이트와 흑연은 미세한 구멍을 갖고 있어 이 분자를 모방한 필터를 제조한다면 흡착 효과를 높여 미세먼지를 효과적으로 제거할 것이라고 생각되었습니다. 이와 관련된 '초 가교 결합된 다공성 고분자의 이산화탄소 포집'에 관한 논문을 읽고 창문에 설치하는 방충망을 필터로 활용하면 적은 비용으로 제조가 가능하면서 물로 세척하여 재사용도 가능할 것이라는 생각을 하여 "다공성 고분자를 활용한 방충망"이라는 주제로 발표하였습니다.

다른 활동으로는 아스피린 합성실험을 통해서 약이 만들어지는 과정을 알게 되었고 합성한 약도 정제하지 않으면 불순물을 먹을 수 있다는 것을 알게 되었습니다. 불순물은 약효를 떨어뜨릴 수 있으며, 부작용까지 유발한다는 것을 알게 되었고 이런 저가형 약물에 대한 문제점을 해결하기 위한 가짜약 판별 AI가 개발되었다는 것을 알게 되었습니다. 더불어 블록체인 기술을 활용하면 약물의 유통 및 거래정보까지 확인할 수 있어 저개발국가에 필요한 사람들에게 제대로 전달될 수 있고 리베이트와 관련된 문제도 해결할 수 있을 것이라고 생각하였습니다. 약품 속에 마이크로 식별자로 QR코드에 정보를 넣는다면 관리뿐만 위조약을 판별하기에도 훨씬 편할 것이라는 것을 알게 되었습니다.

자율활동

교내 과학영역별 주제발표활동으로 '미세먼지가 우리 몸에 미치는 영향'을 주제로 미세먼지를 저감할 수 있는 방법으로 인공지능을 활용한 사례를 조사함. 특히 초미세먼지를 잡을 수 있는 FAA 용액으로 포집하는 기술을 조사함. 학교에서 쉽게 적용할 수 있는 제올라이트와 흑연을 활용한 창문형 필터에 적용하여 미세먼지를 제공할 수 있는 '다공성 고분자를 활용한 방충망' 주제로 발표함.

동아리활동

아스피린 합성실험을 하면서 불순물을 제거하는 방법에 관심을 가짐. 불순물로 부작용까지 유발할 수 있는 가짜약을 판별할 수 있는 기술에 대해 관심을 가지고 조사함. 약의 유통과정과 거래정보를 파악할 수 있는 방법으로 블록체인 기술을 활용하면 좋겠다고 생각함. 또한 약품 속에 마이크로 식별장치가 있으면 좋겠다는 생각을 바탕으로 조사하여 발표함.

학습경험

조원들과 토의하며 심화학습과 실험을 할 수 있었던 화학 시간이 인상 깊었고 학업 정진에 도움이 되었습니다. 토론과정을 통해서 어려운 부분은 서로 질문하고, 답이 나오지 않을 경우에는 선생님께 자문을 구하면서 답을 찾아가는 과정에서 능동적인 탐구학습을 하였습니다. 특히 교과서에서 나온 실험과정이 자세히 기재되지 않았던 '채드윅의 실험'에 대한 내용을 조사해보고, 선생님께 질문하여 알파입자를 베릴륨 박막에 충돌시키는 실험을 통해 발견했음을 알게 되었습니다. 단순한 실험에서 그치지 않고 이를 이론으로 정립하고 원자모형의 변천과정에 기여했다는 점이 흥미로웠습니다.

이전에 탄소화합물을 배우면서 관심 있었던 아스피린 합성실험을 했습니다. 처음에는 아스피린의 수치값이 이론과 다르게 나타나 당황했습니다. 이론을 다시 확인하자 증류수의 불순물을 제대로 제거하지 않았다는 점과 무수 아세트산을 사용하지 않아 수득률이 낮게 나왔다는 것을 알게 되었습니다. 실험을 하기 전 기존 실험을 꼼꼼하게 분석하여 진행하는 것과 사소한 것에도 신경을 써야 한다는 사실을 깨닫게 되었습니다. 일상에서 사용하는 아스피린을 직접 제조해보면서 당연히 되겠지라고 생각하고 넘어갔다면 실험준비 과정과 실험 과정의 중요성을 알지 못했을 것입니다. 또한 채드윅실험에 대한 궁금증으로 인해 실험에 흥미를 가지고 확장된 지식을 습득하여 화학에 대한 관심을 끌어올리는 계기가 되었습니다.

화학 I 세특

조별 토론과정에서 적극적으로 참여하고, 그 이유가 궁금하면 내용이 이해될 때까지 조사하고 토의함.

동아리활동

아스피린 합성실험을 하기 전 사전에 기존 실험 방법과 실험 시 유의사항을 조사하여 공부함.

선생님께 자문을 구하면서 해답을 찾아가는 능동적인 탐구 능력을 지님. '채드윅실험'에 궁금증을 가지고 조사하여 이를 검증하는 모습을 보임.

실험과정에서 그 과정을 꼼꼼하게 기록하여 정리하고, 수득률(yield, 收得率)이 낮게 나온 이유에 대해 조사하여 결과보고서를 제출하는 열정을 보임.

의미 있는 활동

바다에 플라스틱이 떠다니고, 해양 생물이 먹이로 오해하여 플라스틱을 먹는 영상을 보고 플라스틱 문제가 심각하다고 생각해 대체 물질은 없을까 고민했습니다. 과학 기사를 읽던 중 플라스틱과 옥수수를 혼합한 친환경 플라스틱이 있다는 것을 알게 되었고 이를 직접 제조해보고자 과제연구 주제로 선정하였습니다. 플라스틱 수지와 전분을 다양한 비율로 혼합하여 녹였지만 플라스틱이 검게 타기만 했고, 실패 이유를 알아보니 공정 과정에 컴파운딩 기계, 캐스팅 기계가 꼭 필요하다는 것을 알게 되었습니다. 오랜 시간 자료조사에도 실험에 실패하였지만, 조원들을 격려하고 마침 동아리에서 탐구 중이던 '해조류를 이용한 바이오 플라스틱'을 주제로 탐구해보자고 제안했습니다. 알긴산과 글리세린을 혼합하여 1차적으로 필름을 제조한 뒤, 물에 약한 알긴산의 특성을 보완하기 위해 2가 금속(칼슘)과 가교결합한다는 점을 이용해 표면을 코팅하여 물성을 강화하였습니다. 그 결과 염화칼슘 수용액의 농도가 진할수록 필름의 강도와 경도가 전반적으로 강해지는 것을 관찰하였고, 침전시간이 지나치게 길면 오히려 필름의 물성이 약해지는 것을 관찰하여 해조류의 물에 대한 취약점을 실험으로 증명하였습니다.

진로활동

해양 플라스틱의 문제점을 확인하고 친환경적인 플라스틱에 관심을 가지고 조사함. 옥수수를 활용한 PLA 플라스틱으로 페트병을 만들어 활용할 정도로 물리적인 성질도 우수하면서 6개월 이내 분해될 정도로 친환경적인 플라스틱임을 발표함.

동아리활동

주제발표활동으로 '해조류를 이용한 바이오 플라스틱'을 주제로 제안하여 탐구활동을 실시하고 발표함. 해조류 속의 알긴산을 활용하여 강도와 경도를 높일 수 있는 방법을 탐구하면서 관련된 영상과 다양한 논문을 참고하여 취약점을 보완하여 필름의 물성을 보완함.

Q QR 코드를 이용한 약물 관리 시스템은 무엇인가요?

질병에 따른 약물을 처방받고 투여하는 전반의 과정에서 중복 처방과 복용하지 못한 문제를 알려줄 수 있는 시스템이 있다면 이런 문제를 해결할 수 있을 것입니다. 특히 이 시스템을 스마트폰용 어플리케이션으로 관리한다면 약물 처방과정에서 중복되는 부분을 미리 방지하고 약물복용 시간이나 횟수 등을 보다 쉽게 파악할 수 있을 것으로 생각됩니다.

Q 전분계 생분해성 플라스틱과 PLA 생분해성 플라스틱의 차이점은 무엇인가요?

전분계 생분해성 플라스틱은 인장강도와 굴곡강도, 충격강도가 낮아 강도가 높으면서 다양한 모형으로 제조하는 데 한계가 있었습니다. 반면에 PLA 생분해성 플라스틱은 굽힘강성과 인장 및 충격강도가 높아 다양한 모형으로 변형이 쉬우면서도 페트병을 만들 정도로 높은 물성을 가지고 있어 다양한 곳에 활용되어 환경까지 고려한 플라스틱으로 자리매김할 것으로 여겨집니다.

Q PLA 플라스틱이 다른 분야에 활용된 사례에 대해 소개해주세요.

PLA는 섬유와 용기, 부직표, 필터 등 다양하게 활용 가능합니다. 섬유로 면, 양모, 견 등 천연섬유나 레이온과 같은 재생섬유와 혼용하여 굴절률과 광 반사율이 낮으며 선명한 색을 가진 블라우스, 드레스, 스포츠웨어 등에 활용되고 있습니다. 산업용도로는 식물의 생육용 및 이식용 용기, 부직포, 포장재료, 필터 등에 활용되어 환경오염을 막으면서 편리하게 사용할 수 있는 곳에 다양하게 활용이 되고 있습니다.

📍 에너지 관련 자소서

학습경험

'신재생에너지연구원'의 꿈을 가지게 된 1학년 초반 때 '신재생에너지'와 관련하여 공통으로 배우는 과학 과목에서는 이를 배울 수 없었을 뿐만 아니라 관심을 두고 있던 사람도 저 혼자뿐이었기 때문에 정보를 알 길이 없어 답답함은 커져만 갔습니다.

그러다 과학실 앞의 '메탄 하이드레이트'에 대한 패널을 보게 되었고, 천연가스라는 말에 '메탄 하이드레이트'가 기존의 화석에너지인 줄 알았습니다. 하지만 2학년 지구과학 시간에 '메탄 하이드레이트'가 신에너지임을 알게 되었으며, 저처럼 '제대로 된 정보를 접할 기회가 없어 모르는 친구들이 많겠구나.' 라는 생각이 들었습니다. 그래서 지구과학 수업시간 발표를 통해 환경과 신재생에너지에 관련된 자료를 조사하고 분석하여 친구들 앞에서 소개함으로써 친구들이 올바른 지식을 가질 수 있도록 노력하였습니다. 또한 제가 잘 알지 못했던 '메탄 하이드레이트'에 대해 자세히 알아보기 위해 수업시간이 끝나고 지구과학 선생님께 찾아가 '메탄 하이드레이트'의 연구에 대한 현황과 장단점에 대해 질문하여 올바른 지식을 배웠습니다. 또한 배운 지식들을 기록해 두었다가 조사 자료와 함께 보고서를 작성하여 담당 선생님의 자문을 얻는 등의 활동들을 하였습니다.

관심 있는 분야에 대해 스스로 활동을 찾아서 하며 '신재생에너지'에 대해서 공부하다 보니 다른 공부에서는 느낄 수 없었던 즐거움이 느껴졌습니다. 또한 미래의 꿈을 위해 열정적으로 다가가는 저의 새로운 모습을 관찰할 수 있었습니다. 이렇게 직접 경험을 하고 나니, 직업적 흥미와 적성에 맞춰 직업을 선택하면 일의 효율도 높일 뿐만 아니라 자신에게 만족감을 줄 수 있다는 것을 몸소 깨닫게 되었습니다. 그리고 저의 관심 분야와 적성이 자신의 올바른 직업을 택할 수 있게 도와준다는 말을 비로소 이해할 수 있게 되었습니다. 이러한 저의 경험에 기반을 두어 진로에 대해 고민하는 친구들에게도 도움을 주게 된 계기가 되었습니다.

진로희망

신재생에너지연구원을 희망하고 동해안에 있는 메탄 하이드레이트를 활용할 수 있는 연구에 관심을 가짐.

자율활동

멘토멘티활동에서 화학 멘토로 참여하여 친절하게 설명해주어 많은 학생이 질문할 정도로 인기가 높음. 모르는 것을 같이 공부하면서 이해될 때까지 알려주는 열정을 보임.

지구과학Ⅰ 세특

신재생에너지는 신에너지와 재생에너지로 나뉘어 있다는 점과 다양한 사례를 예를 들어 발표함. 특히 '메탄 하이드레이트' 신에너지를 조사하여 이 에너지의 장점을 사진자료와 함께 발표함.

진로활동

진로탐색활동으로 신재생에너지에 관심을 가지고 다양한 신재생에너지의 장단점을 분석함. 미래 유망할 신에너지에 대해 조사하면서 그런 기술을 개발하고 싶다고 포부를 밝힘.

동아리 '화학이야기반'에서 다양한 화학 관련 내용을 읽고 토론하면서 에너지연구원의 진로를 확장시켜 나갔습니다. 특히 '신재생에너지'에 대한 잡지를 읽고 나서 해상 윈드팜을 알게 되었습니다. 저의 주 관심 분야였던 태양광 분야로 적용시킨 사례가 없는지에 대해 호기심을 갖고 조사하다가 수상 태양광이라는 새로운 기술을 알게 되었습니다. 삼면인 바다인 우리나라의 지리적 특성을 이용하여 해상 윈드팜과 마찬가지로 수상 태양광을 적용하여 전력을 생산하면 효율이 높을 것으로 생각되었습니다. 수상 태양광발전을 조사하던 중 '수상 태양광전지가 물에 의한 냉각 효과로 에너지효율은 높아질 수 있지만, 물의 온도가 상승하여 바다 생태계를 파괴하지 않을까?'라는 의문이 생겼습니다. 자료를 조사해도 나오질 않아 결국, 학교 선생님께 찾아가 질문을 해서 답을 얻었으나, 그 답은 '물은 비열이 커서 온도가 잘 올라가지 않는다.'라는 너무 간단한 원리였기 때문에 큰 충격을 받았습니다. 왜냐하면, 마냥 어렵게만 생각하여 기본적인 원리를 잊고 있었기 때문입니다. 이를 통해 결국 아무리 어려운 내용이더라도 과학은 기본적인 지식과 원리에서부터 기초하여 이루어진다는 것을 깨달았습니다.

동아리활동

화학이야기반에서 과학잡지를 읽고 다양한 화학원리를 조사하여 발표함. 신재생에너지 중 해상 윈드팜에 관심을 가지고 원리와 활용성을 소개함. 이후 해상 윈드팜보다 수상 태양광을 활용한다면 에너지 효율이 높아진다는 생각을 가지고 조사하여 발표함.

진로활동

진로탐색활동에서 에너지연구원으로 태양광 발전의 효율을 높일 수 있는 방법을 생각하고 수상 태양광 발전을 활용한다면 좋겠다는 생각을 가짐. 수상 태양광 발전을 많이 설치하면 물의 온도가 상승하여 바다 생태계를 파괴하지 않을까 고민하면서 담당선생님께 질문하여 물의 비열로 큰 영향을 주지 않는다는 것을 확인하고 널리 보급되어야 함을 주장함.

2학년 2학기 화학수업에서 그래핀을 주제로 탐구보고서를 작성하였습니다. 그래핀은 공유결합물질이기에 금속보다 낮은 전기전도성 물질임에도 불구하고 금속보다도 높은 전기전도성을 가지는 이유가 궁금하였습니다. 그래서 '꿈의 소재, 그래핀' 자료와 '그래핀 소재의 개발현황' 등 자료를 찾아보면서 전기전도성이 우수한 이유를 확인할 수 있었습니다.

탄소는 2p오비탈에서 홀전자가 2개 밖에 없는데 4개의 원자와 어떻게 공유결합할 수 있는지 궁금증을 가지게 되었습니다. 그 결과 혼성오비탈을 옥텟규칙을 만족하면서 공유결합을 하는 것이 안정적이라는 것을 알게 되었습니다.

sp3 혼성오비탈뿐만 아니라 또 다른 혼성오비탈까지 찾아보면서 확장된 옥텟규칙까지 이해할 수 있게 되었습니다. 이렇게 공유결합의 지식을 바탕으로 '미래 신소재, 그래핀의 전기전도성'이라는 주제로 탐구보고서를 작성해 발표하였습니다. 극성공유결합과 무극성공유결합의 차이, 극성분자와 무극성분자를 쌍극자 모멘트를 바탕으로 설명하였으며, 혼성오비탈을 개념과 관련된 예를 그리면서 친구들을 이해시켜 친구들로부터 쉽게 이해가 되었다고 칭찬받았습니다.

궁금증을 바탕으로 스스로 탐구하면서 경험을 통한 공부가 단순히 지식을 습득하는 공부보다 이해도도 높고, 오랫동안 기억된다는 것을 알게 되었습니다. 지식의 응용을 통하여 '궁금증을 해결하는 탐구과정'이 진정한 공부의 가치임을 깨닫는 계기가 되었습니다. 이후 만능 신소재라고 배웠던 그래핀을 지속적으로 조사하면서 가장자리를 어떻게 처리하면 좋을지 조사하면서 대면적 그래핀 제조방법과 그래핀 태양전지까지 공부하면서 진로를 구체화시킬 수 있었습니다.

화학 I 세특	진로활동
공유결합과 공유결합물을 공부하면서 그래핀의 전기전도성이 금속보다 우수한 이유에 궁금증을 가지고 조사하면서 '미래 신소재, 그래핀의 전기전도성'이라는 주제로 보고서를 작성하여 발표함. 공부하면서 궁금한 내용을 스스로 탐구해보고 관련 내용이 맞는지 확인하는 열정을 보임.	그래핀의 전기전도성에 대한 탐구활동 이후 그래핀의 활용과 그래핀을 대면적으로 제작할 수 있는 방법에 관심을 가지고 탐구하는 열정을 보임.

의미 있는 책

〈바이오에너지 바이오매스〉

화학 동아리에서 버려지는 과일 껍질에서 얻는 바이오 에탄올과 폐식용유, 콩기름 등에서 얻는 바이오디젤에 대해 조사하고 합성 실험을 진행하였습니다. 연료를 합성하는 데에는 성공하였지만 불순물을 걸러내고 활용하는 단계까지는 도달할 수 없었습니다. 이에 아쉬움을 느껴 바이오에너지와 바이오매스에 대해 더 탐구해보고 싶어 이 책을 읽게 되었습니다. 특히 바이오매스를 구성하는 셀룰로오스, 헤미셀룰로오스, 리그닌 등 생화학적 성분에 대한 기초적인 이해는 바이오매스의 활용에 대한 시각을 넓힐 수 있는 계기로 작용하였습니다. 또한 이를 계기로 바이오매스의 세계에 한걸음 더 들어설 수 있었습니다. 이 책은 바이오매스의 이점만을 내세우지는 않았습니다. 객관적으로 수치화된 자료로 기존의 연료와 바이오매스를 비교하였고 바이오매스가 우월하지만은 않다는 것을 알게 되었습니다. 이렇게 비판적인 시각을 가질 수 있었고, 이는 향후 바이오 분야의 새로운 방향성 제시에 큰 도움이 될 것이라 생각합니다.

동아리활동	독서
폐기물로부터 에너지를 생산할 수 있는 방법에 관심을 가지고 바이오에너지와 바이오매스를 탐구함. 바이오매스에 대해 자세히 알아보고자 〈바이오에너지 바이오매스〉 책을 읽고, 에너지 효율을 수치적인 자료를 바탕으로 이를 이해하는 모습을 보임.	바이오에너지 바이오매스(백기현 외 2)

📋 에너지공학과 면접

Q 해상 풍력발전이 육상 풍력발전보다 효능이 더 좋은가요?

네, 더 좋습니다. 육상에서는 풍력발전 효율을 향상시키기 위해 대형 풍차를 설치하고 싶어도 도로 폭에 따라 자재를 반입하는 데 한계가 있고 평균 풍속도 낮습니다. 하지만 해양에서는 그러한 장벽이 낮아지고, 부지에 제한이 없고, 경관이나 소음 등 환경 문제가 적으며 평균 7m/s 속도로 바람이 불어 에너지 발생이 더 높습니다.

Q 창문에 붙이는 투명 태양전지에 대해 소개해주세요.

창호형 고효율 투명 태양전지는 기존 건물 일체형 태양광 발전(BIPV) 방식의 어려움을 해소할 뿐만 아니라 유리에 붙여 전력을 생산과 열에너지 보전 기능을 동시에 수행할 수 있습니다. 갈륨비소(GaAs) 태양전지가 적용된 투명발광집광판(LSC) 모듈을 개발하여 에너지를 생산하는 태양광 전지로 5cm×5cm 단위셀로 5.33% 발전효율을 갖고 있습니다.

Q 바이오에너지의 생산원료에 대해 아는 것이 있으면 말해주세요.

바이오에너지의 생산원료인 바이오매스는 유기성 폐기물, 목질계 바이오매스나 농산물계 바이오매스 등은 수분이 적은 상태의 것을 사용할 수 있습니다. 바이오매스 중 지속적인 공급 가능한 생산원료는 에너지작물이라고 하는데 삼림바이오매스나 사탕수수, 팜 등이 있습니다.

신소재 및 고분자 관련 자소서

의미있는 활동

신소재에 매력을 느껴 '극저탄성 타이타늄 신 합금의 생체적합성 및 물리적 특성 연구'라는 주제로 교수님과 대학원생, 대학생들과 이 분야에 관심 있는 친구들과 함께 화학 선생님의 추천으로 참여했습니다. 학교에서는 입시를 위한 공부 때문에 교과서를 통해서만 간접적으로 보고 배웠는데, 연구 활동을 통해 전문적인 지식을 갖춘 분들로부터 도움을 받으며 실험에 참여하면서 연구원의 자질을 키울 수 있었습니다.

생체적합성의 판단을 위한 연구에서 마우스의 외피, 내피를 '마이크로톰'으로 잘라서 관찰하는 활동이 있었는데, 몰드를 슬라이스하는 작업을 할 때, 시간이 오래 걸려 빨리 손잡이를 돌리다가 열에 의해 몰드가 녹아 패여 버렸습니다. 그 후 주의하며 천천히 3번을 더 실시하고서야 성공할 수 있었습니다. 여러 차례 실패를 통해 사소한 것에 의해 실험 결과가 달라진다는 것을 깨닫고, 이를 기록하여 다음 실험에서 반복되지 않도록 대비하였습니다. 이는 여러 개의 샘플로 동일한 실험 결과를 얻어야 함을 알게 된 소중한 경험이었습니다.

또한 연구 활동을 하면서 궁금한 점을 해결하기 위해 산업체를 방문하여 실제 연구 과정과 실험실을 둘러보며 연구 결과가 실생활에 적용되기까지 생각보다 많은 시간이 소요됨을 알게 되었습니다. 하지만 연구 결과가 실생활에 적용되고 사람들에게 유용하게 쓰이는 모습을 보게 된다면 그 뿌듯함은 말로 다 할 수 없을 정도로 크다는 말씀을 연구원으로부터 여러 번 듣게 되었습니다. 저 또한 나중에 '효율 높은 태양광발전'을 개발하여 실생활의 다양한 곳에서 사용되어 지구의 환경개선에 크게 기여하는 모습을 상상하며 '신재생에너지연구원'이라는 진로를 더욱 확신하게 되었습니다.

진로활동

화학선생님의 추천으로 대학교 연구실 탐방을 함. '극저탄성 타이타늄 신 합금의 생체적합성 및 물리적 특성 연구'라는 주제로 탐구하면서 티타늄이 생활 속에서 다양하게 활용된다는 것을 알게 되었음. 특히 생체적합성 탐구를 위해 세 번씩이나 노력의 결과로 성공하여 보고서를 작성함.

동아리활동

태양광 발전의 효능 탐구활동에서 값싸면서 효율이 높은 패로브스카이트 태양광 발전을 조사하여 발표함. 특히 다양한 색깔을 통해 지붕뿐만 아니라 벽면에도 적용하여 에너지 효율을 높일 수 있음을 소개함. 티타늄 합금을 활용한 산업체를 방문하여 실험실에서의 연구가 어떻게 산업체에 적용되는지 알아보는 열정을 보임.

저는 일상생활에서 겪는 궁금증을 직접 눈으로 확인해보고 싶은 습관을 가지고 있습니다. 특히 해안가 지역에 갔을 때, 테트라포트 구조 방파제를 보고 "왜 저렇게 위험한 구조를 하고 있을까?", "저 구조가 정말 거친 파도를 줄일 수 있을까?", "더 안전하고 좋은 구조는 없을까?" 하고 궁금증을 가졌습니다. 그래서 관련 자료를 찾아보며 〈방파제 모형에 따른 해파의 피해 비교와 최소화 방안〉을 주제로 팀을 구성해 탐구보고서를 시작했습니다.

테트라포트 구조 방파제의 가장 큰 문제점인 비안전 구조와 파도를 1차적으로 밖에 못 막는 점을 보완할 수 있는 방파제를 직접 그려보면서 팀원들과 함께 의견을 공유해보았습니다. 이중커튼식, 물에 뜨는 스티로폼식, 다공성 구조를 가진 스펀지식 등 다양한 의견들을 선정하여 이를 기반으로 실험을 진행했습니다. 1.5m짜리 수조에 간이 해안가를 만든 후, 일정한 힘을 가하여 파도를 발생시켜보면서 각각의 방파제가 해파를 감소시키는 정도를 확인할 수 있었습니다. 해양대지와 사슬로 연결시킨 다공성구조 스펀지방파제가 막대사발을 이용해 제작한 기존의 테트라포트 구조 방파제보다 효과가 있다는 것을 증명해내어 선후배연합동아리에서 최우수 탐구조로 선정되었습니다. 하지만 이를 현장에 적용하는 데에는 한계가 있어 더 효과적인 방법을 찾지 못했다는 아쉬움이 남았습니다. 이때의 경험은 제가 평소에 느꼈던 궁금증이나 발상들을 친구들과 함께 공유하고 같이 머리를 맞대어 고민해보는 시간을 가져 탐구력을 향상시킬 수 있었으며 개발자의 꿈을 키우는 뜻깊은 활동이었습니다.

동아리활동

테트라포트 구조 방파제를 보고 안전하면서 해파감소 효과가 뛰어난 모형에 대해 탐구함. '방파제 모형에 따른 해파의 피해 비교와 최소화 방안' 주제로 1.5m 수조에 다양한 방파제 모형을 실험하여 최우수상을 수상함.

행동특성 및 종합의견

멘토-멘티 프로그램에 참여하여 친구들에게 과학멘토로 참여하여 친절하게 설명함. 평소 궁금한 점이 있으면 친구들과 스터디를 구성하여 토의하면서 문제를 해결해나가는 등 탐구능력이 뛰어남.

공대 캠프에서 공학자의 자질에 대한 강의를 듣고 지역 사회 문제에 관심을 가졌습니다. 3D 프린터 작업실에서 프린터의 노즐에서 발산하는 열 때문에 온도가 높지만 출력물 변형 방지를 위해 에어컨을 틀 수 없는 문제점을 발견했습니다. 프린터의 노즐에서 발생하는 열을 재활용하여 출력물 주위 온도를 유지하면서 작업실의 온도를 낮추는 아이디어를 제시하였습니다. 이를 바탕으로 펠티어소자의 냉각부와 노즐을 접촉시켜 노즐을 냉각하고, 발열부의 열을 반사판을 이용하여 출력물에 집중시키는 '3D프린터 자이글'을 구상하였습니다. 이후 교수님, 친구들과 꾸준히 피드백을 주고받아 절충적인 개선방안으로 실제 크기의 프로토타입을 제작하였습니다.

자율활동	독서활동
공대캠프에 자원하여 3D프린터를 작동법과 모델링을 배움. 프린터 노즐에서 높은 열로 인해 소재의 변형을 방지하기 위해 에어컨을 작동한다는 것을 알고, 효과적으로 이 문제를 해결할 수 있는 방법에 대해 탐구함. 펠티어소자를 이용하여 문제를 해결하고 이를 프로토타입으로 제작하는 열정을 보임.	열전발전소자 기술 및 활용 분야(편집부)

의미 있는 책

〈바이오 플라스틱 시장조사보고서〉

탐구활동으로 셀룰로오스, 해조류 등을 활용한 바이오 플라스틱에 대해 탐구한 후 현재 바이오 플라스틱의 연구 동향과 활용 방안에 대해 더 알고 싶어 이 책을 읽게 되었습니다. 바이오 플라스틱이 현재 기술까지 발전해온 역사, 국제규격 기준, 국제적인 연구 진행 동향 등의 내용을 공부하는 데 도움이 되었습니다. 그리고 이 책은 바이오 소재 분야로의 제 꿈을 설정하는 데 확신을 더해준 책입니다. 책을 통해 우리나라는 안정적인 바이오매스의 수급 능력이 떨어지기 때문에 가공제품 중심의 다운스트림 부문이 바이오산업의 핵심이 된다는 것을 알게 되었습니다. 하지만 국제적으로 바이오매스의 가치는 점점 높아지고 여러 국가에서 환경 관련 규제가 가해지고 있기 때문에 PLA 같은 원료의 수입만으로는 더 이상 세계 시장으로 수출에서 우위를 점하기 힘들 것이라 생각했습니다. 그래서 국내 환경에서 산업화에 유리한 원료를 찾는 것이 우선이라고 생각하게 되었고, 바이오 관련 직종에 관심을 가진 결정적 계기가 되었습니다.

진로활동	독서활동
진로탐색활동으로 플라스틱으로 인한 환경오염 문제를 해결할 수 있는 방법으로 바이오 플라스틱에 관심을 가지고 PLA 플라스틱을 조사하여 탐구보고서를 작성하여 발표함.	플라스틱(나탈리 공타르) 바이오 플라스틱 시장조사보고서(테헤란씨씨)

📋 신소재 및 고분자공학과 면접

Q 티타늄 금속의 활용에 대해 아는 것을 소개해주세요.

초기 응용 분야는 항공 우주재료로부터 안경테, 골프채 헤드, 테니스 라켓, 시계와 같은 일상 용품뿐만 아니라 인공 관절이나 뼈와 같은 생체 금속으로도 사용되고 있습니다. 티타늄은 비강도(비중 대비 강도) 특성이 우수하여 항공기용 소재에 널리 사용되고 있습니다. 또한 티타늄은 토목과 건축 분야에서도 주목받고 있습니다. 비중이 작아 기존 소재 대비 중량을 적으면서 양극산화에 의해 고유한 티타늄 발색이 가능하여 높은 의장성과 불연성의 우수한 장점이 있습니다.

Q 바이오 플라스틱의 종류에 대해 알고 있는 것을 말해주세요.

바이오 플라스틱은 크게 생분해 플라스틱, 산화생분해 플라스틱, 바이오 베이스 플라스틱으로 나눌 수 있습니다. 생분해 플라스틱은 옥수수나 사탕수수 등의 셀룰로오스로 6개월에 90% 이상 분해되고, 산화생분해 플라스틱은 36개월에 60% 이상 분해됩니다. 바이오 베이스 플라스틱은 분해 기간과는 상관없이 이산화탄소 저감을 통해 지구온난화 방지를 위한 제품입니다.

Q 소재와 소자의 차이점이 무엇인가요?

차세대 태양전지 소재로 활발히 연구되고 있는 유무기복합 페로브스카이트는 높은 빛–전기 변환 효율을 가지고 있으며, 화학적인 방법을 통한 저가 제조가 가능합니다. 이때 페로브스카이튼 소재가 되며, 이 소재를 기반으로 태양전지뿐만 아니라 LED, 트랜지스터 등 다양한 전자소자를 만들 수 있습니다.

📍 기계공학 관련 자소서

학습 경험

수학축전에서 딱딱한 수학의 틀을 깨고 일상생활에서 사용되는 수학을 알아보기 위해 참여하게 되었습니다. 상향등 해부를 통해 기하와 벡터의 이차곡선을 이용하여 여러 가지의 빛을 한 초점으로 모아 좀 더 멀리 빛을 보낼 수 있는 것을 알게 되었습니다.

그로 인해 교과 발표 시간에 수학이 미래의 직업에 미치는 영향과 이차곡선의 원리가 실생활에 적용되는 사례를 찾아 발표해 수학 수행평가에 높은 점수를 받았습니다. 이러한 활동으로 수학적 원리의 필요성을 깨닫게 되는 계기가 되었습니다. 공식의 증명과정을 제대로 알지 못하고 암기만을 하면서 문제를 풀다 보니 응용 능력이 떨어지는 것이라고 판단되어 수학공식을 증명하면서 원리를 이해하는 학습을 하기 위해 '극한'이라는 동아리를 만들어 증명하는 활동을 하였습니다. 특히 '로피탈의 정리'를 이해하지 못해 '공학수학(연세대학교-김동호)' 강의를 들으면서 궁금했던 공식에 대한 증명과정을 이해하게 되었습니다.

또한 '테일러의 급수'라는 내용 설명을 듣고 공학계산기가 직접 삼각형을 그려 삼각함수를 계산할 수 없음으로 이러한 공식을 이용하여 최대한의 근사값을 구할 때 사용함을 알게 되었습니다. 테일러의 급수를 증명하는 과정에서 ROLLE의 정리와 평균치의 정리에 대한 내용을 복습할 수 있었습니다. 그리고 테일러 급수를 이용하여 우리가 미적분2에서 배우는 지수, 삼각, 로그함수와 같은 초월함수를 다항함수로 표현해보는 활동을 하였습니다. 그러나 낯선 정의인 잉여항에 대한 이해 때문에 어려움을 겪었습니다. 이를 이해하기 위해 '무한급수와 함수의 전개'라는 강의를 듣고 잉여항에 대한 의미를 정확히 알게 되었고 테일러 급수뿐만 아니라 이를 이용한 매클로린 급수 또한 알게 되었습니다. 이렇게 배운 내용을 멘토링을 통해 친구들과 같이 토론해보고 응용문제를 해결하면서 수학을 깊이 있게 탐구하면서 원리이해와 탐구가 재미있어졌습니다.

자율활동

수학축전에 참여하여 기하와 벡터의 이차곡선을 활용한 다양한 사례를 바탕으로 이해함.

미적분 세특

지수함수, 삼각함수, 로그함수와 같은 초월함수를 다항함수로 표현할 수 있음. 잉여항에 대한 내용을 이해하고자 '무한급수와 함수의 전개'를 듣고 이해하고, 이해한 내용을 친구들에게 설명함.

동아리활동

극한 수학동아리에서 '로피탈의 정리'를 이해하지 못해 '공학수학' 강의를 듣고, 증명과정을 이해함. 테일러 급수와 롤의 정리 등을 증명해냄.

독서활동

수학의 확실성(모리스 클라인)
문명, 수학의 필하모니(김홍종)
알기 쉽게 풀어쓴 기초공학수학(김동식)

눈으로만 보았던 과학축전을 제대로 준비해서 참가하고 싶어 'Science Master'라는 동아리를 만들었습니다. 3D프린터로 물건을 만들기 위해 'CADian3D'라는 프로그램을 이용하여 기본적인 3D모델링을 해보았습니다. 특히 3D프린터로 와인잔 걸이 만들기를 하는 중 블랜드를 서로 다른 원통을 연결할 때의 어려움이 있었으며 단축키를 사용하는 데 어려움을 겪어 간단한 와인잔 걸이를 만드는 데 1시간가량 걸리게 되었습니다. 이러한 활동들로 저만의 모델을 만들어보고 3D프린터 모델링에 대한 전문성을 키워나갔습니다. 또한 부원들에게 '3D프린터의 활용 및 현황 고찰'과 '3D프린터와 형상기억합금을 이용한 유연 복합재 구동기'라는 논문을 토대로 만든 PPT와 함께 3D프린터로 만든 항공기 B787엔진을 동영상을 보여주며 3D프린터에 대한 전문성과 관심을 높였습니다. 그러나 3D프린터 부분으로 과학축전에 참가하기 위해서는 3D프린터 기계가 필요한데 기계를 빌리는 어려움과 기존에 연결되었던 전문가들과 연락이 되지 않아 3D프린터 부분으로는 출전하지 못하게 되었습니다. 하지만 제가 모델링한 것을 직접 만들어보고 싶은 마음으로 광주창조경제혁신센터를 방문해 3D프린터로 직접 물건을 출력해 보았습니다. 표면이 매끄럽지 못해 매끄럽게 출력할 수 있는 SLA방식의 3D프린터로 출력해보고 싶다는 생각을 가지게 되었습니다.

한 달에 2번씩 있는 독서, 토론활동시간에 공학에 관심이 많은 친구들과 공통의 책을 정하고 그 책에 대해 토론하는 그룹을 만들었습니다. 〈노벨상과 수리공〉이라는 책을 읽고 순수과학과 엔지니어링 중 어느 분야가 우선시 되어야 하는지에 대한 토론을 하였습니다. 저는 '엔지니어링이 순수과학을 이끈다'라는 주장으로 토목 엔지니어링의 산물인 중세시대 독일의 쾰른성당이 과학적 산물인 뉴턴역학 이전에 존재했음을 통해 엔지니어링이 과학보다 먼저 존재했음을 주장하여 공학의 중요성을 알렸습니다. 또한 〈공학이란 무엇인가〉를 읽고 14가지 분야로 분류된 공학을 두 가지씩 맡아 조사하여 발표하는 활동에서 '기계공학'과 '산업 및 시스템 공학'에 대한 보고서를 작성하여 발표하는 활동을 통해 기계공학의 미래를 분석할 수 있는 기회를 얻게 되었습니다.

자율활동

과학축전에서 3D프린터 부문으로 참여하여 다양한 3D프린터를 소개하여 쉽게 제작할 수 있는 방법을 안내함. 3D프린터 펜으로 측정 제작할 수 있는 방법을 안내해주는 등 적극적으로 참여함.

동아리활동

Science Master 동아리에서 3D프린터 팀장으로 모델링하는 방법을 알려주고, 프린터가 고장나는 것을 수리하는 등 맡은 임무를 적극적으로 수행함. '3D프린터의 활용 및 현황 고찰'과 '3D프린터와 형상기억합금을 이용한 유연 복합재 구동기'라는 논문을 읽고 복잡한 제품을 모델링하는 기술을 익힘.

동아리활동

엔지니어 동아리에서 '엔지니어링이 순수과학을 이끈다'라는 주장으로 토목, 기계 등 다양한 분야에 활용된다는 것을 소개함. '기계공학'과 '산업 및 시스템 공학' 주제로 보고서를 작성하여 발표함.

독서활동

노벨상과 수리공(권오상)
공학이란 무엇인가(성풍현)
쉽게 배우는 기계공학 개론(유주식)

지원동기와 노력과정

3D프린터 모델링에 대한 관심을 갖다 보니 자연스럽게 기계설계 및 시스템에 대한 관심이 많아졌습니다. 그래서 기계공학 지식을 활용하여 인간과 환경에 유용한 가치를 창출할 수 있는 기계시스템공학 전문인이 되고 싶어 00대학교 기계시스템공학과에 지원하게 됐습니다.

저는 3D프린터 모델링과 같이 설계에 대한 관심이 많은 친구들과 함께 기계설계 동아리를 만들었습니다. 제품 설계에 대한 능력을 쌓기 위해 우리 지역의 기업에서 3D프린터를 체험할 수 있는 곳을 찾아 직접 찾아가 모델링을 하는 법을 배우게 되었습니다. 또한 디자인 능력을 쌓기 위해 CADian3D 프로그램을 통해 간단한 파이프부터 스탠드 조명까지 만들어 보았습니다. 유튜브를 통해 기본적인 지식을 쌓고 단축키를 익혀 3D모델링이 익숙해지면서 저만의 제품을 만들 수 있었습니다.

성공적인 제품 설계를 위해서는 제품의 기능과 모양 그리고 제품의 재질과 제조 방법을 결정하기 위한 다양한 공학적 지식이 필요하다는 것을 깨닫게 되어 '동역학' 강의를 듣고 질점의 역학과 강체의 역학의 개념과 특징을 이해할 수 있었습니다. 그러나 강체의 운동 중 회전운동에 대한 부분이 잘 이해가 가지 않아 이 내용을 더 잘 이해하기 위해 공학에 관심 있는 친구들과 스터디그룹을 결성하여 일반물리학 중 강체의 회전운동과 평형에 대해 공부하면서 기본적인 내용을 이해했으며, 회전운동 중 우리가 흔히 사용하는 여닫이문을 이용한 돌림힘에 대한 실험 또한 해보았습니다. 이런 경험을 통해 기계설계의 기초가 되는 공학적 지식뿐만 아니라 기계설계를 체험해볼 수 있었습니다.

동아리활동

디자인 능력을 쌓기 위해 CADian3D 프로그램을 통해 간단한 파이프부터 스탠드 조명까지 다양하게 제작함. 유튜브를 통해 모델링 시간을 단축하기 위해 단축키를 익혀 3D모델링 실력을 향상시킴.

물리학Ⅰ 세특

강체의 운동 중 회전운동에 대한 부분이 잘 이해가 가지 않아 공학에 관심 있는 친구들과 스터디그룹을 결성하여 일반물리학 중 강체의 회전운동과 평형에 대해 공부함.

탁구공 발사대를 제작해 목표지점에 탁구공을 넣는 실험을 했습니다. 수십 차례의 발사 실험을 기반으로 낙하지점을 예상했으나 부정확했습니다. 정확한 낙하지점 예측을 위해 발사체의 각도와 탁구공의 발사 속도를 이용하여 최고점의 높이와 수평 도달 거리를 계산하여 포물선 운동체의 궤적을 보여주는 프로그램을 제작했습니다. 실험을 진행했으나 낙하지점이 계산 거리보다 가까웠습니다. 계산식에 오류가 있다고 판단했고, 여러 번 증명하고, 검토했으나 오류는 없었습니다. 실험을 계속하며 수평방향의 속도가 감소함을 발견하고 공기저항을 고려하지 않았음을 알았습니다. 해결을 위해 구체의 공기저항 계수와 단면적, 실내 공기 밀도 등을 고려해 새로 코딩했고, 낙하지점을 정확히 예측했습니다. 반복 실험을 통해 실험의 오류를 발견할 수 있다는 사실과 고전역학은 물체의 운동을 합리적이고 효율적으로 설명할 수 있음을 경험한 활동이었습니다.

각도를 제어하여 구동하는 서보모터를 보고 '삼각함수를 활용하여 로봇팔 관절의 각도를 수학적인 방법으로 구할 수 없을까?'라는 의문을 가졌습니다. 이를 조사하며 로봇팔의 끝점 위치를 알면 역기구학을 활용하여 각 관절 각도를 구할 수 있음을 알았습니다. 정기구학으로 끝점 위치를 찾고, 역기구학으로 2DOF 관절 각도를 구하는 연습을 했습니다. 하지만 제가 이용하던 로봇팔이 3DOF였고, 행렬을 배우지 않은 상황에서도 관절 각도를 구할 방법을 탐색했습니다. 삼각함수표로 각도와 값을 일대일대응 하여 찾듯 3DOF 끝점 위치에 따른 관절 각도를 찾아 '끝점위치표'를 직접 제작했습니다. 끝점의 활동 범위인 반지름 15cm 반구 내에서 간격을 1cm로 하여 위치에 따른 각도를 일일이 구했습니다. 수학적으로 계산도 해보고 직접 일일이 구하기도 하며 둘을 비교하여 수학이 주는 편리함과 정확함을 경험했습니다. 로봇에서 고려되는 링크의 위치, 속도 및 가속도를 다루는 로봇기구학을 활용하면서 수학의 중요성에 대해 알 수 있었습니다.

동아리활동

발사실험을 기반으로 낙하지점을 예상하기 위해 탁구공 발사대를 제작하여 탐구함. 수십 차례의 발사실험을 하면서 정확한 낙하지점 예측을 위해 발사체의 각도와 탁구공의 발사 속도를 이용하여 최고점의 높이와 수평 도달거리를 계산하여 포물선 운동체의 궤적을 보여주는 프로그램을 제작함.

진로활동

각도를 제어하여 구동하는 서보모터를 활용한 정기구학으로 끝점 위치를 찾고, 역기구학으로 관절 각도를 구하는 연습을 함. 로봇에서 고려되는 링크의 위치, 속도 및 가속도를 구하면서 수학의 중요성을 깨달음.

Q 로봇팔 구동방식에 대해 소개해주세요.

유연 로봇 팔의 구동방식은 공압, 유압, 와이어 등 다양합니다.

Q 로봇팔을 효과적으로 제어할 수 있는 방법은 무엇인가요?

자동제어 방식 가운데서 가장 흔히 이용되는 PID 제어방식이 있습니다. 조작량을 목표값과 현재 위치와의 차에 비례한 크기가 되도록 하여 서서히 조절하는 비례제어, 적분제어, 미분제어를 통해 목표값에 가까이 갈 수 있도록 하여 정밀하게 제어하는 방법입니다.

 자동차 관련 자소서

의미 있는 활동

'테슬라 자동차의 최대속도 402km/h' 이렇게 빠르게 달리는 전기자동차 뉴스를 보고 '어떻게 이런 성능이 가능하지?'라는 궁금증으로 전기자동차에 관한 정보를 검색해보면서 우리나라에도 이런 성능 좋은 자동차가 있는지 조사해보았는데 아직은 없었습니다. 앞으로 2020년 이후에는 전기자동차만을 판매하는 나라도 있다는 기사를 보면서 내가 그런 성능이 좋은 자동차를 만들고 싶다는 생각을 가지게 되어 자동차공학자라는 꿈을 정하게 되었습니다.

전기자동차 연구원이 되기 위해 과학동아리를 직접 창설하고, 창조경제혁신센터에서 미래 에너지와 자동차를 관람하면서 자동차에서 생산된 전기를 집에서도 사용할 수 있는 시대가 온다는 것이 너무 획기적이었으며, 앞으로 전기를 공짜로 사용할 수 있는 시대가 올 수 있을 것이라고 생각하게 되었습니다. 관람 이후 인버터 회로에 대해 관심을 가지고, '전기자동차용 고효율 승압형 DC/DC 컨버터 개발' 자료를 읽으며 인버터 회로는 교류를 직류로, 직류를 교류로 변환해주는 것으로만 알았는데, 자동차의 직류 전압이 낮아 높은 전압에서 바꾸어줄 때에도 인버터가 필요하다는 것을 알게 되었습니다. 이는 물리시간에 단순히 변압기라고 배웠던 것이 생각났습니다. 그전에는 시험을 위한 공부로 단순하게 전압을 변환해주는 것이라고 공부하고 어디에 활용되는지 조사하지 않고 지나쳤던 저를 반성하는 계기가 되었습니다.

그 이후 전기자동차에 관한 다양한 지식을 익히기 위해 과학잡지를 보면서 지식을 습득하던 중 '전기자동차와 미래에 대하여'라는 삼성SDI의 글을 읽으며 HEV, PHEV, EV로 순서대로 발전될 것을 이해하고 순수 전기자동차 연구원이 되어야겠다고 다짐하였습니다. 특히 배터리 성능이 우수해야 장거리 여행도 가능하며, 남는 전력을 가정용으로도 활용할 수 있을 것이라고 생각되어 비싼 리튬전지보다 충·방전을 더 많이 할 수 있고, 싸고 쉽게 구할 수 있는 나트륨전지에 대한 공부를 하면서 꿈을 키워나갔습니다.

동아리활동	진로활동
'테슬라 자동차의 최대속도 402km/h' 기사를 읽고, 전기자동차의 성능을 알아보기 위해 '전기자동차용 고효율 승압형 DC/DC 컨버터 개발' 자료를 참고하여 인버터의 중요성을 깨닫게 됨. 다양한 전기자동차에 관심을 가지고 비교 조사하여 발표함.	진로체험활동에서 창조경제혁신센터에 방문하여 수소연료전지와 전기자동차의 원리를 확인함. V2H를 통해 가정용 전기를 저렴하게 활용할 수 있는 방법에 대해 탐구함.

학습경험

[저탄소 자동차 공학 책을 통해 자동차 설계디자이너 진로를 정하게 되다]

자동차공학자라는 진로를 가지고 관련된 책을 찾아보던 중 〈저탄소 자동차 공학〉이라는 책을 읽게 되었습니다. 책을 읽는 과정에서 이산화탄소가 배출되지 않는 수소연료전지를 도입해야 한다는 것을 알게 되었습니다. 수소연료는 가연성 기체로 매우 폭발성이 높은 기체인데 이를 저장하는 방법에 대한 연구가 많이 진행되고 있습니다. 이러한 위험 요소를 줄이기 위해 수소저장합금이라는 신소재가 개발되었다는 것과, 수소에너지를 가정용 전력으로도 활용하는 기술이 개발되고 있다는 것을 알게 되었습니다. 또한 공기저항을 줄이면서 더 안전하게 운행할 수 있도록 하기 위해 사이드미러를 카메라로 대체하는 기술들이 도입되고 있다는 것을 알게 되었습니다. 공기저항을 줄이기 위한 내용을 더 자세히 알아보기 위해 관련 자료를 검색하였는데 유선형 자동차가 디자인되었다는 것을 알게 되었습니다. 또한 이런 멋진 자동차를 최근에는 한국인 디자이너들이 유명 자동차회사에서 활동하고 있는 것을 알게 되었습니다. 그래서 저도 자신감을 가지고 자동차 디자이너라는 구체적인 진로를 정하게 되었습니다. 이후 더욱 깊이 있는 물리 공부를 하게 되었으며 이런 노력의 결과 교내 창의사고력대회 물리 부분에서 좋은 결과를 얻게 되었습니다.

진로활동	독서활동
자동차공학자 진로를 가지고 〈저탄소 자동차 공학〉 책을 읽고, 수소연료전지차가 앞으로 널리 활용될 수 있다는 것을 예측함. 이후 수소저장합금의 중요성을 깨닫고 관련 내용을 탐구함.	저탄소 자동차 공학(김철수) 수소저장합금의 응용기술(권호영 외2)

의미 있는 활동

[나로 우주과학캠프를 통해 자동차공학자 꿈으로 다가가는 기회를 얻게 되었다.]

나로 우주센터에서 로켓의 원리를 배우고 직접 물 로켓 만들기를 해보았습니다. 어렸을 때 해보았던 것과 다르게 진지하게 여러 전략을 세우며 만들었습니다. 물 대신 어떤 액체를 사용해야 더 멀리 날아갈 수 있을까 고민한 끝에 이산화탄소 기체가 있는 차가운 사이다를 구매해서 발사했더니 더 센 압력으로 멀리 날아갔습니다. 일반 물을 넣은 물 로켓보다 거리가 2배 정도 멀리 날아갔습니다. 또한 캔 위성을 만드는 과정에서 많은 부품을 조립순서에 맞게 제작해야 하는데 급한 마음에 순서에 맞게 조립하지 않았습니다. 그 결과 전부 다 해체해서 다시 만들어야 했습니다. 이를 통해 제작순서의 중요함과 속도보다는 정교함의 중요성을 깨닫는 기회가 되었습니다. 이처럼 자동차에도 많은 부품이 들어가는데 더 정밀한 설계와 부품의 조립을 통해 승객의 안정을 확보해야겠다고 다짐하게 되었습니다.

[자신이 지망하는 학과에 대한 강의를 통해 신재생에너지를 알게 되다.]

학교 진로캠프에서 자동차공학 분야가 없어 기계공학 분야를 듣게 되었습니다. 강사님은 조선 쪽에서 기계를 다루시는 분이셨습니다. 선박 쪽에서는 이산화탄소 배출량을 줄이고 에너지효율을 높이기 위한 연료에 대해 연구하고 있는데 LNG 연료가 많은 시장을 점유하고 있다고 말씀해 주셨습니다. 또한 최근에 자동차 연료로도 LNG와 CNG 버스가 많이 도입되고 있다는 것을 알게 되었습니다. 이들 연료는 탄소 수가 적어 다른 연료보다 완전 연소가 가능하며, 불완전 연소로 인해 유해물질을 적게 배출한다는 것을 알게 되었습니다.

이처럼 자동차 디자이너는 멋진 외관을 만드는 것에 그치는 것이 아니라 기계작동의 효율을 높이고 에너지원에 따라 저장탱크의 위치 등 다양한 지식을 가지고 있어야 한다는 것을 알게 되었습니다. 최근에 전기자동차가 널리 보급되고 있는 추세인데 전기자동차에 대한 공부를 해야 최적의 자동차를 설계할 수 있을 것이라는 생각을 가지게 되었습니다. '전기자동차 실습'이라는 대학 강의를 들으면서 기존 내연기관과의 차이점을 알게 되었습니다. 이런 깊이 있는 공부를 하면서 디자이너와 공학자가 함께 공부하는 이유를 알 수 있었습니다. 저도 공학과 캐드 공부를 병행하여 제 꿈을 이룰 것입니다.

자율활동	진로활동
나로 우주과학캠프에 참여하여 로켓의 원리를 배우고 물 로켓 만들기를 제작함. 이후 캔 위성을 제작하여 로켓의 발사체에 관심을 가짐.	진로캠프에서 선박 이산화탄소 배출량을 줄이고 에너지 효율을 높일 수 있는 LNG연료 선박과 버스의 효율을 조사함. 이후 공기의 저항을 최소화할 수 있는 디자인에 관심을 가지고 '전기자동차 실습' 강의를 들음.

의미 있는 활동

장애인의 삶을 직접 경험하고자 '휠체어 타고 하교하기' 체험을 진행했습니다. 창피하다며 아무도 체험을 지원하지 않았고, 결국 저 혼자 체험자로서 휠체어를 타고 하교했습니다. 그런데 교문을 나서자마자 어려움에 봉착했습니다. 건널목 내리막길 앞에 차가 주차되어 있어 건널 수 없었고, 결국 다른 건널목을 찾아 멀리 돌아갔습니다. 평소 휠체어를 타는 형과 다닐 때도 빈번히 건널목에 차가 주차되어 있었으나 그때는 제가 있었기에 차만 살짝 피해 턱으로 내려가 건널 수 있었습니다. 보호자의 입장이 아닌 그들의 입장이 되어서야 비로소 불편함이 보였습니다. 이번 경험을 통해 몸이 불편한 사람을 배려하는 시스템과 인식이 많이 부족함을 알았습니다. 또한 막연히 '형을 위한 로봇을 만들겠다.'라는 목표에서 지체 장애인이나 노인들이 스스로 이동하는 데 불편함 없는 로봇을 제작하겠다는 목표로 진로를 구체화했습니다.

자율동아리에서 창의공학 설계를 적용하여 '턱을 올라가는 휠체어'를 제작했습니다. 턱을 넘기 위해 뒷바퀴를 받침점으로 앞바퀴를 들어야 했습니다. 기어감속으로 작용점의 힘을 증가시켰으나 올라가는 시간이 너무 오래 걸렸습니다. '최단시간을 위한 기어비와 기어 수를 구할 수 없을까?'라는 의문을 가졌습니다. 전동기의 회전수와 토크를 알면 최종 작용점에서의 힘과 속도를 구할 수 있음을 알고 사용하고 있는 전동기의 기초사항을 찾아봤습니다. 10,000RPM 회전수와 $50gf*cm$ 토크를 갖는 정보를 바탕으로 모터부하에 영향을 미치는 기어비와 기어 수, 기어의 종류에 따라 출력되는 힘과 속도를 계산해 표로 정리했습니다. 이제는 표를 보고 원하는 출력값에 적합한 효율적인 구조를 쉽게 제작할 수 있습니다. 기계를 제작하는 실력도 중요하지만 정확한 이론과 데이터를 기반으로 한 설계가 로봇 제작에 들어가는 시간과 노력을 줄여주고 최적의 움직임을 구현할 수 있음을 경험했습니다.

자율활동	동아리활동
장애인 이해교육 시간에 장애인의 삶을 체험하는 실습으로 '휠체어 타고 하교하기'를 하면서 장애인의 입장을 이해함.	창의적인 휠체어를 제작하는 활동으로 계단과 턱을 쉽게 이동할 수 있는 휠체어를 제작하는 아이디어를 제안함.

형을 위한 로봇공학자에서 장애인과 노인분들을 위한 로봇공학자로 진로를 확장하는 계기가 되었음.

'최단시간을 위한 기어비와 기어 수'를 구하기 위한 방법을 표로 정리함.

自 자동차공학과 면접

Q 계단을 쉽게 올라갈 수 있는 바퀴에 대해 소개해주세요.

ABG 시스템은 스포크 8개와 플레이트 3장으로 구성하여 플레이트 3장은 각 장 사이에 스포크를 4개씩 끼워 옆으로 휘지 않도록 잡아주면 바퀴가 휘어지지 않으면서 쉽게 올라갈 수 있습니다. 이 8개의 스포크는 압력이 가해지면 압축됐다가 누르는 힘이 사라지면 다시 올라오는 성질이 있습니다. 덕분에 고무바퀴의 종방향 휘어짐은 유지하면서 횡방향 휘어짐을 효과적으로 잡아주는 장점이 있습니다.

Q 캔위성처럼 작은 위성은 어떤 센서로 구성되어있나요?

캔위성은 위성과 유사하게 본체부와 ,탑재부, 고공 낙하를 위한 낙하부, 지상과의 통신을 위한 지상부로 구성되었습니다. 캔위성의 본체부는 구조부, 전력부, 통신부, 데이터처리부, 기본 센서부로 구성되며, 탑재부는 카메라부와 확장 센서부로 구성되어 있습니다. 비록 작지만, 임무를 수행해야 할 다양한 센서가 들어가 있습니다.

출처 : 캔위성이란_캔위성체험경연대회

Q 전기차 배터리를 대여하면 비용을 얼마까지 낮출 수 있나요?

배터리를 사지 않고 빌리면 전기차 가격을 40%까지 줄일 수 있습니다. 사용 후 배터리를 에너지저장장치(ESS)로 만들어 급속충전에 활용하는 시스템입니다. 전기료가 저렴한 심야 시간대에 ESS를 충전하고, 전기료가 비싼 낮 시간대에 ESS를 활용해 전기차를 충전하면 비용을 절감할 수 있습니다.

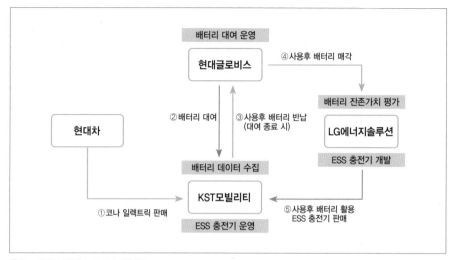

출처 : 배터리 대여 프로세스_현대차

 항공 및 조선 관련 자소서

어렸을 때, 나로우주센터에서 발사현장을 직접 목격한 일을 계기로 과학관 견학과 봉사활동을 통해 우주산업에 대한 관심을 갖게 되었습니다. 그러면서 우리나라가 로켓기술이 없어 타국에서 로켓기술을 사온다는 이야기를 듣게 되었고, 그 이후로 우리나라만의 독자적인 로켓기술과 우주기술 엔지니어가 되어야겠다고 결심했습니다. 이후 과학잡지나 인터넷을 통해 다양한 산업과 접목시킨 로켓기술들에 대해 배우고, 영화 '마션'에서 등장하는 거주지 모듈과 이온추진 등 NASA의 기술들을 보고 계속 발전되고 있는 우주산업에 매력을 느꼈습니다.

특히 스페이스X에서 성공한 1단 로켓 추진체 회수의 핵심기술인 추력벡터제어에 대해 이해하면서 물리와 수학에 더욱 흥미를 느끼고 집중적으로 공부하게 되었습니다. 물리를 공부하던 중 전자기유도에 대한 내용이 이해가 잘 되지 않았습니다. 교과서에 나온 개념을 더 깊이 있게 공부하려면 관련 서적을 찾아 읽어야겠다고 생각하여 〈전기 이야기〉란 과학 도서를 읽으면서 해당 개념의 원리를 구체적으로 알게 되었습니다. 나아가 전기의 역사를 비롯해서 맥스웰 방정식과 키르히호프 법칙 등 확장된 개념까지 접해볼 수 있었고, 일상생활에서 유용하게 쓰이는 무선충전도 전자기유도기술이라는 것을 알게 되었습니다.

평소 도서관에 자주 다니면서 관련 서적이나 논문을 이용해 해당 개념을 반드시 이해하는 습관을 길러 전자기유도뿐만 아니라 반도체나 로켓역학과 같은 다양한 물리학의 개념들에 대해서도 수월하게 이해할 수 있었습니다. 개념들을 차근차근 알아가다 보니 성취감을 느낄 수 있었고, 책을 오래 보면서 집중력도 기를 수 있었습니다. 이렇게 길러진 집중력으로 하루에 2시간 이상씩 수학문제를 꾸준히 풀고 물리공식을 수학적으로 유도하고, 개념을 증명함으로써 물리와 수학과목을 조금 더 심도 있게 공부하게 되어 교과 성적이 지속적으로 향상되었습니다. 이러한 경험을 통해 심층공부와 집중력을 배워 무엇이든지 포기하지 않고 해낼 수 있다는 자신감을 얻는 계기가 되었습니다.

자율활동	개인별 세특
과학관 견학을 통해 로켓기술을 배우면서 '마션' 영화를 본 후 거주지 모듈과 이온추진 엔진에 관심을 가지고 탐구함. 이후 1단 로켓 회수 시스템에 조사함.	스페이스X의 1단 로켓 추진체 회수의 핵심기술에 관심을 가지고 추력벡터제어를 탐구함. 다양한 물리학의 개념을 조사하면서 수학과 과학의 중요성을 깨닫고 심층적인 공부를 통해 개념을 증명하는 모습을 보임.

의미 있는 활동

2학년 때, 학교에서 잘 사용되지 않고 있는 3D프린터를 활용할 수 있는 기회를 얻게 되었습니다. 말로만 접해봤던 3D프린터를 직접 사용해보고 싶은 마음에 관련 서적이나 기사, 논문자료를 참고해 3D프린터에 대한 사전지식을 채워나갔습니다. 그 과정 중에 NASA에서 우주정거장에 필요한 부품들을 직접 만들 수 있도록 3D프린터를 보내준다는 기사를 보고 미리 3D프린터를 배워놓으면 나중에 우주산업 발전에 기여할 수 있을 것이라고 생각하여 관심 있는 친구들과 함께 동아리를 개설하게 되었습니다. 프로그래밍과 파일 변환과 같은 어려운 점이 있어 직접 외부강사 선생님을 초청해 물건이 출력되는 과정과 프린터에 맞게끔 파일을 변환하는 방법에서부터 3D프린터 조작법, 인벤터 프로그램을 이용해 모델링하고 규격을 조절하는 미세한 부분까지 배우게 되었습니다.

부장으로서 잘 따라오지 못하는 후배들과 친구들에게 시간이 날 때마다 배웠던 부분을 반복해 가르쳐주고 물건을 제작할 수 있도록 도와주었습니다. 이후 교내 '동아리 실적 발표대회'에 참가하기 위해 부원들과 함께 각자 자신이 선택한 부품을 맡아 제작하는 협력프로젝트를 진행했습니다. 선후배 구별 없이 힘을 모아 만든 '미니하우스'는 정말 뜻깊은 활동이었습니다. 3D프린터를 사용하는 기술뿐만 아니라 부원들과 협동심을 기를 수 있었고, 동아리를 창설하여 동아리 후배들에게 인수인계를 해주었다는 점에서 큰 의미를 두었던 활동이었습니다.

진로희망	동아리활동
로켓추진체 연구원	NASA에서 우주정거장에 필요한 부품을 직접 출력하여 수리할 수 있도록 하기 위해 3D프린터를 보낸다는 것을 알고 모델링을 학습함. 부장으로 먼저 학습한 후, 후배들에게 모델링 방법과 파일 변환에 대해 친절하게 안내해줌.

지원동기와 노력과정

어렸을 때, 직접 나로호 발사를 목격하고 나로우주센터에서 체험과 봉사활동을 하면서 우주산업에 흥미를 가지게 되었습니다. 다양한 우주SF영화와 우주산업 관련 서적들을 보며 여러 산업들이 융합된 우주기술과 우주발사체의 기술력에 매력을 느꼈습니다. 이런 기술들에 대해 더 알아보고자 자율동아리를 개설해 부원들마다 관심 있는 분야인 자동화시스템, 공유경제, ICT기술 등을 탐구하고 의견을 공유하는 토론을 진행하면서 여러 분야의 지식을 확장하고 융합할 수 있었습니다. 특히 space-x에서 우주발사체의 비용을 줄일 수 있는 1단 로켓 추진체 회수를 설명하고 핵심기술인 추력 벡터제어와 격자구조날개 등을 조사해보았습니다. 1단 로켓 추진체가 자율주행시스템과 결합된다면 안전하고 빠르게 재사용이 가능하겠다고 생각했습니다.

이후, 1단 로켓 추진체 회수와 같이 우주산업을 발전시키는 기술을 개발하는 개발자가 되기로 결심했고 이를 위해 다양한 활동들을 해왔습니다. 그중에서도 매년 나로우주센터를 찾아 '에어로켓 만들기' 부스와 우주과학관 안내 봉사활동을 한 일이 가장 큰 도움이 되었습니다. 봉사 전날에는 항상 논문이나 기사들을 검색하며 추가적으로 설명해주고 싶은 지식들을 찾아보았습니다. 안내 봉사활동을 위해 공부하게 된 우주에 관한 지식과 우리나라 우주산업 정보들은 해가 갈수록 관심을 넘어선 호기심과 궁금증을 유발했습니다. 뿐만 아니라 우주과학관을 매년 찾아가 알게 된 연구원분께 현재 한국형발사체가 어떤 식으로 연구가 진행 중인지 여쭈어보았더니, 현재 한국의 기술력으로만 개발한 1단 로켓의 연소불안정 상태를 극복하고 성능검사만 남아 있는 상태이며, 머지않아 한국형발사체를 쏘아 올릴 예정이라는 구체적인 답변을 얻었습니다.

이를 통해 한국우주산업에 큰 매력을 느꼈고, 연구원 선생님처럼 한국의 우주산업을 발전시키고 싶다는 꿈을 가지게 되었습니다. 독자적인 로켓기술을 개발해 우리나라의 우주산업을 발전시키는 개발자가 되고 싶어 인하대학교 항공우주공학과에 지원하게 되었습니다.

진로활동	동아리활동
진로체험활동으로 나로우주센터에서 다양한 항공우주기술을 학습하고 궁금한 내용은 연구원에게 질문하여 궁금증을 해소함. 특히 한국형 발사체의 특징에 대해 이해하는 계기가 되었다고 함.	자동화시스템, ICT 기술, 자율주행시스템을 조사, 발표하여 다양한 기술에 접목될 수 있음을 소개함. 관련 내용을 깊이 탐구하기 위해 동아리원들과 논문을 읽고 토론하는 활동을 진행함.

의미 있는 활동

항공우주 동아리를 개설하여 '로켓캔디'라는 것을 알게 되었습니다. 로켓캔디를 만들기 위해서 먼저 폭발성이 뛰어난 질산칼륨을 연료로 사용해야 하는데 화학 선생님께 안전성에 대한 조언을 구한 후 안전성을 확보할 방안을 강구하여 동아리담당 선생님께 말씀드려 실험계획에 포함시킬 수 있었습니다. 최종적으로 학교 측의 허락을 득한 후 실험을 진행할 수 있었습니다. 질산칼륨:설탕=13:7로 맞추어 화학 로켓을 제작하여 목표 고도(500m 이상 1000m 이하)에 도달하도록 연료의 질량을 계산하여 발사하였지만 실패하였습니다. 원인이 무엇인지 조사하면서 물리학 교과서와 로켓 관련 과학 블로그까지 찾아보며 다시 계산하고, 벤토나이트를 점토로 굳혀 노즐로 사용하였으며, 6번의 시행착오를 통해 65.45g의 연료로 684m에 도달할 수 있었습니다. 이후 고체, 액체로켓의 장단점을 조사하면서 하이브리드 로켓으로 소형 인공위성에 활용한다면 단기간에 저비용으로 발사할 수 있다는 것을 알게 되었습니다. 발사 실험에서 들었던 강의와 '고체로켓 연소실 내부의 복합현상에 대한 유체-구조-연소 통합해석' 논문을 참고하여 액체로켓보단 비교적 제작이 쉬운 고체로켓의 장점을 확인하고 대학교에서 고체로켓을 제작하여 비행하고 싶다는 목표를 설정할 수 있었습니다. 위험하다고 포기하였다면 로켓 발사를 성공으로 이끌 수 없었을 것입니다. 그리고 고체로켓을 발사하고 싶다는 목표를 설정할 수 있어 뿌듯하였습니다.

항공우주동아리에서 다양한 탐구활동을 진행하면서 이론적으로 배운 지식을 습득할 수 있었으며, 책에서 배운 지식을 탐구결과와 비교해보면서 지식을 쌓아나갔습니다. 1년간 노력한 것을 홍보하고 체험할 수 있는 발표회에서 항공우주동아리에 걸맞은 부스를 운영하기 위해 부원들과 많은 회의를 한 결과 비행기 제작과 모의 비행 시뮬레이션을 하는 것으로 의견을 모았습니다. 스티로폼 비행기의 러더와 에일러론을 조절하여 목표하는 위치에 착륙시키는 활동과 교실 내 TV를 활용한 비행 시뮬레이션을 준비하였습니다. 생각보다 학생들이 조절하여 원하는 목표에 착륙시키기 힘들어 금방 싫증을 내어서 비행기를 멀리 날리는 방법으로 변경하여 진행했습니다. 비행기를 멀리 날리기 위해서는 무게중심이 앞쪽에 있어야 한다는 것을 비행을 통해 알았지만, 효과적으로 멀리 날리는 방법이 궁금했습니다.

항공기의 운동 방향과 반대되는 방향으로 바람이 불게 되는데 무게중심이 잘 맞게 되면 앞에서는 복원모멘트, 뒤에서는 복원력이 발생하여 교란 각을 잡아주어 안정성이 커져 보다 효율적인 비행을 할 수 있다는 것을 알게 되었습니다. 그 결과 항공기의 무게중심은 앞에 있어야 함을 알게 되었습니다. 이후 휴대용 선풍기를 이용해 비행기의 운동 방향과 나란하게 반대된 바람을 만들어주었더니 더 멀리 비행함을 알았습니다. 실험 중간 중간 부원 간 의견을 교환하면서 의견 충돌을 줄여나가는 방법과 원인을 분석하고 문제해결 능력을 기를 수 있어서 매우 뿌듯한 활동이었습니다.

동아리활동

로켓캔디를 만들기 위해 화학 선생님께 안전성에 대한 조언을 구한 후 학교 측의 허락을 득하여 학교 운동장에 발사 실험을 진행함. 질산칼륨:설탕=13:7로 맞추어 화학 로켓을 제작하여 목표 고도에 도달하도록 연료의 질량을 계산하여 3번의 시도로 목표에 도달함. 실험을 위해 '고체로켓 연소실 내부의 복합현상에 대한 유체-구조-연소 통합해석' 논문을 참고하여 액체로켓보다는 비교적 제작이 쉬운 고체로켓의 장점을 확인하고 고체로켓을 제작하여 로켓 발사를 성공시킴.

동아리활동

동아리부스를 운영하기 위해 부원들과 많은 회의를 한 결과, 비행기 제작과 모의 비행 시뮬레이션을 하는 것으로 의견을 모음. 스티로폼 비행기의 러더와 에일러론을 조절하여 목표하는 위치에 착륙시키는 활동을 진행함. 비행기를 원하는 목표에 착륙시키기가 힘들어 비행기를 멀리 날리는 행사로 변경하여 참여도를 높임. 이후 휴대용 선풍기를 이용해 비행기의 운동 방향과 나란하게 반대된 바람을 만들어주었더니 더 멀리 비행할 수 있다는 것을 시연해보임.

항공 및 조선공학과 면접

Q 동아리 활동 중 화학로켓을 발사했던데 자세하게 설명해주세요.

질산칼륨을 활용하여 화학로켓실험을 진행하고자 하였습니다. 화학물질로 위한 위험성으로 인해 학교에서 반대하여 화학 선생님과 학교에 안전성에 대한 허락을 득한 후, 학교 운동장에서 실험을 할 수 있었습니다. 로켓캔디의 연료의 비율을 탐구하여 질산칼륨과 설탕을 13:7의 비율로 혼합하여 사용하였습니다. 로켓 노즐 구멍 크기 문제, 로켓 몸체의 문제, 발사 각도의 문제 등 많은 시행착오를 겪은 후 발사에 성공할 수 있었습니다. 이처럼 포기하지 않고 도전하면 목표를 이룰 수 있다는 자신감을 얻었습니다.

Q 마그누스 현상이 발생할 수 있는 조건은 무엇인가요?

마그누스 효과는 기본적으로 구체가 회전하며 운동을 할 때 나타나는 것으로 평면상에서 구체가 시계방향으로 회전하면서 앞으로 나아갈 때 마그누스 힘은 오른쪽으로 작용을 합니다. 그리고 이런 점을 이용하여 마그누스의 힘이 위쪽으로 작용하도록 한다면 그 힘은 양력이 됩니다.

Q 베르누이 법칙에 대해서 설명해주세요.

비행기 날개의 위쪽은 굴곡이 져 있어서 공기의 흐름이 빨라 압력이 작아지고 아래쪽은 직선으로 돼 있어 공기의 흐름이 느려 압력이 큽니다. 따라서 압력이 큰 쪽에서 작은 쪽으로 공기의 흐름이 발생하여 떠받치는 힘인 양력이 발생하는데 이를 베르누이 법칙이라고 합니다.

부록

학과별 면접
기출문제

공통면접 이해하기

💬 대학별 공통질문

평가항목	1	2	3	4	5
1분 동안 자기소개를 해주세요					
(화공, 에너지공, 자동차공, 로봇공)학과에 지원한 동기가 무엇인가요?					
입학 후 학업계획은 세웠나요?					
대학에 진학하여 학업 외 하고 싶은 것이 있나요?					
본인의 장·단점을 하나씩 이야기해보세요.					
10년 후 어떤 모습일 것 같나요?					
자신이 생각하기에 이 학과와 적성이 잘 맞다고 생각하나요?					
고등학교 시절 리더십을 발휘한 때는 언제인가요?					
제일 기억에 남는 봉사활동은?					
자신이 생각하기에 의미 있는 배려를 했던 사례를 소개해주세요.					
고등학교 시절 제일 힘들었을 때는 언제인가요?					
교과목 중 가장 열심히 한 과목과 힘들었던 과목은 무엇인가요?					
후배들에게 추천해 주고 싶은 책이 있나요?					
전공소양을 기르기 위해 관련 도서를 읽었나요?					
동아리에서 가장 인상 깊었던 활동은 무엇이며, 그 이유는 무엇인가요?					
동아리 활동 중 기억에 남는 것을 본인의 역할 위주로 이야기해보세요.					

평가항목	1	2	3	4	5
다양한 수상 경력이 있는데 그중 가장 기억에 남는 대회는?					
진로에 영향을 준 멘토가 있나요?					
인생의 최종 목표가 있나요?					
마지막으로 하고 싶은 이야기가 있나요?					
지원자를 선발해야 하는 이유를 이야기해주세요.					

💬 화학공학과

평가항목	1	2	3	4	5
지원자가 생각하는 00공학자로서 자질을 가지고 있다고 생각하나요?					
공학자가 되기 위해 고등학교 시절 가장 열정적으로 한 활동이 있나요?					
단편적인 지식보다는 복합적인 이해를 위해 노력한 사례를 소개해주세요.					
원자 모형의 변천 과정과 한계점에 대해 이야기해주세요.					
일상생활에서 찾을 수 있는 화학 원리에 대하여 이야기해보세요.					
화학과 화학공학의 차이에 대하여 이야기해보세요.					
고등학교 재학 중 실험을 한 경험이 있다면 자세한 내용을 이야기해보세요.					
화학 과목에서 제일 관심을 가진 개념에 대하여 이야기해주세요.					
화학공학자가 할 수 있는 일은 어떤 것들이 있나요?					
촉매와 활성화 에너지와의 관계에 대해 이야기해보세요.					
유기화합물과 무기화합물을 구별하고, 유기화합물의 분류 방법에 대하여 이야기해주세요.					
화학공학을 전공한 후 어떤 분야에 진출하고 싶은지 이야기해보세요.					
화학과 관련된 법칙이나 이론 중 인류의 발전에 가장 큰 역할을 한 것은 무엇이라고 생각하나요?					
촉매에 대하여 이야기해보세요.					
산화·환원의 개념에 대하여 이야기해보세요.					
공유결합과 이온결합의 차이에 대하여 이야기해보세요.					

	1	2	3	4	5
탄소동소체에 대하여 이야기해보세요.					
화학공학과 관련된 독서활동 경험에 대해 이야기해보세요.					
주기율표에 대하여 이야기해보세요.					
화학공학자에게 제일 중요하다고 생각하는 것에 대하여 이야기해보세요.					
전기음성도와 전기친화도의 차이에 대하여 이야기해보세요.					
화학결합의 종류와 그 차이들에 대하여 설명해주세요.					

💬 에너지공학과

평가항목	1	2	3	4	5
지원자가 생각하는 00공학자로서 자질을 가지고 있다고 생각하나요?					
공학자가 되기 위해 고등학교 시절 가장 열정적으로 한 활동이 있나요?					
단편적인 지식보다는 복합적인 이해를 위해 노력한 사례를 소개해주세요.					
신재생에너지에 대해 알고 있는 내용을 소개해주세요.					
화학전지의 원리와 충전과 방전에 대해 소개해주세요.					
신재생에너지의 특성에 대하여 이야기해보세요.					
신재생에너지와 환경의 연관성에 대하여 이야기해보세요.					
에너지산업 분야가 중요한 이유에 대하여 이야기해보세요.					
원자력에너지에 대한 지원자의 생각을 이야기해보세요.					
고리원전 가동 중단사고에 대해서 알고 있나요?					
2차전지에서 분리막이 중요한 이유에 대하여 이야기해보세요					
태양광을 전기로 바꾸는 과정에 대하여 이야기해보세요.					
신재생에너지개발과 연료전지의 연관성에 대하여 이야기해보세요.					
전고체배터리에 대하여 이야기해보세요.					
탄소배출량 조절이 중요한 이유를 이야기해보세요.					
연료전지에 관해 이야기해보세요.					
신재생에너지와 연관시켜 촉매에 대하여 이야기해보세요.					

평가항목	1	2	3	4	5
우리나라에 적합한 신재생에너지에 대하여 이야기해보세요.					
수소차를 위한 수소저장용기의 개선사항에 대하여 이야기해보세요.					
수소경제가 화두인데 수소를 생산하는 방법에 대하여 알고 있나요?					
미국 텍사스주 한파와 같은 자연재해로 인한 친환경에너지에 대한 신뢰도가 하락하고 있는데 이에 대하여 어떻게 생각하나요?					

💬 신소재공학과

평가항목	1	2	3	4	5
지원자가 생각하는 00공학자로서 자질을 가지고 있다고 생각하나요?					
공학자가 되기 위해 고등학교 시절 가장 열정적으로 한 활동이 있나요?					
단편적인 지식보다는 복합적인 이해를 위해 노력한 사례를 소개해주세요.					
신소재공학과란 어떤 학과인지 이야기해보세요.					
지원자가 관심을 갖고 있는 신소재에 대하여 이야기해보세요.					
그래핀에 대하여 이야기해보세요.					
지원자가 개발하고 싶은 소재에 대해 이야기해보세요.					
신소재 공학자가 되기 위해 중요한 과목은 무엇이라고 생각하나요?					
촉매와 활성화에너지의 관계에 대하여 이야기해보세요.					
신소재와 관련된 최근 이슈들에 대하여 이야기해보세요.					
지원자가 관심 있는 분야에 사용되는 소재와 그 원리에 대하여 이야기해보세요.					
자연적 특성을 이용한 신소재에 대하여 이야기해보세요.					
화학공학과 신소재공학과의 차이에 대하여 이야기해보세요.					
반도체와 전도체의 차이는 무엇인가요?					
철의 제련과정에 대하여 설명해보세요.					
고분자합성 원리에 대하여 설명해보세요.					
탄소복합체에 대하여 설명해보세요.					

평가항목	1	2	3	4	5
동적평형에 대하여 이야기해보세요.					
지원자가 입학 후 관심 있게 공부하고 싶은 분야와 그 이유에 대하여 이야기해보세요.					
고분자, 금속, 세라믹에 대하여 이야기해보세요.					
친환경소재는 어떤 것들이 있는지 이야기해보세요.					

💬 로봇공학과

평가항목	1	2	3	4	5
지원자가 생각하는 00공학자로서 자질을 가지고 있다고 생각하나요?					
공학자가 되기 위해 고등학교 시절 가장 열정적으로 한 활동이 있나요?					
단편적인 지식보다는 복합적인 이해를 위해 노력한 사례를 소개해주세요.					
로봇 3원칙에 대하여 말해주세요..					
지원자가 할 수 있는 컴퓨터 언어에 대해 이야기해주세요.					
협동로봇의 장점에 대하여 이야기해주세요.					
로봇의 설계를 위해 어떤 과목을 공부해야 한다고 생각하나요?					
일반 로봇과 지능형 로봇의 차이에 대해 이야기해주세요.					
웨어러블 로봇이 적용되는 예를 이야기해주세요.					
로봇의 발전으로 인한 직업의 변화에 대해 지원자의 생각을 이야기해주세요.					
뉴턴의 법칙들에 대해 이야기해보세요.					
지원자가 다뤄본 로봇이 있다면 자세히 이야기해보세요.					
인공지능로봇에게는 어떠한 윤리기준이 적용되어야 할까요?					
로봇공학과에 입학하기 위해 제일 중요한 과목은 무엇이라고 생각하나요?					
로봇을 활용한 스마트팩토리 운영에서 제일 중요한 점은 무엇인가요?					
로봇의 제어 방법에 대해 이야기해주세요.					
어떤 종류의 로봇을 개발하고 싶나요?					

평가항목	1	2	3	4	5
로봇에 대해 공부한 내용이 있으면 이야기해주세요.					
인공지능을 개발하기 위해 사용되는 수학 개념에 대해 아는 대로 이야기해주세요.					
고등학교 재학 중 로봇을 만들어 본 적이 있으면 자세히 설명해주세요.					
로봇과 인공지능의 상관관계에 대해 이야기해주세요.					

💬 자동차공학과

평가항목	1	2	3	4	5
지원자가 생각하는 00공학자로서 자질을 가지고 있다고 생각하나요?					
공학자가 되기 위해 고등학교 시절 가장 열정적으로 한 활동이 있나요?					
단편적인 지식보다는 복합적인 이해를 위해 노력한 사례를 소개해주세요.					
자동차의 이동에 중요하게 작용하는 회전관성이란 무엇인가요?					
전기차의 대중화가 자동차 산업에 미치는 영향에 대해 이야기해보세요.					
본인이 한 활동들 중 자동차와 관련된 내용에 대해 이야기해보세요.					
디젤게이트란 무엇인가요?					
자율주행이 주목받고 있는 이유는 무엇이라고 생각하나요?					
전기차의 원리에 대해 이야기해보세요.					
전기차의 구조가 기존 내연기관차와 다른 이유에 대해 이야기해보세요.					
자율주행차에서 제일 중요한 부분은 무엇이라고 생각하나요?					
안전을 위한 자동차 기술들에 대해 이야기해보세요.					
수소차를 왜 친환경적이라고 하나요?					
배기량과 마력의 관계에 대해 이야기해보세요.					
엔진효율이 높다는 건 무엇을 의미하나요?					
하이브리드차의 시스템에 대하여 이야기해보세요.					
자율주행차에 필요한 센서들에 대하여 이야기해보세요.					
자율주행단계에 따른 사고의 책임 소재에 대해 이야기해보세요.					

평가항목	1	2	3	4	5
4차산업이 자동차에 미친 영향에 대하여 이야기해보세요.					
가솔린엔진과 디젤엔진의 차이에 대하여 이야기해보세요.					
전기차가 가속이 빠른 이유는 무엇인가요?					
자율주행에서 인공지능이 중요한 이유는 무엇인가요?					

💬 항공우주공학과

평가항목	1	2	3	4	5
지원자가 생각하는 00공학자로서 자질을 가지고 있다고 생각하나요?					
공학자가 되기 위해 고등학교 시절 가장 열정적으로 한 활동이 있나요?					
단편적인 지식보다는 복합적인 이해를 위해 노력한 사례를 소개해주세요.					
인공위성이 추락하지 않고 위치를 지키는 이유에 대하여 설명해주세요.					
항공기가 받는 힘의 종류에 대해 이야기해보세요.					
음속과 충격파에 대하여 이야기해주세요.					
스페이스 X의 발사체 회수 원리에 대하여 이야기해주세요.					
베르누이 원리에 대해 이야기해주세요.					
지원자가 알고 있는 항공우주학자에 대해 이야기해주세요.					
우리나라 최초의 비행체인 비거에 대하여 알고 있나요?					
와류현상에 대해 이야기해주세요.					
최근 일어나는 보잉 B737맥스기종의 사고 원인에 대하여 이야기해주세요.					
우주선에 사용되는 소재들에 대해 아는 대로 이야기해주세요.					
20년간 토성 탐사를 수행한 카시니-하위헌스 호를 파괴한 이유에 대하여 이야기해주세요.					
우주선 발사체에 사용이 가능해진 고체연료와 액체연료 사이의 차이에 대하여 이야기해주세요.					
드론 택시의 실현을 위해 필요한 기술들에 대해 이야기해주세요.					
한국형 전투기를 위해 개발된 AESA(능동전자주사배열)레이더에 대해 아는 대로 이야기해주세요.					

제트비행기의 안전한 착륙을 위한 조건에 대하여 이야기해주세요.					
이·착륙 중 또는 준비중인 수많은 비행기들이 동시에 관제탑과 통신할 수 있는 원리에 대해 이야기해주세요.					
비행기 이·착륙 중 통신기기를 꺼주라고 하는 이유는 무엇인가요?					
비행 중 비행기 안이 춥게 느껴지는 이유에 대해 설명해주세요.					

제시문 면접 이해하기

Q [문제 1] 제시문을 읽고 질문에 답하시오.

1) 가역반응은 반응 조건(농도, 압력, 온도 등)에 따라 정반응과 역반응이 모두 일어날 수 있는 반응으로, 화학반응식에서 ⇌로 나타낸다. 정반응은 화학반응식에서 오른쪽으로 진행되는 반응이고, 역반응은 왼쪽으로 진행되는 반응이다.

2) 가역반응에서 반응물과 생성물의 농도가 변하지 않아서 겉으로 보기에 반응이 정지된 것처럼 보이지만, 실제로는 정반응과 역반응이 같은 속도로 일어나고 있는 동적평형상태이다. 화학평형상태에서 반응물과 생성물의 농도는 외부조건(온도, 압력 등)이 변하지 않으면 각각 일정하게 유지된다.

3) 일정한 온도에서 1.0L의 강철 용기에 N_2 2.5몰, H_2 6.5몰을 넣고 반응시켰을 때 평형상태에서 NH_3 3.0몰이 생성된 경우가 있다.

출처 : 서울대학교

1) 화학반응식과 평형상수식을 쓰시오.

2) 평형상수를 구하시오.

3) NH_3의 생성량이 많아지는 새로운 평형으로의 이동이 일어나기 위해서는 어

떠한 조건이 제시될 수 있는지 제안하시오.

《예시답안》

1) $N_2(g) + 3H_2(g) \rightleftharpoons 2NH_3(g)$, 평형상수(K)=$[NH_3]^2/([N_2]\times[H_2]^3)$

2)

	$N_2(g)$	+ $3H_2(g)$	$\rightleftharpoons$ $2NH_3(g)$
초기농도(M)	2.5	6.5	0
반응농도(M)	−1.5	−4.5	+3.0
평형 농도(M)	1.0	2.0	3.0

평형 농도는 N_2, H_2, NH_3는 각각 1.0M, 2.0M, 3.0M이다.
따라서 평형 상수(K)=$[NH_3]^2/([N_2]\times[H_2]^3)$=$3.0^2/(1.0\times2.0^3)$=9/8이다.

3) 화학 평형 상태에 있는 화학 반응에서 농도, 온도, 압력 등의 반응조건을 변화시키면, 그 변화를 상쇄하려는 방향으로 반응이 우세하게 진행되어 새로운 평형에 도달하게 된다. 위 화학반응식에서는 농도와 압력 조건이 이에 해당한다. 농도의 경우에는 반응물의 농도 증가(N_2, H_2), 생성물의 농도 감소(NH_3)를 통해 가능하며, 압력의 경우에는 화학 반응에서 압력을 높이면 압력을 낮추는 방향으로 반응이 진행되므로, 계수의 합이 작아지는 정반응으로 반응이 진행된다.

Q [문제 2] 제시문을 읽고 질문에 답하시오.

(가) 산업혁명 이후 과도한 화석 연료의 사용으로 인하여 이산화탄소 배출량이 증가함에 따라 지구의 온도는 점차 올라가고 있다. 이러한 지구 온난화 현상은 해수 온도를 상승시키는 결과를 초래하여 생태계 교란의 원인이 되기도 한다. 또한 온실효과에 의한 대기 온도 상승과 더불어 화석 연료를 이용하는 전기에너지 사용량의 증가는 대도시 지역을 중심으로 열섬 현상을 발생시키기도 한다. 실제로 지난 140여 년 동안 지구의 평균 기온은 0.7℃ 이상 상승하였으며, 특히 한반도는 1909년부터 2003년까지 평균 기온이 1.7℃ 상승하였다. 바닷물이나 공기 중의 열을 이용하여 에너지를 만들 수 있는 열기관을 만든다면 이러한 지구 온난화의 문제도 어느 정도 해결이 가능할 것이다. 예를 들어, 배의 앞쪽에서 바닷물을 빨아들여 열을 빼앗아 뜨거운 증기를 만들어 이를 에너지로 사용하고 차가운 물은 뒤로 흘려버리는 배를 만든다면 이는 에너지 보존 법칙에 위배 되지 않고 바닷물의 열을 이용하여 움직이는 열기관이 될 수 있을 것이다.

(나) 우리는 주변에서 매우 다양한 곳으로부터 에너지를 얻는다고 생각하지만, 우리에게 에너지를 제공하는 근원을 거슬러 올라가면 가장 마지막에는 태양이 있다. 태양 에너지라고 하면 태양열이나 태양광을 통해 직접 얻는 에너지만을 생각하기가 쉽다. 그러나 이 외에도 태양 에너지는 다양한 형태로 이용이 가능하다. 태양열에 의해 데워진 지표면과 공기는 바람을 일으키고, 태양열에 의해 증발된 수증기는 구름을 만들고 비가 되어 강을 따라 흐르는데, 우리는 그러한 바람과 강물을 에너지원으로 사용하고 있다. 이러한 에너지들은 우리가 사용해도 바로 다시 생산되므로 쓰기에 부족함이 없어 보인다. 이것이 우리가 흔히 이야기하는 재생 가능한 에너지이다.

(다) 선진국의 화석 연료 에너지의 비효율적인 사용은 에너지 고갈에 대한 불안과 기후 변화를 초래하고 있다. 유엔에 따르면 세계 인구 중 약 14억 명이 전기를 공급받지 못하고 있으며, 약 30억 인구는 조리, 난방을 위해 전통적인 바이오매스 연료에 의존하고 있고, 10억 명 이상은 불안정한 전력을 공급받고 있는 실정이다. 이에 유엔은 2030년까지 현대적인 에너지의 보편적 이용을 달성하고 에너지 효율성과 재생 가능한 에너지의 활용을 두 배로 늘리기 위하여, 2012년을 '모두를 위한 지속 가능한 에너지의 해'로 지정하였고, 유엔환경계획, 유엔발전계획 등의 다양한 사업을 준비하고 있다.

출처 : 고려대학교

1) 제시문 (가)의 밑줄 친 부분의 예를 과학적 원리를 이용하여 비판하시오.

2) 제시문 (다)에서처럼 재생 가능한 에너지를 개발해야 하는 당위성을 설명하고, 제시문 (나)를 바탕으로 재생 가능한 에너지를 한 가지 선택하여 본인이 선택한 재생 가능한 에너지의 원리 및 발생 방법과 그 재생 가능한 에너지가 환경에 미칠 수 있는 순기능과 역기능을 설명하시오.

《예시 모범답안》
1) 어느 현상에 관여된 모든 물질이 외부로부터의 작용 없이는 처음 상태와 동일한 상태로 돌아가지 않을 때 이 현상을 비가역과정이라고 한다. 비가역 현상은 규칙적이고 체계화된 정도가 감소하는 방향 즉, 무질서도(엔트로피)가 증가하는 방향으로만 일어나며 그 역과정은 일어나지 않는다. 대부분의 자연 현상은 비가역적으로 한쪽으로만 진행할 뿐이고 그 역으로는 진행하지 않는다. 이와 같은 자연 현상의 비가역성을 일반화한 것이 열역학 제2법칙이다. 열역학 제2법칙에 의하면 어떤 열기관이라도 흡수한 열을 모두 역학적인 일로 바꿀 수는 없다.

열이 고온의 물체에서 저온의 물체로 이동하는 과정은 자발적이며 비가역적이므로 그 역과정은 자발적으로 일어나지 않는다. 무질서도 관점에서 보면 열이 고온의 물체에서 저온의 물체로 이동하는 것은 열에너지가 고루 분포하므로 무질서한 상태이다. 따라서 그 역과정은 무질서도가 감소하는 방향으로서 자발적으로는 일어나지 않는다. 제시문의 열기관이 가능하려면 열이 온도가 낮은 바닷물에서 뜨거운 증기로 이동해야 하는데 이는 외부로부터 에너지의 공급 없이는 불가능한 일이다. 따라서 이러한 열기관을 이용하는 배는 열역학 제2법칙에 모순되어 제작할 수 없다.

2) 석탄, 석유 및 천연가스 등의 화석 연료는 지구에서 오래전 서식했던 생명체가 분해되어 생성된 에너지 자원으로서, 매장량의 한계가 있기 때문에 고갈될 수도 있고, 화석 연료의 과다한 사용은 공기와 물의 오염, 지구의 온난화 및 기후 변화 등의 환경오염을 유발하는 원인이 되기도 한다. 이러한 화석 연료의 한계를 극복하기 위해서 재생 에너지의 개발은 절실하며, 대표적인 재생 에너지로 수력에너지가 가능하다. 수력 에너지는 물이 높은 곳에서 낮은 곳으로 흐를 때 발생하는 에너지로, 이 에너지를 이용하여 터빈을 돌려 전기를 생산한다. 수력발전에는 흐르는 강물로 터빈을 돌려 전기를 생산하는 방법과, 강을 막아 댐을 건설하고 강의 바닥 쪽에 수로를 내어 아래쪽에 위치한 물이 보다 많은 압력을 받아 커다란 운동 에너지로 발전기의 날개를 효율적으로 돌려 전기를 생산하는 방법이 있다. 수력 발전은 한 번 건설해 놓으면 연료 걱정 없이 전기를 계속 생산할 수 있으며, 발전 비용이 적게 들고 공해도 없다. 그러나 댐 건설로 인하여 물의 흐름을 막음으로써 물고기의 이동을 막게 되고, 동식물과 사람의 생활 터전이 물에 잠기는 등의 문제에 의한 생태계 파괴를 발생시킬 수 있다.

Q [문제 3] 제시문을 읽고 질문에 답하시오.

(가) 1909년 덴마크의 화학자 쇠렌센은 수소 이온 농도 [　]를 간단한 숫자로 표현하기 위해 수용액 중의 [　]의 역수의 상용로그 값을 pH로 표시하였다. 순수한 물에 산이나 염기를 가하면 수용액의 성질은 크게 변한다. 그러나 실험실에서의 일부 화학 반응이나 동·식물의 체내에서는 상당한 양의 산이나 염기가 가해지더라도 pH가 일정하게 유지되어야 한다. 즉 좁은 범위 내에서 pH를 일정하게 유지하려면 외부의 산이나 염기가 가해지더라도 용액의 pH가 변하지 않는 성질을 가져야 한다. 이런 용액을 완충 용액(buffer solution)이라고하며, 그 계를 완충계(buffer system)라고 한다.

일반적으로, 약한 산과 그의 염 또는 약한 염기와 그의 염을 포함한 수용액은 완충 작용이 있다. 아세트산과 아세트산 가용성 이온염인 아세트산나트륨을 포함하는 용액을 생각해보자. 아세트산나트륨은 성분 이온으로 완전히 이온화되지만 아세트산은 일부만 이온화되어 다음과 같이 평형을 이룬다.

$$CH_3COCNa \xrightarrow{\ H_2O\ } Na^+$$

$$CH_3COOH + H_2O \rightleftharpoons H_3O^+$$

이때, 아세트산나트륨의 이온화에 의해 생긴 다량의 아세트산 이온은 아세트산의 이온화를 억제한다. 이 혼합 수용액에 소량의 염산을 가하면, 염산의 이온화에 의해 생긴 수소 이온이 아세트산 이온의 일부와 반응해서 아세트산이 된다.

$$CH_3COO^- + H^+ \rightleftharpoons CH_3COOH$$

따라서 혼합 수용액 속의 수소 이온 농도는 거의 일정하게 유지된다. 또한 소량의 수산화나트륨 수용액을 가하면 이온화에 의해 생긴 수산화 이온은 아세트산과 반응한다.

$$CH_3COCH + CH^- \rightleftharpoons CH_3COO^- + H_2O$$

따라서, 혼합 수용액 속의 수소 이온 농도는 거의 일정하게 유지된다.

(나) 세포의 활동으로 생성된 이산화탄소는 혈액을 통해 이동한다. 이산화탄소는 산소보다 물에 더 잘 녹으므로 전체 이산화탄소 중 약 7~8%는 혈장에 용해되어 탄산 형태로 운반된다. 대부분의 이산화탄소는 적혈구로 들어가 그 중 약 20%는 헤모글로빈과 결합하고 나머지는 적혈구에 있는 탄산무수화 효소에 의해 다음과 같이 탄산수소 이온으로 변한다.

$$H_2O + CO_2 \xrightarrow{\text{탄산무수화 효소}} H_2CO_3 \longrightarrow H^+ + CO_3^-$$

이렇게 해리된 탄산수소 이온은 대부분이 적혈구 밖으로 나와 혈장에 의해 폐로 운반된다. 이 과정에서 생성된 수소 이온은 헤모글로빈과 결합하여 혈장으로 나오지 않기 때문에 혈액의 pH가 급격히 변하지는 않는다. 정상적인 사람의 체액은 pH 7.38~7.42 범위이다. 그러나 이상이 생겨 pH 7.00 이하가 되거나 pH 7.80 이상이 되면 죽게 된다. 생명체는 생명 활동에 필요한 에너지를 만들고, 신체를 구성하는 데 필요한 물질들을 생성하는 물질대사를 해야 한다. 이러한 생명체의 화학반응을 촉진시키기 위하여 생물학적 촉매제인 효소의 도움이 절대적으로 필요하다. 효소는 단백질로 이루어져 있고 단백질은 pH에 의해 구조가 변하기 때문에 효소의 활성은 pH의 변화에 민감하게 영향을 받는다.

(다) 한미 자유무역 협정(FTA)이 타결되었다. 협정의 결과 국내의 농업 분야가 가장 타격을 받을 것으로 예상된다. 협상단은 농민들의 이익을 최대한 보호하려고 노력했고, 이런 노력이 대부분 협상 결과에 반영됐다고 발표하였다. 협상단은 그 예로 "돼지고기는 최장 10년, 닭고기는 10년 이상, 쇠고기는 15년, 사과와 배는 20년, 오렌지는 7년에 걸쳐 관세를 철폐 또는 인하하기로 함으로써 구조조정과 경쟁력 강화에 필요한 시간을 확보했다."고 강조했고, 일정 물량만 관세를 인하하는 저율할당관세(TRQ), 수확기에 관세를 올리는 계절 관세등의 완충 장치를 마련했다고 발표하였다. 또한 타협안에는 특정 품목의 수입이 급증해 국내 업체에 심각한 피해가 발생하거나 발생 우려가 있을 경우 '긴급수입제한 조치'를 할 수 있는 세이프가드(safeguard) 제도도 포함되었다. 세이프가드가 발동되면 일정 기간 동안 특정 품목에 대해 관세를 인상하거나 수입량을 제한하는 등의 조치를 취할 수 있다.

출처 : 고려대학교

1) 정상 빗물의 경우 pH 5.6 정도인데, 대기 오염이 심해지면 빗물의 산성도가 더 강해져 산성비로 변한다. 현재 내리고 있는 비의 산성 여부를 확인하고자 하지만 pH미터가 없고, 변색범위만 알려져 있는 A지시약이 있다. A지시약은 pH 5.1~5.5 사이에서는 주황색의 상태이고 이외의 pH에서는 노란색과 붉은색을 나타내는 가용성 염료이다. 그런데 노란색과 붉은색 중 어느 쪽이 더 산성인지 염기성인지는 알지 못한다. 따라서 비교할 수 있는 완충 용액을 제조하여, 현재 내리는 비의 산성도를 추정하고자 한다. 예를 들어, 산 이온화 상수가 ( )인 아세트산의 경우 아세트산나트륨을 넣어서 제시문(가)에 소개된 완충 용액을 만들 수 있다. 아세트산나트륨과 아세트산의 농도비가 1.74배가 되도록 완충 용액을 만들었다고 가정하자. 제조한 완충 용액과 A지시약 용액의 성질을 이용하여, 현재 내리고 있는 비의 산성도를 측정하는 방법을 제시하시오. [단, log1.74=0.24]

2) 과로를 하거나 심한 운동을 하면 근육에서 만들어진 젖산이 분해되어 간으로 보내진다. 인체가 피로를 느끼는 것은 에너지원 고갈, 대사산물 축적 등을 비롯한 많은 생체 변화가 수반되는 매우 복잡한 메커니즘이지만, 제시문(가)와 (나)를 토대로 해서 과로나 과격한 운동으로 인체가 피로를 느끼는 원인과 다시 항상성을 회복하는 현상을 각각 설명하시오.

3) 한미 FTA 체결 과정에서 농업 부문의 피해를 최소화하기 위한 완충 방안들

이 제시문 (다)에 소개되었다. 이처럼 실생활에서 완충의 개념은 화학 반응에서의 완충작용과 여러 면에서 차이를 보인다. 제시문 (가)와 (나)를 바탕으로 실생활과 화학의 완충 개념을 비교하여 논하시오.

《예시 모범답안》

1) 다음과 같은 핸더슨-하셀발히의 식을 사용하면 우선 완충용액의 산도를 측정할 수 있다.

$$pH = -\log Ka + \log\frac{[A^-]}{[HA]}$$

이때, 아세트산나트륨과 아세트산의 농도비가 1.74이므로 위의 식에서 $\frac{[A^-]}{[HA]} = 1.74$ 이므로 위의 식에서 완충용액의 산도를 측정한다. 또한 지시약을 사용하는 방법은 일정한 양의 산성비에 작은 양의 완충용액을 첨가하며, 지시약의 색이 주황색으로 변하는 순간의 산도는 5.1이 되므로 이때의 부피비를 통해 산성비의 산도를 계산해 낼 수 있다.

2) 격렬한 운동을 하게 되면 포도당에서 ATP를 만들기 위해 충분한 산소를 섭취할 수 없다. 따라서 불완전한 호흡을 하게 되는데 이때 젖산이 생성되게 된다. 이렇게 생성된 젖산은 근육에 축적되어 근육통 등을 유발하게 된다. 격렬한 운동이 끝난 뒤에는 젖산은 다시 간으로 이동하여 충분한 산소가 공급되었을 때, ATP로 변화되게 된다. 따라서 운동을 멈추고 충분한 시간이 흐르면 근육통 등은 사라지고 정상상태로 회복하게 된다. 이를 세포호흡과 관련하여 설명한다.

3) 화학에서의 완충용액은 염기-짝산 혹은 산-짝염기의 관계를 통해 외부의 산 혹은 염기가 투여되었을 때, 용액의 산도를 일정하게 유지하게 된다. 하지만 사회 일반에서 이야기하는 완충은 한쪽 방향의 충격을 약화시키는 동작을 하며 충격이 약화되어있는 동안 내부적인 준비가 있어 완충장치가 없어졌을 때에는 스스로 방어할 준비가 되어있을 것을 요구한다. 한편, 화학에서 염기-짝산 혹은 산-짝염기가 사라졌을 때에는 처음과 같은 상태가 되어 산화 혹은 염기화가 처음과 마찬가지로 진행된다. 또한 완충용액은 산 − 염기 양쪽의 외부 자극에 대해 동일하게 완충작용을 하지만 일상용어로써의 완충은 한쪽 방향의 충격에 대해 사용된다.

나만의 학생부에서 면접문제 뽑아보기

자소서 기반 면접문제

학업역량

Q 고등학교 시절 제일 좋아했던 과목과 공부하기 힘들었던 교과목은 무엇이었는지, 그 이유는 무엇인가요?

Q 그럼 그 힘든 과목을 극복한 방법이 있나요? 있다면 그 사례를 설명해주세요.

Q 화공과를 지원하기 위해 화학을 열심히 했는데, 다른 과목과 달리 그 과목을 위해 노력한 부분이 있나요?

Q 로봇공학과를 지원하기 위해서는 교과목 중 어떤 과목이 중요하다고 생각하며, 그 이유는 무엇인가요?

Q 교과 활동 중 가장 의미 있게 한 활동이 있으면 사례를 이야기하고, 왜 그 활동인지 설명해주세요.

전공적합성

Q 공동교육과정을 통해 생명과학 실험을 수강했는데, 수업을 듣고 느끼고 배운 점을 설명해주세요.

Q 과학과제탐구 수업 시 '태양광 자동차의 효율 탐구'라는 주제탐구를 한 적이 있는데 어떤 결과가 나왔나요?

Q 로봇공학자가 되기 위해 수학이 중요하다는 발표를 한 적이 있는데, 어떤 이유 때문인가요?

Q 영어 학습시간 투자를 많이 해 영어 논문을 읽을 정도의 영어 실력을 가지고 있다고 했는데, 그렇게 공부한 특별한 이유가 있나요?

발전가능성

Q 진로를 결정하는 데 큰 영향을 준 책(또는 롤모델)이 있다면 설명해주세요.

Q 동아리 시간 다양한 해부를 많이 했는데, 그 활동 후 자신에게 생긴 변화에 대해 자세히 설명해주세요.

Q 동아리 팀 프로젝트 수행 후, 어떤 점이 성장했다고 생각하는지 설명해주세요.

Q 이번 실험은 실패했는데 그 결과 대학 생활에는 어떤 영향을 미칠 수 있을까요?

인성

Q 배려와 공감이 필요한 이유에 대해 설명하세요.

Q 공학자로서 가장 필요한 소양(또는 직무윤리)은 무엇이라고 생각하는지 설명해주세요.

Q 리더십이 무엇이라고 생각하나요? 리더십을 발휘한 때는 언제였나요?

Q 자신이 수행한 활동으로 가장 보람이 있었다고 생각하는 대표적인 사례를 설명해주세요.

Q 가장 기억에 남는 봉사활동을 하나만 소개해주세요.

💬 학업에 기울인 노력과 학습경험

Q 공학자로서 어떤 자질이 필요한지 설명해주세요.

Q 4차 산업혁명의 발전으로 신소재의 중요성이 높아졌다고 하면서 신소재를 탐구한 보고서를 작성한 사례를 설명해주세요.

Q 미래 모빌리티는 어떤 원료를 주로 사용하면 좋을지 비교한 내용을 소개해주세요.

Q 초과산화물 라디컬이 생성되는 원리를 설명해주세요.

Q 화학공학자가 되기 위해 물리학이 자신의 전공에 어떤 도움을 줄 수 있는지 설명해주세요.

공통문항	학생부 기록사례	소재 확장 및 연계
학습경험		

💬 지원학과와 관련된 의미 있는 교내 활동

Q 실리콘 태양전지와 페로브스카이트 태양전지의 장단점에 대해 설명해주세요.

Q 수소 연료전지의 효율이 높은 이유와 앞으로의 전망에 대해 알려주세요.

Q TED 영상 속 미래의 공학기술과 관련하여 알아본 의료 로봇장치에 대해 소개해주세요. 또한 이 의료 로봇장치를 충전할 수 있는 방법에 대해 알려주세요.

Q 1단 로켓을 회수할 수 있는 방법에 대해 설명해주세요.

Q 하이퍼루프가 매우 빠르게 달릴 수 있는 원리에 대해 소개해주세요.

Q 드론이 제자리에서 비행할 수 있는 원리에 대해 소개해주세요.

공통문항	학생부 기록사례	소재 확장 및 연계
의미 있는 활동		

💬 해당 전공(학부, 학과)에 대한 지원동기 및 진로계획

Q 4차 산업혁명의 대표적인 산물인 IoT에 대한 강연을 듣고, 5단계 자율주행자동차가 운행하기 위해 필요한 조건에 대해 소개해주세요.

Q 다양한 주제의 강의를 많이 들었는데, 그중에서 가장 인상 깊었던 내용을 소개해주세요.

Q 미래 필요한 신소재와 그 신소재가 필요한 이유에 대해 소개해주세요.

공통문항	학생부 기록사례	소재 확장 및 연계
지원동기		

학생부 기반 면접문제

공통문항	관련 질문	예상 문항
진로 동기	• 화학공학과 전공을 선택한 이유가 무엇 때문인가요? • 3년 동안 꿈이 변하지 않고, 로봇공학자라는 꿈을 가지게 된 계기는 무엇인가요? • 우주항공공학자라는 직업을 위해 노력한 것은 무엇입니까? • 신소재공학자가 가져야 하는 자질은 무엇인가요? • 지원자는 ○○ 직업인으로 존경하는 사람은 누구인가요?	
	• 안전교육을 이수하고, 보행자 안전을 위한 차량 설계에 대한 보고서를 작성했는데, 어떤 내용인가요? • 반장으로 활동하며 친구들과의 갈등, 힘들었던 점을 극복했던 경험이 있나요? • 전교회장이 된 이유는? • 의미 있게 한 학교활동에 대해 말해 주세요.	
창의적 체험활동	• 동아리에서 아두이노를 가지고 다양한 제작 활동을 했는데, 이 활동을 시행한 후 추가적으로 노력한 활동이 있나요? • 진로에 관한 심화동아리가 없어 직접 만들었다고 했는데, 어려운 점은 없었나요. • 동아리에서 로켓발사 실험에 대한 학교의 반대의견을 설득한 내용을 설명해주세요. • 다른 동물을 모방하여 제작된 로봇의 사례를 소개해주세요.	
	• 진로발표대회에서 어떤 내용으로 친구들을 열광하게 하였나요? • 진로독서 활동을 꾸준히 했는데 후배들에게 추천하고 싶은 의학도서는 무엇인가요? • 지원학과에 관심을 갖게 된 계기(책, 멘토, 기사 등)가 있다면, 소개해볼까요? • 지원학과에 입학하기 위해 준비한 가장 대표적인 노력이 있다면, 하나만 소개해볼까요?	

공통문항	관련 질문	예상 문항
교과 세특	• 고령의 노인들이 걷기 힘들어하는 사람들에게 입는 로봇을 제공하는 것이 경제적이라고 하였는데, 그 이유가 무엇때문인가요? • '생활에서 미적분을 활용한 사례' 하나를 설명해주세요. • 개인용 항공기 시대가 도래할 것이라고 생각하나요?	
교과 세특	• 비대면 시대 필요한 기술은 무엇인가요? • 협동로봇이 일반 로봇과의 차이점이 무엇인가요? • 항공기에 사용되는 재료에 대해 알고 있는 것을 소개해주세요. • 자동차 연료를 가정용으로 사용할 수 있는 기술을 알고, 느낀 점은 무엇인가요? • 핵발전에 대해 어떻게 생각하나요?	
교과 세특	• 교과서 지문을 보고 저작권에 대해 공부했는데 그러면 저작권이 존재하는 사례에 대해 소개해주세요. • 인공지능과 인간의 협력하는 것의 중요성을 주제로 영어에세이를 쓴 적이 있는데 어떤 내용인가요? • 중국어 시간에 '중국 로봇산업'이라는 주제로 중국 문화 소책자를 발간했는데 소책자를 만들게 된 동기가 무엇인가요?	
독서	• 3년 동안 읽었던 책 중 가장 인상 깊었던 책은 무엇인가? • 4차산업 이후 산업의 변화는 어떻게 될 것이라고 생각하나요? • 로봇에 관한 책을 많이 읽었는데, '로봇택시'가 있다면 자주 이용할 생각인가요? • '로봇과 일자리'를 읽고 '로봇과 더불어 사는 삶'이라는 주제를 발표했는데 어떤 내용인지 설명해줄 수 있나요? • '세계사를 바꾼 12가지 신소재'를 읽었는데, 12가지 신소재가 무엇인가요?	

국가전략
에너지·로봇 지원사업

수소경제 시대로 대전환

수소경제 활성화를 위한 정책으로 SK, 포스코, 현대자동차, 효성 등 5개 기업에서 수소부문 대규모 투자를 통한 민간투자 활성화하고 있습니다. 중소 및 중견기업은 부품 및 저장용기 등 전문 분야 중심으로 연구와 투자가 진행되고 있습니다.

💬 주요 그룹별 투자 계획안

회사	투자 분야	총액
SK	• 대규모 액화플랜트 구축, 연료전지발전 확대 등	18.5조 원
현대차	• 수소차 설비투자 및 R&D, 연관인프라(충전소 등) 투자	11.1조 원
POSCO	• 부생수소 생산 및 해외 그린수소 도입, 수소환원제철 개발 등	10조 원
한화	• 그린수소(수전해), R&D·실증·생산, 수소 저장설비 등	1.3조 원
효성	• 액화플랜트 구축, 액화충전소 보급 등	1.2조 원
중소.중견	• 가정용 연료전지, 그린수소 R&D, 수소추출기, 수소저장용기 등	1.2조 원
총합		43.3조 원

출처 : 수소경제 민간투자 계획 및 정보지원방안_산업통상자원부

💬 부생수소 활용지원

부생수소의 활용 촉진을 위한 인센티브 제도 검토 및 마련을 통해 이산화탄소 절감 효과를 얻을 수 있습니다.

〈부생수소 4만 톤 화석연료 차량 대체 시 이산화탄소 절감 효과〉

연간사용가능 대수	연간 CO_2 배출량(A)	산업공정 LNG 대체(B)	절감 효과(A-B)
26만 대	75만 톤	42만 톤	33만 톤(44%)

출처 : 부생수소의 수송용 수소활용에 따른 효과분석_산업통상자원부

💬 수소 모빌리티 활용 확대

적극적인 공공 조달을 통해 다양한 모빌리티 시장을 확대하여 환경 친화적이면서 에너지를 절약할 수 있습니다.

주요 품목	출시연도	지원대책
광역버스	22년	• 구매 및 연료 보조금 예산 확보, 차고지 충전소 확보
트럭	22년	• 10톤 화물차 5대 시범운행(~22sus) • 5톤 청소차(21년 창원), 10톤 특수차(22년) 실증
지게차	22년	• 실내물류용 지게차 실증(~21년), 14톤급 굴삭기 개발·실증(~24년)
굴삭기	25년	• 건설기계·드론·선박 등 구매 보조금 근거 마련(21년)
드론	20년(소형)	• 탑재중량 200kg급 대형 드론 개발(~25년)
선박	22년(소형)	• 소형 수소연료전지 선박 우선 개발·실증 추진, 대형으로 확대
열차	24년(트램)	• 수소전기트램 실증(~23년), 기관차 대형화 추진

출처 : 수소경제 민간투자 계획 및 정보지원방안_산업통상자원부

지역 주도 분산에너지 활성화

추진배경은 2050 탄소중립 달성을 위해서는 수요지 인근에서 에너지를 생산·소비·거래하는 분산에너지 시스템 구축이 필수적이라는 공감대를 형성하게 되었습니다. 분산에너지란 중소규모의 재생에너지, 열병합발전, 자가발전, ESS(에너지저장시스템), 수요자원 등으로 수요지 인근에서 생산되어 해당 지역에서 소비되는 에너지로, 대규모 발전소 및 송전선로 건설로 인한 사회적 갈등을 줄이기 위한 방법입니다.

💬 맞춤형 마이크로그리드 실증

기초지자체 단위 에너지 자립률, 신재생 설비 보급 현황 등 지역 차원의 에너지 역량이 상이한 상황에서 보다 직접적인 효과 창출할 수 있는 방안으로 맞춤형 마이크로그리드 사업입니다.

마을단위 다양한 분산전원을 연결한 개방형 전력플랫폼을 개발·운영하여 마을별 다양한 상향식(Bottom-up) 분산에너지 시스템을 구축해야 합니다.

분산에너지 특구 지정을 통한 시범사업 활성화를 유도하기 위해 전력거래 특례, 권한이양 등을 고려하여 인센티브를 지원해야 합니다.

💬 분산형 에너지 인프라 구축

태양광·풍력 등 변동성 재생에너지 증가는 계통 내 안정성 저하로 인한 주파수 급변동, 출력제어 증가를 초래할 우려가 있어 도입하게 되었습니다. 이에 실시간 충·방전이 가능한 ESS를 구축하여 주파수 변동성 완화 및 재생에너지 출력 안정화를 꾀할 수 있습니다.

💬 재생에너지 출력 제어 최소화 방안

제주도 내 재생에너지 확대로 전력 수요가 낮은 기간에 잉여전력이 증가함에 따라 출력제어도 함께 증가합니다. 잉여전력을 해소하기 위해 P2G(Power to Gas), P2H(Power to Heat), V2G(Vehicle to Grid) 등을 통해 잉여전력을 해소할 수 있습니다. 발전자원이 필요할 경우 생활폐기물 발전, 신재생 설비를 추가 자원으로 확보하여 비상 시 활용한다면 맞춤형 마이크로그리드 사업을 안정적으로 지원될 것입니다.

로봇과 공존하는 새 시대

로봇은 주력산업의 혁신과 생산성 제고를 위한 핵심요소이자, D.N.A (Data, Network, AI) 기술과의 융합을 통해 의료, 돌봄, 재난, 물류 등 다양한 분야에서 우리 생활을 획기적으로 바꿀 산업입니다. 특히 코로나19로 가속화된 비대면 시대를 이끌 핵심산업 중 하나입니다.

💬 인간과 로봇의 공진화를 위한 협동로봇의 발전

로봇이 인간 일자리를 위협하는 대상으로 등장하면서, 하나의 대안으로 주목받는 것이 협동로봇(Collaborative Robot)입니다. 코봇(Cobot)이라고도 불리며, 인간과 로봇이 같은 공간에서 함께 작업하기 위한 협동운용(Collaborative Operation) 조건을 만족시키는 로봇으로 정의할 수 있습니다. 협력운용이란 정의된 작업장 내에서 인간과 함께 작업하기 위해 설계된 로봇의 작업을 의미합니다. 인간을 대체하기 위한 로봇이 아닌 인간과 함께 일하면서 작업효율과 생산성을 극대화시킬 수 있는 로봇과 인간의 협력 모델을 의미합니다. 협동로봇은 로봇이 작동하는 동안 작업자의 안전을 고려해 안전펜스 등을 설치해 로봇의 작업영역에 인간 작업자의 접근을 철저하게 통제하는 산업용 로봇과 차이가 있습니다. 즉, 협동로봇은 차세대 로봇 시스템이 다양한 상황에서 안전하게 인간과 공존할 뿐 아니라, 작업 혹은 임무 기획 및 수행 시 파트너로서 공생(Symbiotic) 관계를 형성하는 것이 목적입니다.

〈협동로봇 종류와 적용 분야〉

구분	동작 특징	작업 유형
Safety Rated Monitored Stop	• 정지모션이 보장 • 전원은 항상 켜져 있으며, 장애물이 사라지면 추가 조작 없이 동작이 재개 • 정지조건 위반 시 보호 정지 조치	• 재공품(Work-In-Process) 검사 • 속도 및 분리 모니터링 (Standstill Function)
Hand-Guiding Operation	• 작업자가 도착하면 로봇은 정지(안전 모니터링 정지) • 작업자는 로봇 작동을 위한 디바이스를 파악하고 동작을 활성화 • 로봇은 작업자 명령에 따라 작동 • 작업자가 협동 작업공간을 벗어나면 비협력작업이 재개	• 로보틱 리프트 지원(Robotic Lift Assist) • 제한된 혹은 소규모 배치(batch) 생산 • 그 외 다양한 어플리케이션
Speed & Separation Monitoring	• 로봇과 작업자의 분리거리 모니터링(스캐너, 비전시스템, 근접센서 등) • 로봇의 작동 속도는 작업자의 분리거리와 연관 • 로봇과 작업자가 직접 접촉하는 경우 정지	• 동시작업(Simultaneous Taks) • 작업자 직접 인터페이스(Direct Operator Inferface)
Power & Force Limiting	• 로봇의 힘이 제한적 • 로봇에 핀치포인트, 날카로운 모서리 등 작업자 위해 요인 제거 • 작업자와의 접촉이 감지되면 로봇은 규정에 따라 반응	• 가변적 어플리케이션 • 작업자가 자주 로봇과 접해야 하는 상황 • 머신 텐딩 • 로딩/언로딩

출처 : Alex Shikany, Collaborative Robots-End User Industry Insight, Robotic Industries Association(2014. 10. 1.)

💬 로봇발전 3단계 시나리오

로봇기술은 기술고도화에 따라 인간과의 관계에서 단순보조, 인간협업, 자율
수행 등 3단계로 점차 지능화될 것으로 예상됩니다.

구분	1단계	2단계	3단계
연도	2020~2022	2023~2025	2026~
로봇역할	단순 보조/노동력 대체	인간 협업/공존	자율 수행
인식	개별 센서 성능 중심	AI, 클라우드 기반 알고리즘 중심	
제어	개별로봇, 원격제어	다중 로봇 반자율	다중 로봇 자율
적용	(부품)고도화/내구성 강화 (완제품) 실증 기반 적용성 확대	(부품) 스마트화/염가화 (완제품) 서비스 기반 제품화	
활용환경	실내, 정형 환경	비정형 환경 (일상환경 중심) 실외 확대	비정형 다양한 환경 (고위험 환경 등) 실내·외 연계

출처 : 한국산업기술평가관리원

〈4대 분야 로봇 개발〉

구분	국방로봇	농업/탐사로봇	안전로봇	검사/유지로봇
대표적용 분야	국방	농축산업, 탐사	재난, 구조	에너지 분야 등
로봇제품	[지뢰제거로봇] [활주로 제초로봇]	[시설원예로봇] [극한지로봇]	[재난지역 탐색로봇] [재난지역 구조로봇]	[태양관패널 유지보수로봇] [전력선 유지보수로봇]

유관부처	국방부, 방사청	농림부, 해수부, 국토부 등	행안부	산업부, 행안부

출처 : 로봇산업 발전방향_산업통상자원부

💬 로봇산업 발전을 위한 기술적, 법·제도적 기반 확충

로봇 부품·S/W에 대한 R&D 비중이 매우 높으나, 국산화율은 41.1%에 불과, 고부가가치 부품의 국산화율이 특히 저조합니다.

- 구동기(감속기, 모터 등), 센서(자율주행센서 등), 제어기(지능형·모션 제어기 등)
- 로봇SW 플랫폼, 잡는 기술SW, 영상처리SW, HRI SW 등

로봇 보급·확산을 위한 기술적, 법·제도적 기반을 확충하기 위해 개발된 로봇의 시험·인증, 실증, 기업지원을 위한 전국 7대 거점센터를 구축하여 체계적으로 지원하고 있습니다.

- 로봇인증센터(대구), 안전로봇시험센터(경북), 제조로봇 기술센터(경남), 해양로봇시험센터(부산), 헬스케어로봇 실증센터(광주), 지능로봇산업화지원센터(대전), 융합부품센터(부천)

개인용 항공기 시대

개인용 항공기(PAV), 무인항공기(UAV) 등의 기술이 발전하면서 최근 모빌리티 기술 발전 융합 및 항공기 자동차 등 글로벌 대형기업 진출로 새로운 경쟁 본격화되고 있습니다. 최근 기술 패러다임의 변화로 항공기 경량화를 위한 복합소재 적용, 구동시스템 전장화 등 고효율, 친환경 기술 부상 중입니다.

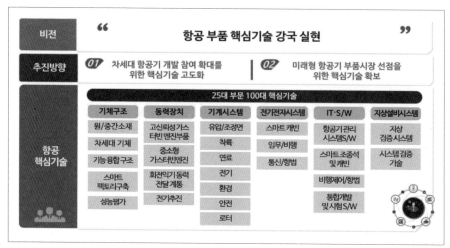

출처 : 항공핵심기술로드맵_산업통상자원부

💬 항공기 분류체계

구분	내용
고정익항공기 (Aeroplane)	엔진으로 구동되는 공기보다 무거운 항공기로 날개에 대한 공기의 반작용에 의하여 비행 중 양력을 얻는 항공기
회전익항공기 (Rotorcraft)	하나 이상의 로터가 발생하는 양력에 주로 의지하여 비행하는 공기보다 무거운 항공기
개인용항공기, PAV (Personal Air Vehicle)	사람 및 화물 등을 운송하는 교통수단으로 개인의 사용을 목적으로 소유하고 활용하는 공중 이동수단이 될 수 있는 기체
무인항공기, UAV (Unmanned Aerial Vehicle)	사람이 탑승하지 아니하고 원격조종 등의 방법으로 비행하는 항공기(연료 중 량을 제외한 자체중량이 150kg을 초과)

💬 개인용 항공기 종류

　개인용 항공기(PAV) 국내 수요기업(체계)과 부품기업 간 협력 체계 구축을 지원하고 시장 요구에 맞는 기술을 확보할 수 있도록 지원합니다.

[SA-1(HMC)] [Butterfly(Hanwha)] [City Airbus(Airbus)] [S-4(Joby aviation)]

출처 : 항공핵심기술로드맵_산업통상자원부

무인항공기(UAV) 군용무인기 개발 경험을 보유한 국내 대형기업, 연구원 등과 부품 기업 간 컨소시엄형 개발 생태계를 구축합니다.

[500MD(무인화)] [사단급무인기(KUS-9)] [군단급무인정찰기(RQ-101)]

출처 : 항공핵심기술로드맵_산업통상자원부

💬 시험장 및 운용 개념도

[UAM/AAM 시험장 조감도] [AAM 복합운용 개념도]

출처 : 항공핵심기술로드맵_산업통상자원부